（清）王文韶　撰　杭州圖書館　整理

稿本王文韶日記

第一册

國家圖書館出版社

圖書在版編目(CIP)數據

稿本王文韶日記:全五册/(清)王文韶撰,杭州圖書館整理.— 北京:國家圖書館出版社,2017.9

(珍稀日記手札文獻叢刊)

ISBN 978-7-5013-6159-5

Ⅰ.①稿… Ⅱ.①王… ②杭… Ⅲ.①王文韶(1830—1908)-日記 Ⅳ.①K827=52

中國版本圖書館 CIP 數據核字(2017)第 195874 號

書　　名 稿本王文韶日記(全五册)
著　　者 (清)王文韶　撰　杭州圖書館　整理
叢 書 名 珍稀日記手札文獻叢刊
責任編輯 苗文葉
封面設計 敬人書籍設計工作室
呂敬人+呂旻

出　　版 國家圖書館出版社(100034　北京市西城區文津街 7 號)
(原書目文獻出版社　北京圖書館出版社)
發　　行 010-66114536　66126153　66151313　66175620
66121706(傳真)　66126156(門市部)
E-mail nlcpress@nlc.cn(郵購)
Website www.nlcpress.com→投稿中心
經　　銷 新華書店
印　　裝 河北三河弘翰印務有限公司
版　　次 2017 年 9 月第 1 版　2017 年 9 月第 1 次印刷

開　　本 787×1092(毫米)　1/16
印　　張 159

書　　號 ISBN 978-7-5013-6159-5
定　　價 3000.00 圓

『襟江書舍』系列叢書　杭州圖書館編

『襟江書舍』系列叢書編纂指導委員會

『襟江書舍』系列叢書編輯委員會

《王文韶日記》編輯組成員

成　　員：（以姓氏筆畫爲序）

王麗榮　吴一舟　沈　静　金新秀　陶　琳　趙　力　趙　凌

前言撰稿：　金新秀

前言

王文韶（一八三〇——一九〇八），字夔石，號耕娱，晚號退圃，浙江仁和（今杭州）人。咸豐元年（一八五一）浙江鄉試中舉人第八十四名，咸豐二年恩科，得中進士三甲第三十二名，從此步入仕途。初授户部主事，後遷員外郎、郎中。同治二年（一八六三），京察一等，記名以道府用。同治三年，出爲湖北安襄鄖荆道，旋調漢黄德道，任内協辦糧餉有方，頗受左宗棠賞識。同治六年，由左宗棠、李鴻章舉薦，擢湖北按察使，後署布政使。同治八年調署湖南布政使。同治十年擢署湖南巡撫，次年實授。在湖南期間，值張秀眉領導貴州苗民起義，王文韶決策命將，不遺餘力，最終將起義鎮壓下去，此後又條陳苗疆善後事宜，留軍鎮守。軍務之外，亦重内治，如增貢院號舍，加書院膏火，以惠寒畯；選各校高才，以課實學；創設候審所，以恤刑獄；建恤無告堂、棲流所，以養窮氓；此外奏請設立湖南機器局，開近代湖南洋務之先河，《清史稿》記其撫湘期間『内治稱静謐焉』〔一〕。

光緒四年（一八七八），入都署兵部侍郎，充軍機大臣，補禮部左侍郎，總理各國事務衙門行走。光緒五年調户部左侍郎，仍兼署兵部。光緒八年署户部尚書，不久仍回户部左侍郎任，兼署禮部右侍郎、吏部右侍郎。雲

〔一〕趙爾巽等：《清史稿》卷四百三十七，北京：中華書局一九七七年版，第一二三七五頁。

南報銷案發生後，王文韶因受賄嫌疑遭到彈劾，遂乞回籍養親。次年，以失察户部司員書吏收受雲南報銷案內津貼銀兩，並濫保劣員，降兩級調用，不准抵銷。旋丁母憂。

光緒十四年，出任湖南巡撫，次年，升雲貴總督，時英法佔據緬甸、越南，與清廷議定邊界，王文韶與薛福成往復諮商，援據公法，索還界地。期間，還撫恤諸路土司，令各自爲守，並多次平靖匪亂。光緒二十年，甲午中日戰争爆發，王文韶奉詔入都，派充幫辦北洋事務大臣。光緒二十一年，調補直隸總督、北洋大臣。任內疏陳統籌北洋海防，籌修旅順、大連灣炮臺，開辦吉林三姓金礦、磁州煤礦，墾天津新農鎮營田，疏永定河淤，治潮白河故道，築温榆河各壩，設水利總局以除患興利，鑄北洋銀圓，創京漢鐵路，設北洋大學、鐵路學堂、育才館、俄文館、西學水師各學堂、上海南洋公學等以培養各種應用人才。此外，還減免部分縣糧賦、差役、米税等濟恤民衆。光緒二十四年，再入軍機處，補授户部尚書。次年，以户部尚書協辦大學士，充經筵講官。光緒二十六年八國聯軍攻陷北京後，慈禧太后與光緒帝離京西奔，王文韶追至懷來縣，後隨扈至西安，升體仁閣大學士，管理户部事務。光緒二十七年，授外務部會辦大臣，署全權大臣，會辦東三省中俄條約及合約未盡事宜，又派督辦路礦總局，轉文淵閣大學士。光緒二十九年，晉武英殿大學士，開去外務部會辦大臣，管理户部事務。光緒三十三年，病退告老還鄉。次年，病逝於杭州，清廷追贈太保，謚文勤。

與清代很多士大夫一樣，王文韶有記日記的習慣，每日擇要記録所歷所聞。其日記現存二十册，約八十萬字，記事自同治六年（一八六七）一月至光緒二十八年（一九〇二）十二月底，前後達三十六年之久，其中同治十二年、十三年，光緒三年、八年、十六年、十八年、二十年、二十三年、二十四年四月至二十五年缺失，其餘大部分完整，現藏杭州圖書館，爲王文韶手書稿本。日記使用『懿文齋』『松竹齋』『石竹齋』『開泰蓉記製』『四寶齋』

「榮寶齋」六種規格不同的朱、藍格稿紙；全文用行楷書寫成，結體秀美，點畫嫻雅，筆酣墨濃，通常以墨筆書寫，偶用朱筆；文中採用抬頭、空格等表示敬稱，間有小字夾注，文字極少有删節塗抹；日記開本大小不一，裝幀不盡相同，其中六册爲毛裝，其餘爲綫裝。上世紀八十年代，袁英光、胡逢祥曾據此點校整理《王文韶日記》，一九八九年由中華書局出版。

王文韶歷仕咸豐、同治、光緒三朝，日記記載了其政治生涯的複雜經歷及心路歷程，爲研究其本人提供了第一手的資料；同時，他在光緒時期入值軍機處，身居高位，深得寵信，爲清廷所倚重，參與或經歷了晚清一系列內政外交事務，因此日記中也廣泛涉及了晚清的政治、經濟、外交、軍事、制度、人物等各方面，其中許多內容爲他書所未載，具有重要的史料價值，胡逢祥曾撰《〈王文韶日記〉的發現及其史料價值》一文詳細介紹，兹不贅述。

除此之外，日記所記載他的社會生活內容，也同樣具有重要價值。如日記中的天氣晴雨記録、物候記録和感應記録，對研究當時該地的氣候情況有重要參考價值。又如其中的觀劇記録，涉及宫廷演劇、官府演劇及私家堂會等，宫廷演劇所記録的觀衆人數、座位次序、着裝穿戴、行止飲食、叩拜賞賜等內容，可補升平署檔案之不足，對研究晚清宫廷演劇大有裨益；官府演劇所記載的儀式和禮樂性質，其他文獻甚少記載，史料價值尤爲凸顯；此外，有關戲班、藝人、劇碼以及對表演的比較評價記録，爲研究戲班活動、聲腔傳播及藝人技藝等提供了珍貴資料。再如日記中所附光緒四年至八年的收入細賬，對於研究晚清京官薪俸收入有重要參考價值；王文韶對西洋事物的欣賞及對洋務運動的支持，在一定程度上也反映了晚清社會風尚的變化。即使是曾被視作流水賬的宴飲記録，亦不失爲飲食史的珍貴史料。

此次《王文韶日記》由國家圖書館出版社影印出版，以真面目化身千百，避免點校整理出版過程中可能出現的文字識讀、句讀標點等錯誤，爲研究者提供第一手資料。同時，可與中華書局一九八九年點校整理版互爲補充，研究者可相互參考，提高資料使用的準確性。另外，此次影印出版也將爲推動日記資料的深入挖掘、解讀以及重新評價王文韶，提供一個良好的契機。如王文韶因有『油浸枇杷核子』『琉璃球』的綽號，後人在推斷日記部分年份缺失的問題上，往往認爲其爲避禍有意銷毀。然而清代吴慶坻《蕉廊脞録》記載《王文韶日記》曾爲吴氏收藏，其云：『余嘗得文勤日記數十巨册，皆其官京師及鄂、湘時所紀，論人論事皆有識。』〔一〕除此還徵引了『辛丑三月某日日記一則』，與館藏稿本此條日記内容相吻合。此外，書衣上册次的標注，也可反映日記部分年份的缺失，並非王文韶有意爲之，如光緒七年『辛巳日記』册次爲十二，光緒九年『癸未日記』册次爲十四，因此所缺光緒八年（一八八二）『壬午日記』册次應爲十三。故，《王文韶日記》從吴氏收藏時的『數十巨册』到如今僅存的二十册，應非王文韶有意銷毀，而是在流傳過程中不幸散佚。

二〇一七年七月金新秀於杭州圖書館

〔一〕（清）吴慶坻：《蕉廊脞録》卷三，北京：中華書局一九九〇年版，第八〇頁。

總目録

第五册

第一册目録

清同治八年（1869）

清同治九年（1870）

K
251
160
V1
001925

同治六年丁卯

正月初一日陰無風　寅正詣漢陽行宫拜牌畢詣文廟行香渡江（時譚竹厓少司農暫署湖督）至督署賀喜見　至官帥相行館賀喜未見　至撫轅在省司道印

在官廳團拜順道拜年渡江回署拜天地竈神祖先畢慶賀

慈親新禧飯後赴居仁門外大營賀陝甘督憲一等恪靖伯左季（時將西征於去臘二十日到此）

高宫保春禧晤畧談歸途拜年

初二日午後放晴　早起出門拜年晤黄冠北観察劉克菴廉訪（名典幫办陝甘軍務）回

署何小宋方伯下心齋盤旭人兩觀察先後至留便飯暢談（吴子儁來暢談將回湘省親）燈後鍾雲

卿太守來見出示稟稿言將隨左帥西征請開本缺並報捐積存養

盧銀二千兩以助軍餉雲卿[居官]爲人清正勤事深得民心年六十二精神強
固無異壯年自言以巡檢到鄂擢至郡守受恩至厚[深愧毫無報稱此次]謁見左帥聆其
言論欽慕之忱有流露於不自知者情願隨同効力以資學識等語西邊
軍事方殷人方視之爲畏途雲卿以實缺知府年又垂暮獨能擺脫一
切銳意從戎其志氣爲不可及矣既佩且愧
初三日陰微雨　壽桂亭[名昌]協領來言蒙左帥調營教練馬隊并言昨承
左帥枉駕再三要見自問何人而荷先施必將竭力報効亦所心願云云
可見身當大任者其平日之得人心盡有由來也接嵩雲信[十一月廿六]知華嶺病勢
稍好大有起色慰甚

初四日雨 擬渡江拜年并祝 旭人弟翁壽阻雨未果

初五日竟日雨 施承侯協戎鍾雲卿太守來均述 制軍催办洋鎗隊事意欲挑選

欲挑選漢陽協兵五百名練習洋鎗陣法也 本日開關收税

初六日晴 赴省拜年 謁 譚制軍官節相均見 詢及關務均據實稟 晤王小坪觀察 往爐青處便飯 喜桂亭協

領何小宋方伯回署已晚何芝亭觀察來辭行赴荊州署任接蔚亭信

知已於去臘二十日安抵湘垣大慰馳系 天氣新晴郊原饒有春意

初七日雨雪 湖州徐子靜名有書鹺尹來見彥侍之戚新選雲南河西井大使書來

囑為料 秋生開館晚設饌

初八日陰晴參半 早謁左宮保談及西路捻逆竄過渭河同朝吃緊深恐黃河

冰凍被賊偷渡接及三晉完善之區又成不了之局大意謂剿捻急於剿回

以捻患在心腹而西北餉源又因資於東南中原之日不清西北亦無從用力緣[又謂剿回之策以屯田入手]

論雄偉其一種公忠浩落之氣尤足令人欽服洵一代偉人也午後渡江拜年

峰王若農盛旭人兩觀察李軍門雲訪玉階自擬商[漢陽協]桃陳岸鍇隊多未值晤

松茂亭太守即廣陵一切

初九日早晴午後雨 客來甚多戶部楊吉人字佶來秀發如前盎見英練徐

子靜辭行擬即由川赴滇長途蕭匪蕭之滇患方殷可矜亦可慮也[贈三十金]

聞賊又從襄樊回竄安陸

初十日風雨 約玉階小坪鉞君衛參議練兵多阻風未得渡江楊題臣施

承侯兩副戎來 賜臣擬留此為報効計急切苦無機會殊為躊躇

十一日竟日雨 讀陸宣公集第六卷 秀水孝廉楊利叔象濟來見其人有名士氣而未能免俗文筆尚好

十二日雨 左宮保約喫飯坐惟嘉桂亭協領及宮保之兄名宗植（即壬辰解元）席間出示初八日拜發摺片正摺瀝陳剿回必先剿捻情形言之有物不同紙上空談附片有奏派總辦陝甘後路糧台一件與湖南候補道王若農觀察加敏共事余蒙才長心細器識閎偉書為中外所信服之考且感且愧左宮保為當代巨公經濟閎卓絕一時而其公忠清節尤非時賢所可企及僕以菲材謬膺獎許宜如何激勵自勉耶

自午至酉為之縷述生平出處及粵匪滋擾各省歷年官軍剿辦情形

言之歷歷如繪，閱所未聞，足以增長閱歷。語次深佩江岷樵、胡文忠，而於向忠武多微詞。

又云昨閱奏中援送寨為過渭北援及同朝，此之有渡河而東之效力異，

爾則三晉必遭蹂躪，畿輔亦未免震驚，為大局殊不可問。靖踐王之再夜不啟，誠某公忠所想見矣。

十三日陰。晚祀先，杭俗所謂上燈也。是日客來甚多，未能坐定。

十四日陰雨。午刻渡江訪玉階以坪商便，岳多謁制軍，縱談軍務并鄂省大局情形，又通論中外諸臣，公語多切中。歸棹已晚，風浪大作。讀宣公集三四卷。

上元節，有晴意。拜英法各國欽差官（英麥華陀，法達伯理）。蘄州福牧惠來見，人尚樸實，稍久。閱展接江良臣軍門信，又痛詆楊厚庵，未免絕人太甚矣。

十六日晴。客來甚多，又未及坐定。賊踪仍游弋鐘京天之間，趨向莫測。

十七日晴 大早渡江謁制軍 陳議定練兵章程并剿賊窩田兜河商量撥防漢川大畧 竟日拜年 渡江已酉初矣 汝吉人去臘廿一日信知本年淞漕報三十三萬餘石 蘇漕報五十四萬餘石 較上屆增三分之一 倉儲可敷衍云 讀宣公集第五卷

十八日陰 謁左帥（論閩省大政）並晤陶少雲觀察（雲汀宮保之子）光 馬義園總戎 傍晚王若農觀察來 不及渡江 留宿衛齋 縱談一切 其人拙本色而有應練 心地亦極厚 爽寔塢中不可多得也（惟少氣局耳） 賊踪有下竄之勢 漢川安營無間亦整飭備

十九日晴 巳刻開印 過漢陽拜年 晤查麓耕（京山人 丙戌戶部）廉訪文瑗 徐海年觀察（黃陂人 丙申） 瀛海翁（曾任廣東州縣）談及夷務 謂林文忠之燒鴉片一節 曾許以價銀四千萬兩 後

不與夷人尚未生隙也嗣議通商和約有禁止鴉片烟入中國一條中有船貨
入官人俱正法八字夷人以船多合雇人性不齊（一概置之重典正法未免太過）求免此八字委員候補府
劉某等屢之堅請文忠亦已允行換約有日矣適提督關（天培）往拜文忠云
通商大段已有成議此多可賀關提（督）云某為此另替為君不平詢以何指則
云外面多知劉某等以五千美金賣去八字獨瞞公一人耳文忠平日最疑（昌）
人受錢聞之遂變前議夷人連夜駛放空船（至虎門）將與計論關提督以為係
其兵船開砲轟擊（而）夷禍從此起矣然是委員劉某等曾同公至（提）督署
由中門而入關君銜之據議之將啟也劉某等又奉文忠命往陳（謁）一切
提督着閽人出詢曰若由中門入則不敢請答以奉不敢走中門緣提憲

開門延入是以目睞著不令走中門目擬由角門進見迎閣生南甫陵劉某
氣不能平與同人言曰只要於公多有益即令吾等走狗竇亦何害此
言聞之具以實告而閣君恨不可解矣五十萬貫去八字之對蓋由於此
寫恩關天培以武臣而爭小節無固不足深責林文忠學問經濟實為本朝
有數人物而立法太嚴亦有未免過火之處又以講求操守易致疑人致
為讒言所動卒至大局決裂衣律以春秋責備賢者之義亦似無可辭此種傳聞
未必盡實而海翁為人極誠篤且云係目擊或未必盡出無因可見任勞之難
而聽言之不易也林文忠尚不免此失著天下如文忠者有幾人哉志之
以備鑒省　閔鮑軍在常山于永隆河獲勝賊又西竄安陸府一帶

二十日晴 辰刻渡江衛泰是日 制軍赴教場點驗標兵以備挑練照例前往侍班午刻回署 爐青来留便飯 學使孫燮臣同年来辭行將按臨黄州即往送之

讀宣公集第六卷

二十一日陰上午微雨 留爐青便飯 縱談都門舊事

二十二日微晴 蔚庭寄到經世文編一部 新刻陸宣公集十部 申刻拜駱稅務司告以左營洋軍火進口須從速驗放勿稍遲滯

二十三日晴 鍾雲卿太守来知從戎之舉不果 曾中丞一再四堅留也 雲卿熟悉鄂事人亦勤樸清廉留守漢陽未始非地方之福 法國領事達伯理副領事即儲譯官巴世棟来論及西洋各國強弱情形深以俄國為叵測其說有

未可厚非者大抵西人專以自強為主而最忌他人之更強於我恐其日益
強大必致弁己也凡其與國被人侵奪無不極力相助者恐其日益逼近
必致害己也言外見得中國若真能與彼論交後有不虞必當盡力彼
亦深願中國之是以自強彼與相安於無事蓋其自為之心固如是也
即如教練洋鎗隊一節洋人深以練兵不練官為非謂官如不練則洋鎗
隊非洋人不能帶萬一洋人不肯帶則兵雖練而將既無號令亦無
調度仍歸無用官兵練熟則可不必專恃他人有洋人亦可無洋人
亦可豈不甚便又見中國採買洋軍火彼亦不甚以為然頗願中國
學習製造謂學得外國製造各法則各項軍火外國皆賣亦將外

國不賣亦將若專恃採買萬一外國不賣則鎗炮有時而盡雖有鎗炮子藥均有時而盡豈可長恃此之說蓋通論也即此以推似非真包藏禍心者否則方秘其術雄其智之不暇焉肯不留餘地以相與哉

又言東洋日本國近年與法國和好甚摯學造輪船與學製兵器學習戰陣無一不取法於法國數年之後必為大國屬其力求自強也言之津津樂道若深願其如此而尤願中國亦復如此似亦不致包藏禍心之一證惟東洋與中華最近其力求自強如此於我不無可慮耳 識之以告有志之士

廿四日早雨午晴 謁左帥稟商襄陽荊紫關兩處擬設轉運局并派

員各節談次論及夷情繼見其文與鄙見多所吻合并論當代
封疆頗少許可以曾侯為過於持重以[redacted]為心術不務其（或非）餘無
見云然左帥論人以有忠義之氣銳（堅恐）任事為第一識樸實謹次之
由其秉性忠清也經濟識力乃餘事耳當代偉人微公其誰與歸

二十五日晴　辰刻渡江衛爺至陝甘後路糧台與若農商派轉運委員
未初至徽署是日司道公請（何小宋方伯丁心齋署臬盛旭人觀察及余四人）蔡硯農樞部沈鑑青農部也回署
已上燈閣閣蔡硯農言湖廣（皆）簡放李少荃宮保於十四日軍務之廷寄
內提及　讀宣公集八七卷

二十六日晴　知宮相吏議　蒙恩（改為）罰俸十年開總督缺回大學士任國

家保全舊臣可謂至優極渥矣○○欽差大臣闗防（左宮保拜）命本日午刻接受闗

防前往敬賀為言○○廷旨催促西行迅將（惟有）趕緊料理起程再于前言初十

日拜發各摺片均蒙一一照准矣訪王子壽比部柏心监利宿學[illegible]（人望）

濟為時所推與左帥舊交（曾同在張石卿先生湖北幕府）此次拓來小叙暫留營中談次自言更三子家

使年二十四極能留心經世之務喜作古文頗有才氣以生中殊不多見[illegible]（許謙秋試畢）

令更亦兄等語誌之以備考察

二十七日晴擬渡江謁官相風阻未果（借）若曲侯謁左帥回定襄陽荊州等闗

兩糧運局（淞）委員事是日未刻適閎用○○欽差大臣闗防隨班恭賀談次

論（及）李雨蒼雲麟目為有志節之士訪黃魁北言李曾兩伯素不相下恐

未能共事（李申夫廉访亦然），惜抚两司纲维全省，（或有不合殊）尚未能和衷，非大局之福也。知贼于枣阳出境，（窜云南趋福州）

二十八日 晴。早起渡江贺 官相入阁，（商）及部（衔）一切语，移时禽拜景命庵福。（奉讳回蜀）

徐琴舫昌绪，即回署。小宋、心齐、旭人来，三人同至左营缴贺也。商及洋药

改税，多鄙意，谓宜加厘而不必改税。旭人送《公范须知》十部，为甫惺吾先生所

集也。先生为我术循吏，至今年逾八秩，精神不衰，举案齐眉，称人瑞也。

旭人亦已过五旬，仰承具庆，福集德门，回念椿庭，（今）（又）思慕何能已（其）。

读宣公集第九卷。见布铺招牌有苏松勤著四字，勤著为江南俗（言经用也）

语，招牌用之，或未必尽无所据也。又汉镇以白铜水烟代衣著名，提街列

肆不下二百家，其招牌大半（皆）称白铜（云南白铁称）锡，转少以铁字代铜字，亦未知何据。

廿九日晴　桐侯到署　润生吴平三钧松士同来　询悉家乡近日光景并
戚友大概情形　大抵兵燹之后生计较难　有安得广厦万间之慨
二月朔晴　过江谒制军　论及筹防事　路谷多宜　黄瀛洲朱观侯袁曾
氏解饷回　带到信件各种　并述知华岩病势大危　殊为焦虑　读宣公集九十卷
初二日晴　下午阴　黄兰臣来　述知查勘新沟一带河道情形　据称若开
沟口于大马寺边有碍盖　且恐旋濬旋淤　未免劳而无功　惟柿树口有泥
河四五里　若能挑濬成流　于汉川积年依洼　大可转为腴壤等语　颇属
金与缘详办　果如所云　于川邑民生大有裨补矣　伯文回嘉究烟
湘抚李瀚章调苏抚　先是湖督刘韫斋师放湘抚　郭柏荫调苏藩

欽差署蘇撫丁日昌補蘇藩。聞賊又從羅山小道闖入，撲及安陂屬境。

初三日晴，寅刻雨。寅正恭詣漢陽府文廟行春祭禮，卯刻詣文昌宮致祭帝君誕也。

英領事麥華陀同繙譯官京華陀、水師官都林格來。又新換美領事河

德同上海副領事魯思理、繙譯官秦鎮西、水師官錫富來均見。秦鎮西

善華音，亦頗有華人氣。得黃陂探稟，知賊由安陂向東北趋竄。

初四日晴。答拜美國正領事等並水師副將，引看兵船砲位，整齊便利，以數

千斤之砲，數人運轉自如，上下東西無不如志，洵奇觀也。其兵丁等一舉一動均

有法度，兵制如此嚴肅，軍火如此壯利，誠未可以易與之角勝也，為之憮

（據云每船兵二百名，官十一員，水師副將統之。又云大船可容兵丁九百名。）

然。余上船時，兵官等列隊俟接，頗形恭敬，副將錫富留以酒餌，亦甚謹和

該國兵船向未到漢，此次送伊國領事來，乘興（全）拜〻，便（亦以軍）詡說兵容亦彼

族別有用心處，然亦不（尚應）以中國官之禮待爲孿也。余上兵船，修放小划來（常泊江心離岸較遠）

接水手八人，管划一人，升駛停泊均有〻號，行則八槳齊下，停則八槳

齊止，即小兒大亦見（詳）𥻘人號令之一

初五日晴。渡江參謁譚制軍，論近日軍情，談甚久，即在炉青處便飯

謁官帮相托招呼行李上輪船，由滬赴津，諳心齋觀察（談）暗赴陝

甘糧〻與蕃農商量接運爲宜。留朱小濂之世兄便飯，號霞嶠，頗清雋

初六日晴。回拜麥領事并水師兵官，相待甚恭，船較美國略小，砲

三門，帶兵官一人，兵官二人，兵三十四人，據云乃伊國〻兵船中之小者也

軍火之精利與美國相彷彿午後謁左宮保爲言吕廷旨催促過
急若不早去無以對朝廷惟此去有可勝不可敗之勢萬一冒昧前進稍有
挫折既無以副天下之望又惟爲國家任此艱鉅布此局面以天下爲己任詞氣壯往之概於此可見晤
吴子儁昨甫自湘來也言言所管局務頗啟讚嘆之概是晨在湘頗不滿於人口當有以挽致之俾
隨時加意焉申正赴雷祖殿觀劇是日向鄉團拜共四十餘人未賊由開
羅東窰有入窺之勢
初七日晴胡雪岩自滬來與談洋務頗有見解是日客來甚雜心殊不靜
省垣司道以有會議乃來仍正欵渡江忽起大風不果往午後出往詢知
爲左帥欵調巴德馬隊乃訂明日謁制軍面商

初八日陰下午雨 謁制軍商復左帥調巴德馬隊五并論及鄂中大局深與
彊中乾為處諧 小宋方伯畧後晚偕雪岩便飯子城文峯在座子城
留宿署齋與暢譚 席間雪岩自述精於生意言之歷歷確有非尋常所
及者亦我鄉一奇人也
初九日晴 午後謁左帥述譚制軍意嘗先作為羅論為言鄂中軍
務若不改絃更張後患正復不少誠哉是言
初十日晴 辰初渡江衛希午刻偕司道同謁 官相擬十三日在文昌宮公
餞辭以腰疼不能久坐散已未初與心齋旭人同赴小宋署便飯商
定公送 官相入閣并七秩壽文申刻赴陝甘後路糧台與若西辰篠多過

江已傍晚赴冠北招同席徐琴舫昌緒太史管才叔樂常州人曾中丞
所保之奇才異能也回署已亥正矣　武昌縣副榜張　精奇門有神
驍寅之王小坪云　閱楚北水利堤防紀要北平俞鳴甫昌烈著江漢津流堤防利害言之歷歷真有用書也
十一日晴　王子壽比部來晤是日客來甚雜殊擾心神手書致傅雅三
大令托照料襄陽糧運事
十二日晴　寅刻恭詣漢陽武廟行春祭禮午刻渡江祝丁心齋壽辰
牙釐總局畧坐會拜崔萼堂晤并順道拜客申刻回署聞賊由廣
濟竄入宿松
十三日晴　午後到關晤駱稅司商酌一切赴大智門看洋鎗兵學習步

伐至晴收茶稍后少坐回署

十四日晴　赴左帥大營與子備商定軍行程途並知照沿途預備米粮芻草多

小宋方伯来少坐

十五日晴　先嚴忌日忽忽八年矣追慕之情其何能已未刻月食後壇恭

護酉正後圓　接伯文信知已於初六日午刻抵滬初八日午刻雇船赴鄂新

選雲南大理府興覺羅岳昌来見人極長厚據述情形大有窮途之歎

宣瑞生丞为之噶然　接曾中丞函知將移節黄州

十六日晴　早起渡江謁譚制軍并晤爐青午正回署手書致蔚庭

接嵩雲癀岩信知買得陳質齋丈舊宅價五百千加以修理尚須千

餘千伯文於初九日安抵里門甚慰 管才林來晤

十七日晴 早起謁左帥 知定於二十四日啟節由襄樊荊紫關取道武關（論及此次籌餉之宜 論兵之要以賞罰必信知人善任為秘訣并言知己知彼百戰百勝知彼固難己則不可不知也且不知何以用兵）入秦先檄鮑春霆軍門赴由潼關西上北渡渭水保固同朝以為三晉屏蔽 知梅濤仍有賊踪頭股已抵懷寧復有折回之說

十八日晴 沈伯蓉辭赴襄陽辦理左營轉運囑令勤慎從事并迅速起程東墅奉諱旋里過此登舟申請叩日坐檔船東下午後赴漢陽拜孫燮臣學使本月接理臨舉行科試也連日兄離心殊不靜 史幹甫直刺謨帶到彥侍寄來皮衣各種

十九日晴大風 擬為官相送行阻風未得渡江賀飛千得五品銜至替收局步

坐闯賊於西口被劉幹臣鎮軍在廣濟东三十里之毛固山擊敗遂於十五六等日
由龍坪武穴一帶沿江上竄初股已至李店鋪離蕲水城三十里界嘴則西路空虚又須嚴防
回竄當即稟知左帥請迅飭頭起征兵沿途嚴加整備以豫不虞盖左
帥定於二十四日啟節二十日先拔十鎗營取道双廟楊店西上樊城也仍飛
飭黄陂孝感等縣連環加探隨時馳報左帥行營以昭慎重
二十日晴傍晚雨微雷　辰刻渡江送　官相起程隨至皇華館隨回大府跪
寄　聖安午刻回漢上　官相坐船謁見闯彭杏南方伯於十八日在蕲水
蘭谿地方失挫力竭陣亡全軍大潰以致賊踪上竄氛勢甚猖鄂事至此大局
益難措手真為意想所不到漢鎮日來兵力更單惟有趕緊隨宜佈置以

吕

備不虞耳 喜桂亭協領來辭行告假半年回籍省親便即在奉天投募鎗手帶同左帥奏調之馬隊赴陝甘剿賊桂亭勇敢有為志趣亦正又為左帥指揮之必可得力也 發探至倉子埠黃陂偵賊趨向

廿日大風午晴 早謁官相并謁左帥論鄂省軍情亦以未能得手為慮昨日所拔十營移紮住灄口以為漢鎮屏蔽并擬二十四日啟節亦暫紮灄口以審賊情致玉階丞為左營借洋火藥多致爐青丞囑將此間佈置情形轉陳 大府并請暫留左帥以鎮人心聞賊於昨午過馬家集至陽邏倉埠街埠均有賊蹤駸駸擾及黃陂西路空虛殊為可慮

廿二日晴 制憲渡江佈置防務并為官畢威左恪靖送行 在署者便飯詳論鄂省

大局樸實老到深足欽服　官相極力稱許行意甚拳々殊復可感申
刻送嘉桂亭行未值諸魁北墅設會拜晉才姊渡江未回　閩賊仍在
倉子埠一帶但有北竄之勢此向防務仍未敢稍懈　札洋槍隊先鋒營於子土墻南
口堡垣　撥韓勝營季海採辦米石運往黃花洲供支左營軍食
廿三日陰　小宋心齋旭人王階來便飯　送官相左帥也　酉刻赴左營
送行　宮保諄々以餉多見囑期望之意亦甚摯殊可感也　閩賊邊
馬已至黃陂灄口十餘里外亦時復擾及防務較緊致書藍朋亭軍門
囑其嚴為戒備時發灄口北岸也
廿四日晴　辰初赴通濟門外候送　左帥啟節　軍威整肅不愧節制

之師立談數語自述從前〔道光十三年〕公車北上時多〔道經此地〕並述此次駐節漢鎮曾題
長郡會館楹聯敘及前多其一種從容不迫光景固才〔多〕為之也未
刻謁官爵相話別情誼甚摯因賊竄黃陂有向木蘭山北竄之意
連日旁午倥偬殊形冗雜
廿日晴 辰刻赴〔官〕爵相座船送行午刻送至海馬輪船叩別楚軍堅字
營幫辦侯選知縣周東孔來見述知統帶沈雁門軍門鴻賓樸實有
謀勇軍無缺額深得士心上年郜子美軍門〔松林〕敗於白口全軍潰散
僅以身免惟堅字營被圍七晝夜獨獲保全此次彭杏南方伯〔毓橘〕敗於
蘭溪全軍潰散并以身殉亦惟堅字營獨全其能將兵可見矣誌之以

備人材 賊由木蘭山北竄有走黃安入豫之勢分股似趨岐宋陂城附近

已無賊蹤 夜有風并雨 具稟中丞告知漢鎮防守情形并附陳各營勝探報有洋人濟賊軍火之說係屬訛傳

二十六日晴 午刻渡江謁制軍面陳近日籌防大略 聞賊分股分竄於洲

李家集一帶 若再東趨軍事又形棘手矣 洋關二十六結期滿

二十七日晴 夜大風并雨 陳仲耦署安陸府來見 尹崔田署雲夢方汝舟署應城均 一一以修城浚濠堅壁清野告之目前

賊勢已成流寇事恃外援勢有不及不得不各求自保之計也 昨今兩接

中丞六百里來函均囑查洋人有無濟賊情事即據實稟復 拜承

勝左營孟麟右營施定國 聞賊由麻城岐宋竄向 五更雷声甚烈起侍慈闈 天氣暴熱殊覺鬱蒸

二十八日 大風竟日 致子儁函為支應大營薪米事 天氣驟冷可着重裘

廿九日晴　沙洋厘局縣丞伍錫麟来見詢以冬春賊踞白口情形據述唐蓂階瑞廷
水師最為得力任笑春名光斗署沙洋州同集團办防操練耐勞民情愛戴讀可見書本色正
不必以精明强幹見長也　中丞有公函致司道仍屬及洋人濟賊多少宋書
来囑主稿稟復隨手擬就仍送小宋酌定繕發　聞賊又回竄新洲倉頭股仍在白杲
埠一帶又有警報
三十日晴　聞賊又東竄馬鞍山下巴河一帶尾股尚在新洲附近黃陂戒嚴
陳午峯觀察烺邀吃飯蘄州人安徽候補道来此办指尉北雲卿同席　知鮑春霆乞假養傷聞之可惜
該員素稱奮勇有功李南錫當時酬庸　朝廷待之至優極渥乃近来志氣
驕滿不甘人下巧於趋避罔顾大局五年四月即由江西来鄂　月費餉需十餘萬

轉粮以馬隊未齊車戰未備為詞至九月間始抵南陽仍復按兵不動捻匪張

總愚由開封西竄該軍不徑由南西北攔賊去路反紆道裕州桐柏觀望以致賊入潼

関又成不了之局且該軍行至陝州知賊入関仍又折回宛郡種種貽誤不一

而足自冬及春秦事孔棘鄂事亦艱 朝廷以其宿將素有威望屢促進兵乃

竟敢安坐樊城又乞養傷回籍種尾大不掉尚堪用乎甚矣 朝廷任人之難也

清明節

三月初一日陰雨 聞賊之尾股仍在柳林夫子河一帶 我軍扎紮岐亭新洲等處聞

左帥歷年疏稿向李幹青大哥壽瑩借得幹青向辦左營文案也

初二日陰 午刻祀先 符鎬生表懌生來 洋人通賊多訪有端倪申刻赴関

商借 稅務司駱德會同 英法兩國領事官嚴密查拿并派外委蕭承恩

帶領大號隨同前往以便不拘中外一律協拿一面分飭砲船巡划沿江梭織以

防逃逸并知照施承翁嚴飭各門齊心盤詰期於必獲並稅司與兩領事約定今晚往拿

也

初三日晴 署應山縣劉宗元號善長來見 河南商邱人 據稱豫之歸陳汝皖之穎

亳壽為馬賊出處 若於此六屬用招馬隊一二千不但可以助官力并可散賊

之勢 化賊為勇 所稱頗似有理 特不易辦耳 姑存其說 午刻出居仁門拜左帥

留[illegible]各營之官以備緩急相煩 聞賊在黃麻地大畈小東界嶺一帶盤踞潛之

逸並無竄動之意 洋人會拿之事尚無蹤跡

初四日晴 客來甚多 冗雜之至 聞賊於初二日竄動陂邑東北面均有賊路

邊馬並至陂南，大有西北雷風之勢。

初五日晴。辰刻過江衙參，本擬拜客，因防多較繁，即回署。孫之福太守自粵西到此，詢知大計開缺（以柳州府）才力不及之福人（為和平中正）品學俱遜，又極有（侍人）血性，乃以不合於時，遽予罷去，宦海無憑，一至於此，為之憮然。現奉母婦挈眷南旋，兩袖清風，對之殊難為懷，即留便飯，飲頗暢，豪興不改，絕不以得失介意，其胸襟可想見矣。為述粵西多庫款之支絀，吏治之廢弛，兵政之頹壞，均有不可終日之勢，各屬應徵錢糧均以冊串無稽，未能澈底編造，計常年地丁四千（餘）萬，所收不及四分之一，花戶隱瞞，官亦無從顧問，政事如此，更能日久無事乎？又言慶遠當黔省之衝，柳州即

與毘連第一點賊竄擾慶柳則湖南廣東均受其累兵不足恃亦
不設防可虞殊甚此種有紀以精明强幹之三大憲主持其事力
圖整飭又以粵東湘南助以協餉俾力足以資振頓恐目前之號為難
齊均未可長恃也髮賊起於粵西兵氣來紀則善挽回補救殊未可
緩耳 閩賊由陂邑西北竄有由陽店走德安之勢陂股尚在羅漢
寺離陂邑三十里此次賊乃甚速追軍又難趕上矣
初六日晴 會子福至督收局拜袁懌生訪君悅酌子福亦晋 閩賊竄擾隔
蒲潭戶子潭一帶西路戒嚴三更後巡視城防并查街面四更回
署

廿二日晴　聞姜譚劉繼伍五軍均至黃陂（由麻城間道來），即具稟制憲，請於譚劉
兩軍中調撥一軍由滠口南岸西行，至此以便偵賊所向，如賊由德
隨北走，即取道劉家河、蒲潭，由雲夢、德（西達）安邀截賊回竄；如賊由
應城、天門西竄，即由安陸取道於漢川、田兜、汈、天門，沿漢西上，并
以預防襄河南岸之警。奉　復允行。蓋五軍同路追賊，非特勢不相
及，且以全力專注一路，於法亦未免稍拙。又有左軍二十餘營尾賊
西進，沿途採辦薪米，更覺為難。若分路追剿，論以追為防之局，亦
似較有照應，固不獨為漢鎮計也。孫貴自京回漢，帶到信函五十
餘件，有華蘅伏枕書一紙，（明知）病不能起而言之，尚不十分急迫，蓋以慰

堂上之廑念也字跡模糊草不成体情形可想欽嘏之以來參防腳兩品
遠貽家慈讀之不知涕之何從也茗笙夫人病亦甚劇張伯欽園均
因病不能作回信馳叅安何能已
初八日晴 拜劉克菴副帥典 新自長沙來將隨左帥西征也 論目前鄂中兵時多
深以賊過襄河南岸爲慮 論秦中兵多 深以賊由漢中入蜀爲慮
言將請左帥溯漢而上由漢中趨赴西安救爲得勢多未必行而
識略甚遠非尋常人也 訪施承侯略談 聞賊有東北趨黄安之勢 又有分股
初九日晴 卯正祭先農壇行春耕禮 聖人因時立政 國家爲民設官其義至真
切也 渡江謁制軍 上年奉飭開具屬員賢否密摺舉四劾三 就實缺候補中

敬舉所知不拘精屬蓋此多非真知灼見固未可輕於臧否也將訪同年李申
夫廣訪還於官廳晤談甚洽爲述在京時友朋酬答多念及鄙人並言眷華
舊夢思之神往訪譜香於寓中未值未初回署同鄉朱平雲世堂來有雪
岩西黃君師要件即作書致子儁爲差賫投閱賊卷數向中河溪廣水
驛北竄淑老雲一律肅清賊將由信羅向入豫乎
初十日晴辰初渡江赴衛黍晤譜香在炉書處便飯午後拜客赴後路糧
台偕若翁會商一切申正回署子儁書來知賊頭股竄兩河口大營於九月撤以前
吳麾下帶兵食
日托售素性米石賬房謂係乃岳之佃戶來書頗合竟即馳緘解之可見
下筆之不可不留意也讀宣公集第十一卷

十一日陰雨微 得子儁書并各路探報知賊又西走雲孝隔蒲潭長江埠等處

均有賊踪左帥定於明日拔赴孝感會合各軍逼之漢濱以圖痛剿

惟該逆剽悍迅疾忽東忽西迄無定向一時殊難著手耳

十二日陰雨辰初渡江謁中丞昨自黃州回有也語及冬春戰多甚不得手

引咎之意頗切并商此後防剿多宜處處近裏着已能發能收固是英

雄本色且於奮發之餘受之以範史閱歷又上一層矣循是以往鄂事

庶有蜀乎申未接皋篆賀之 謁制軍商西防事多今日探報賊蹤

雲 并陳鮑春霆驕傲情形

又由雲應西竄京山也 讀宣公集第十二卷

恐難每用須要籌安頓之法

十三日午前雨辰初渡江謁中丞諭擬摺件卯鮑子乞病多借小宋洪君星

牙釐局便飯申刻渡江子循來辭行仰留話別燈下擬就正摺一件懇准給假留營

十四日晴 辰刻送子循行謝客半日擬就附片一件密陳鮑子屹病實情所由并述該軍大概密查情形

另稟寄呈送兩院

十五日陰雨 午初至府城拜客前陝撫劉霞仙中丞基回籍過此謁見述秦

隴近日情形總以糧餉之缺轉運之難為第一棘手多徊送亦後乏食有

悔禍意惜一時無從安頓耳時勤輕議及此耳 曾爵撫渡江將赴德安見

為言此件已商定明後日即發會銜出奏諮後回署

十六日陰 早謁中丞小宋渡江風阻未得回省留宿衙齋暢談一切知

其世澤之厚家教之嚴其本以出治者固有由來也

十七日晴 早送中丞行將由新灘赴德安并晤劉克齋副帥（出示寄廷旨鮑超賞十日假詞意之間頗微以為宜之至） 再謁劉
霞仙中丞 為言蜀中地大物博俗富強而民朴愿地無曠土惟吏治太
不整飭候補人員中大率紈袴居多州縣在省聽差日以酒食徵逐酣
歌恒舞為常每年非二三千金不能開銷下至府經縣丞出必四轎頂
馬跟驢侈靡無度此（不像胡廬）官方之所由日壞也 霞仙中丞開藩時曾概行
禁止云 赴晴川書院開課午刻回署候補縣林令瑞枝來見貴州人
知其上年回籍（奉諱）後曾至滇垣詢以滇省近狀言滇中向（惟）以迤西各屬為精
華所萃現為回匪杜文秀（亦一秀才）所踞僅通商賈不服聲教迤南為士人
梁世美所踞省垣為回匪馬如龍（現署提督）所把持不臣不叛皆撫以下均為挾（一切政令悉聽裁斷）

制不過備位而已惟迤東尚為我有署藩司岑毓英藉此為敷衍計兵力餉
源均不濟多無奈何也又言黔省僅存三府三廳一省城外餘遍地皆賊苗教回
各匪是一是二現署提督趙德光勇敢有為人亦頗知大義惜兵單餉絀
無可措手若濟以餉需厚其兵力黔省或尚可為林令與之同里頗稔熟
云劉中丞來談及生平出處細審其人却是誠樸真實殷殷有憂國愛民之
志胸有卷軸識見閎遠洵非尋常人物也宜左帥亟稱之猶憶從前見其疏稿似有才而欠學養一路及見其為
人則溫篤可親絕與筆墨不類如其以言觀人以言固未盡亦未遂為定論耶咸年來閱歷
亦有之進而益上者耶矣言秦中捻逆不過渭北尚不大碍渭水自寶雞以上淺窄
可涉陝省精華萃於西同鳳三府一經闌入與回逆勾通肆其蹂躪餉源更不可問大局更無從

着手矣 又言陝省地丁一百四十餘萬西同鳳三府居十之六云 李中甫来言定

於十九日秋審過堂 向以按粮津貼一事為蜀中近年弊政據刘中丞言川

省自遭張獻忠之難人民夷戮殆尽我 朝定鼎後均係湖廣江西廣西等

處人籍移居於此户口無多開墾不廣康熙十餘年間就已闢之地着為賦額

故地丁祗六十餘萬其實以幅幀論之不減湖南北兩省也後来生齒日繁

幾無不墾之田而賦額一仍其舊故加以按粮津貼賦則尚較楚南北為

輕無論東南數省也據述所云於蜀中民力似不至困此段最明云

十八日晴 訊洋廣貨店私賣洋軍火案 税務司駱德来商緝拿偷漏事宜

十九日晴 辰刻渡江秋審過堂共三十三人陪班中丞出陪制軍參政事畢 謁見久談

散已未正赴申夫公館喫飯自道兩首府主客七人亦成例也心齋善設申夫
亦復不弱自此同人偶聚殆不常實矣席散祝旭人為慈伯母壽侍晚回署
二十日晴 辰刻渡江連日江水漲发中流甚溜（急）衛參及（請明明勝雨叢林羣肆潮口）祝譜香為慈伯
母壽 左營姜弁（持子雋書）來有信拿多件 華堯峰自甘省奉（蘭州道任）諱旋里過
此（於）為言甘肅賊情軍務言之歷歷大致回逆以河州狄道為老巢其餘秦（此外惟）
州一屬勉強完善其餘（武於）遍地皆賊糧運惟由漢中經沔縣畧陽徽縣
秦州秦安通渭安定金縣尚可達省然金縣之東道必須（二把手）嶮仅一帶亦
時有賊蹤秦州至省九站可通車運據云勦回先狄道而次河州然後省
城可保省城之賊（涇州一帶）均係陝回各目不一不相聯絡不相統屬也省城米價每斗銀

二十餘兩斗仍百斤每斤合銀二錢餘餉糧之艱如此無何以兵所假也迷華子丞
被害多閔之可憐 仲耦辭赴安陸任 讀宣公集第十三卷
二十日晴 譜香來久談 禀剿軍請調於湘潭劉三軍中者一軍由應城繞出漢川溪堤西上以
防賊蹤下竄連日 探報賊之各股援至彭市河離仙桃鎮不遠漢防至
重宜預為之備也
廿一日晴 訊萬權程方志盛強搶茶箱一案 料理日來積壓信件數
覺瑣雜
廿二日晴 鏞兒隨內子渡江至宋李兩宅 湖南糧道王初田觀察葆生
引觀過此來拜 得晤 老成歷練 相貌魁奇 即往答拜 已上海馬輪

船矣朱玉圃侍御由粤湘到此留宿衔齋述及前年隻身度隴
扶櫬挈眷歷九閱月而平安旋京途中往返避兵阻險艱苦倍嘗而
卒保安全亦忠厚傳家之報也聞賊由安陸西北之洋梓竄走接營雲
信驚悉華嵩竟於二月十四日病歿都寓悲甚痛甚余鮮兄弟惟莊
昆仲同居千載誼同骨肉吾視吾母猶母也吾母視吾猶子也而群從中華嵩
尤諳習世務公私一切皆足助我送聞病勢日增隱憂正切果聞悲耗痛何
可言惟有速為之謀歸櫬并送眷回南而已
廿四日晴夜雨午後答拜華竟峰觀察并送陳仲耦行又至順道訪黃冠北楊頤
臣旋承侯張震庵各處早間客來絡繹終日碌碌

廿五日晴 辰刻渡江衙參 後閱晴川書院課卷 未刻訊承茂新鈔

鋪該欠英商借款逾限未歸一案 晚酌華堯峰 黃魁北兩觀察 陳

仲耦太守鶴談 聞賊由富鍾向白北趨走

廿六日晴 午後至英領事衙門 麥華陀出湖南人趙定藩稟件閱之詞多（函云係前數日事）

悖謬大致論兵法陣法托名術數自言授自異人令其至該處口五授書

語惜彼族志在有事但驅令速走未肯送究不然此種妖逆殺有餘辜也

順道至駱稚司處略坐

廿七日晴 玉圃渡江來 東墅自漢來均下榻衙齋

廿八日陰微雨 晚酌玉圃 東墅并邀堯峰來談

卅日晴　玉階來　管帶楚軍宋岳營内閣[科中書]吳名士邁[退庵弟]來　極有書卷

氣　午正渡江　劉韞齋師巡撫湘中　戌刻抵漢　舟泊南關　命棹往謁　縱談中外

近事及水陸行程　子初回署　[接筠雲信　言華欽瀕危　尚索筆作書致余]　思之酸鼻　不禁淚涔涔下矣

四月初一日晴　午刻渡江會拜[宋岳營]吳内翰　未值　見其姪孫松崖　亦恂恂有儒者氣　少

至粮台　與坐晤玉階　訪小宋　道中未進　回署　喜均晤　侯鹿仙季野均他出

酉刻回署　玉圃坐輪船赴滬　日來盼雨甚急　方獲

初二日晴　辰刻渡江謁韞齋師　已上岸拜客矣　謁譚制軍　縱談中

外時局　實心任事之忱　溢於言表　求之近[日]大寮中　未可多得　[彼此議論甚合]　晤

中宋譜香於公廨　聚談良久　午正回署　申刻施[承勝營]承侯協戎邀閱操

演陣法廿二可觀左營更見齊整 发左翀宣子并致子儁函以不宜专用洋軍火為言　讀宣公集十四卷

初三日晴 午刻渡江謁韞齋師并送行 提星曲辰玉階夕 讀宣公集十五卷

初四日晴夜大風 孝感内閣中書余摺珊孝廉聯沅来晤少年英俊倜儻绝倫當是

发佳品 蔡硯農同年辭行北上久談作衡峯書為謀歸眷送櫬多言之有餘

痛也 聞賊由隨州竄應山又作東南趨之勢剽疾如此防務正無了日

初五日晴 卯刻渡江甫經到岸風又大作衡叅泊在炉青處便飯至軍

需局風狂不止與玉階芷舲子域洪君靖談竟日即留宿局中

初六日晴 卯正渡江回署接中丞初五日戌刻六百里排遞來函言賊由應

山東走廣水竟在南趨囑即嚴防壽因當即知照地方文武一體嚴密

戒備并飛致後湖一帶水陸各營俾得互相聯絡一面將這邊情形函覆

中丞藉慰馳念譜香來辭行赴宜昌办理鹽釐歸併抽收多識民情佳

晚邀硯曲晨便飯暢談　旋望雲來言艾虞臣大令佐龍办理漢川堤工耐

勞守潔結實朴誠誌之以備考核

初十日陰大風下午雨　灯青渡江來明日將由輪船回滬一行也華堯峰來辭行復縱談

廿五未刻送堯峰硯甚晨偕稺珊行晤硯曲晨話別饒茀值閎娥有北趙

羅山之勢　接衡峯信并錄寄華嶔臨危見貽信稿謫之以潺槻老托原稿將覓妥便再寄閱之哽咽

不禁淚下噫華嶔死矣後彥修二月廿五書言若嫂病甚篤家慈既憫

華嶔之近後慮若嫂之弦不歡果月晨溘為滅

初八日晴 自辰至未客來不斷 殊覺憒雜 歐陽厚甫來晤 談將赴伊犁胞弟

中午任蓮、炉青上海專輪船回滬

初九日陰 巳刻 傳集大圍書差鐵書稱手人等按冊點名 逐一誥誡俾免貽誤 諸息

午後覆訊承茂新欠英商借款逾限未歸一案 閱賊又從孝感應山縣邊境竄入安陸

交界 勢向東北竄走

初十日晴 晨起渡江 是日省中求雨 免衙參 單班謁見 訪小宋 有應

商事也 留便飯 辭之 午初回署 作吉人書 閱賊竄黃陂 踞後股在

河口 有向北走豫之勢

十一日晴 下午陰 自巳至未客來絡繹 應接未遑 吃飯已未正矣 作慕生書

接琳雲來函知若嫂已作古因萱闈近日心煩諱之稍緩再婉達也

十二日晴　試用縣陳善寅到省來見湖南郴州人號賓谷由孝廉方正朝考

特用循循有樸茂氣或不負所稱歟至晴川閣江濱答趙子善昆季華冀

鐵珊等文船已挪開上下徧找不得至南國步並法國教士座船被宋岳營

勇封提該副領子安樂刺刺不休藉詞搪搪即飭砲船料理其子並檄集哨官亦來新陳沙勝前往查辦該營

白將言慰之並面集該教士等詢明實情以防藉口請送諸葛亮臣並朱棣生看病傍

晚回署

十三日晴　料理日來文件多件頗覺冗雜作彥侍書頭緒甚多

十四日晴　中丞函囑於關稅項下撥款濟餉即據實稟復作琳雲書

閏賊又西竄孝感，防務戒嚴。晚雨極美，近未得霈甘霖，焦慮殊甚。朱棣生病甚劇

十五日晴。函稟制軍商防務也。客來絡繹。董□□正須手致水陸各營書，旋作旋輟，殊苦冗煩。陳午峰觀察來，詢以楚北農務。若日內得透雨，是否尚來得及播可補秋稼，大約以四月為度，若月內得雨，總可趕上，再遲則斷來不及矣。但視天心仁愛，速降和甘，俾郧中兵燹餘生，不致再為旱魃所虐，斯善幸耳。酉刻微雨，作勢未成。得彥侍吉人三月望後書，又雪薌書，大有歸志。得左帥手函初九月樊城發，言東驛未齊，尚有數日遲滯，諄諄以催運餉需軍火為屬。

十六日晴。辰初赴雷祖殿行香設壇祈雨也。聞賊由孝感西北竄走，即具稟制府，并述左帥函致各情。揚協蒼由灄口拔赴新溝，過此得晤，言中丞有用陳國瑞慶雲之意，候新制軍來商酌也。酉刻雲氣甚濃，仍不得雨。

十七日晴 萱園昨晚徹夜不能成寐請胡文峯診視服養陰清火之劑 日

间稍〻得睡 作鶴山書以恩謹信附寄歐陽石甫辭行 雨意沓然 佳甚

昨晚萱園安寢達旦慰甚

十八日晴 辰正渡江訪何莊舫論洋務換約之事 解小宋玉階之圍也 答歐陽石甫

時丁内艱

並致奠儀 並晤洪蓮舫 順道訪鹿仙知方卧病就寢室視之甚形羸弱

便道拜客 午正回署 駱税司来商關務久坐 閱賊窠字山廣致隊已至宋河

十九日晴 冠北自金陵回来 談言曾相於節省証厘多深切關懷 絶不沾沾以

暢論目前時局因循如是

暢維阻以為惡所謂務其大者遠者也 至玉帶門閲視壕工佈置頗嚴密

承翁協戎之功也 順道會拜陸午峯 即回署 酉刻有雨意 惟以大霈甘

霖為禱 朱友栢世彝自滬来函 商借百金 即玫復 附寄洋五十元 先君舊

友誼不容辭也

二十日晴（自午至亥大風不止）辰初渡江謁譚制軍倭商洋関應办各宜以其卸任在即諸多均須帰来又回京後須將洋関現办情形為譯署述知大概以便遇事均有把握也午初渡江回署微有風浪陸達甫（太守）来商量歸計言將回籍即留晚膳（閲邸述）知商城師相於本月初四日騎箕請假纔數日耳聞之不禁傷感回念師門恩誼有過尋常噩耗忽來情何能已吾師年逾七旬精神強固甲子秋叩别時言猶殷殷以遠大相期前月尚接奉新春（正）手諭言（情）詞肫切一如親聆訓言不料一轉瞬間遽成永訣（且曾知）尤痛者世兄輩均勉強中材此後益不能仰承（先澤）門戶之衰可立而待思之尤可痛也

二十一日晴　未刻赴閩昭駱稅司留喫點心　酉正沈家廟上首金庭公店後身失火

卯往彈壓　逾半時火息即回署　松士自廳城歸　怯於風鶴　遂仍留連甫晚飯

廿二日晴　卯正渡江赴教場　制軍調閱漢陽協洋鎗隊並先鋒營砲隊均整齊靈便　頗

稱利用　午正校畢　渡江已未初矣　奉制府批廣貨店私買洋軍火一案　飭將廣和發

貨物全數入官　即派吳子恭　會楊胡又峯　光錫周辰戌　價文　殷保濂象賢四員

前往點收供庫　以備估變

二十三日晴　慈親壽辰　寅僚稱祝共百餘人　晚設六席　傍晚得雨　雖未得大霈

甘霖却尚連綿不斷　真可慶也

二十四日晴　昨日酉刻起至本日午刻止　雨不甚大　亦尚暢足　足資潤澤　自得續降　如此一晝夜　和甘

農民便可插秧矣擬渡江阻風不果祝飛千夫人三十生辰孟增收而謝壽并看
棣生鋪兒壽赴葛宅飛千處拜壽相候以其是日不午有女學從之使歸身教
言教殊可感也

二十五日晴卯正渡江衙叅卯回署未初畢制軍李筱泉中丞瀚章自
湘抵鄂後渡江謁見於皇華館申初卯回爐青自漢回鄂
廿六日晴卯初渡江謁李制軍於行館趨賀署謁譚制軍卯在爐
青處便飯午刻於贈接篆照例堂叅畢偕申夫心齋旭人三君往
看鮑春霆軍門病頗形沉重未正回署姜領五李學僊來論鏑
船水手夾帶私鹽多尚不至為祖護

二十七日晴　卯初渡江謁新制軍李小門未見謁譚星使見定於初四日下船由水
路至清江浦取道王營北上歸途至閩南署坐料理節信并譚星使寄閩
務局署忙亂竟日　閩賊由義來向之騷
二十八日晴　卯初渡謁李制軍送譚星使行晤拘見者炉青中丞於寓新回有即往
謁見商及軍中餉多日人均赴牙釐局使飯順道拜客未王回署新署安徽
楊令茂春來見　魯稅務目來有應商之件也
二十九日晴　午刻渡江謁譚星使遞敘述閩務情形及奉提小輪船是否可行
各節畧附呈上年二月請款結明為季報稿報嘗畧分言情并加獎許
且感且愧　訪姚魯引視晤畧商上房宏儼有京式　送炉青行久坐

刻回署　棣生病甚危可慮之至

五月初一日陰（下午微雨）　譚星使北上即正渡江至皇華館隨同兩院跪請　聖安即

隨使槎至漢（率同府廳縣）登舟謁見地方官例應如是也申刻恭請星使便飯邀（竹翁）

青陪觴設中外頗不拘束戌刻席散即登舟送行情誼殷拳獎許逾分

深可感也竹青留署話別亥正下船　棣生於申正病歿舉箱爲寓邸即晚

坐小轎往視之慘甚

初二日晴　竹翁於大早長行連日渡江公私不無積壓（諸）料理一切并料

量（交）節務鎮日忙冗客來亦雜　英國京華陀（譯官）調任山海關來辭行（此間譯名吉必遜）

初三日雨　卯初即起擬渡江衙後有雨未果送京華陀行并候英國公

使所札國商及岑陽猶多非壹盤缺及漢口擬設會審局洋街巡費須中

國代籌四多詞氣頗和洽且謂漢口多務可以放心等語順道會拜美領事

未值料理節務自未至酉陰雨深透欣慰無似（未初回署）

初四日晴　午初刻渡江謁制軍呈遞漢関稅務事宜大略并本年收支各數

目清單　垂詢一切藹如也申刻回署

端午節　午刻祀先差人赴兩院及各司道衙門賀節　作諭與司農

稟函述知英公使來漢面商各節附信致爐青交送馬戈什哈由江龍

船帶去　另致揚州太守孫韻武日年恩壽　托其招呼一切并預飭清河

縣雇備車輛以便使節到日毋誤遄行

初六日晴 卯刻出門 擬渡江謁中丞 阻風未果 就近拜客 在旅承侯張晴川丙屬吾坐

焊風鎮日塵沙蔽空遠颺 此旱象也 奈何 晨左師帥高桐侯稿 并致子儁

初七日晴 法領事達伯理 美領事雪學德 校俾洋鎗隊馬定先後來晤 均無

甚要語 惟達伯理以制軍到任未與招呼為言 若輩深以中國大官員與之交接為

榮也 孝感廩生李世勳帶伊從子文童李德壽來見 年十八歲 頗有英爽之氣 寫

大卷頗入格 晴川月課屢取前列 故來見也 本日客來甚多 [illegible]

初八日陰 卯正渡江謁中丞 知湘鄉有江湖會匪滋事 因請派水師一營游巡

金口以上 以備不虞 先是前月二十三日漢口拿獲江湖會頭目謝太和等

其黨數人 訊明後正法四人 據供伊黨未與曾四大人為難 為報讎計

曾四大人世相國之弟九帥之兄上年曾捜殺會匪數十人因之積恨也

通判陸榮壽自雲夢查案回言此次淮軍勳字營到雲入城以買米為名姦搶內署一擄而空

殺死百姓三人受傷者三十餘人文令港亦受數傷情形與賊無異究

其所由有該營營務處楊鼇據稱已保至道員者係天門人素本無賴向在雲夢與紳士編修

左璜有夙怨此來专為尋仇故意縱兵淫擄闔之真堪髮指其不為賊

者幾希又安望其殺賊哉吁可慨也軍律如此閲偶敘亭桂芳校邠廬初稿議論

縱横頗多可采敘亭先生居鄉頗不洽於時論為其近利也然其才

自不可及正未可以人廢言稿係抄本擬錄之一通以備攷核 天氣燥極

廿九日 丙 天氣驟涼快雨竟日早稻秋期雖誤晚稻未遲雜粮亦尚可補種天心

仁愛絕人，固不至過甚也。慰之。漢陽令黃蘭石來，與之深談，洵不愧循良之（樸茂誠懇，心乎爲民）吏，安得如此數十人爲鄂民一培元氣耶。紹興人陸松齡（海秋）持許涑文信講書來見，爲覓館也。右宮保奏借洋款，雪岩送閱票要用印。（金鐵杉辭赴鄖陽任）

廿日晴。卯刻起，正擬渡江，雨未果。午刻晴，過江謁制軍，垂詢文武官場大略，均據實陳對。制軍氣度從容，於按部就班中有勵精圖治之概，知其歲歷有年也。申正回署。英譯官吉必遜來。（比閱票呈送兩院加蓋關防）

廿一日晴。振仁齋太守自德安晋省來見。冠北來暢談，言中丞欲請病假，制軍勸止之。致岷堂昆仲信，托汪子慶（未時持子望、岷堂各書歸覓機會帶）敦曹帶。致方鞠人信，托陸海秋館子。辛亥年姪任伯衡家瑜赴豫，迎乃翁忠槐，持孫武龢書來，讀之，乃翁辛亥副榜，任亦

春，武坊由祠部（壬癸聯捷直隸宓雲人也）放貴州安順府，未及到省，遇賊殉節，次子隨侍亦被害（其）情甚可憫

也。藍朗亭軍門由新淮移摯居仁門外寺，晤 以國（雲）防送稅務司加印簽押印

備文加函寄，交雪岩

十二日晴。自辰至午，客來絡繹，作書寄信，并致文宜（奉蘇詞於嘉定）去冬有恤嫠之舉，以四十人為

額，每人每季助錢千（文），均擇詩礼之家清貧無告者，（茲）閱單開姓氏大半世（舊）時門第，為之

惻然。清甫夫人亦在其列，心有未安。此次函致文宜和出告示，囑竇岩按月助洋一元，於理

較順，庶於心稍安也。（此舉為善念之）其餘世好類難發端，俟力量稍充，必當提出一款，專備此項經費，庶

幾可垂久，不至有初鮮終。從前徐穜生先生官山東濟東道時，曾有是舉，以專（額數錢數命家伯倣）

（行之）有專款，歸田後力不能繼，遂致中輟，故宜善為之地也。

十三日晴。寅初恭詣漢陽府城武廟行礼，（祝）聖誕也。黎明回署。李申甫廬

訪來 核定詳覆通商大臣咨行稿爲明年換約地步也臚舉利弊
計通商予宜六条傳教予宜四条稿出絜蘅手 附議火輪船大略 叙次明晰議論亦透澈
略加删潤即飭繕發 是日 下午頗聞適帷仍盼雨澤耳
十四日晴 内子誕日辰初渡江謁 撫軍論漢鎮防務定議仍留承勝二
營以資鎮衛并屬隨時會督訓練冀成勁旅 訪小宋方伯未值回
鎮拜高果臣軍門漣陞 廣东陸路提督前調甘肅提督在閩粵間卓著戰功 左帥舊部調赴甘肅統率七營過此
往未見 晚設五席命鏞兒應客 回 帮办陝甘軍務劉克菴典 於初旬自樊
城西上取道荆紫關入武關 左帥擬於初十日啓節取道南陽入潼關仍
循舊道入秦初議也惟關大營車輛初十未齊能否成行尚未可定 賊由裕葉

本家許州屬境頭隊向長葛清川西去　胡雪岩委王倪濟來近取函覆

翁以業經備定靠川去矣　與翔侯論持躬涉世之道語多發明

十五日晴（午後陣雨未成）　振作齋太守辭回郡　高（果臣）軍門來拜溫雅有氣度言將於九日由

陸路西上鍾雲卿太守來商高軍起程及知照沿途代備薪米多命

鏞兒出門謝客　閲邸抄知琳累放保定遺缺府

十六日陰　承勝左右兩營官孟麟施定國來見囑以勤加訓練認真稽查以塞人

望　（奉）撫軍諭特傳也　午前客來絡繹　湯幼菴來拜　路蒯平林（試用縣）正昌由信陽署

言張朗齋鎮軍曜新練十五營大半蒙亳人馬勇千餘均係自備（馬匹器械）來投效者

（此種勇子）用之得力殺賊有餘多一手既驚駭實亦擾甚尋常　誠不可不慎也　閲陝路粮

台公牘中有山東巡撫丁寶楨奏懇解甘餉一摺言東省入款（每一懇一萬二千两）惟地丁三百二十餘
萬除存留坐支外祇有二百六十餘萬又水旱災緩大率總在五十萬两上下總計
所入不過二百十餘萬本省防費及藩庫常年例支之款約需二百六十餘萬
德州等處旗營兵餉等項又需三十餘萬應解京協各餉均不在內等語
十七日晴大風 候補府張秉鈞辭赴嘉六縣屬金高范西民辭赴幕挈眷
西歸來辭晤午後親送之行并餞之舍拜藍翎亭高果臣兩軍門均（九里橋口西）（船泊橋口）
晤於高軍門處見繆鴻初銓部冠瀛詢以粵省多言之驗詳鴻初在京素
無來往惟習聞其人耳自言被議（戊於甲子）出京在粵已載今春新入高營也
十八日晴卯正渡江謁撫軍連（旧）積有多件須與小宋旭人諸君面商藉得晤

叙一餐。敬云散衛至汊路粮台，亦與若翁商積件也。出漢陽門，西南風大作。
登舟，候半時許，揚帆渡江，疾如矢丈。至山河口，為江漢兩水所激，舵為之折，及
登岸，僕人猶言之，故尚未吃驚也。然亦可知風勢過猛，雖南風亦不宜大意耳。
天氣甚熱。接若笙函，知乃嫂凶耗，述日萱闈屬之，流涕，晚飧頓減。
十九日，晴。自巳至申熱甚，酉刻稍覺清爽。致譜香函。左帥於十三日自樊城起
節，高畢臣軍門所部十營於本日自漢口由水路西上。
二十日，陰，午後雨未透。卯刻渡江謁制軍，巳正回署。讀宣公集第十六卷。壬子同年
李南堂勗權來鳳邑篆，寄示新修縣志體例考据，均有可觀。出自邑
紳何蓀山、遠壟、張蓮舫、錡兩人手，向謂山陬僻壤之無人也，而南堂之留心

政治亦可見矣

二十一日晴 卸宜都多本任安陸縣朱甘霖来見文正公珪之曾孫也據述宜都有張皋台抄屋田畝歲入穀三百餘石現在積存二千七百餘石向不准推陳出新致多紅朽州縣交代以此為善而以肴用之米置之不用亦可惜也誌之以備省覽 未正赴沈家

二十二日庙文武衙門會商暫撤商團以恤物力即由承勝兩營分起分段巡查街道以資彈壓并責令查街各委員認真稽查毋任宵小混跡騷税務司来

二十二日雨 自午正起連綿竟日雖未深透亦頗資沾潤 作書慰致若谷生函家慈出門至朱葛兩家 夜雨甚暢霑足可喜久旱難透達耳

二十三日陰 早向阻雨未得渡江來華陀請假三月將於明日赴滬来辭

留商各案均甚近理洵番人中之明白者也

廿四日晴 知盛旭人觀察之封翁於昨戌刻作古 黃星閣解餉回鄂帶到張伯父區吉人各信 旭從九起曾解二十五結四成京餉四萬九千餘兩又內務府餉一萬兩據報於本日起程 段彥修函并附雪薌信（信來有歸思也）連若篁信均交撫院相差帶京附呈官相稟函一件

二十五日陰雨 卯刻渡江北風甚利迅速而達謁制軍論餉事吏事均通達識治體可佩也 言接少荃宮保書已於九日移節歸德擬趁賊在曹單之時調集各軍扼之於乾黃河（即南河）以東運河以西為圍逼之計 人謀如此未識天意何如也

散衙赴鹽署弔盛封翁喪並唁旭人 盡哀盡禮詩書門第忠厚家風令人敬慕（仰）

無巳午正回署　作彥侍函并附嚴刻輿圖胡文忠集各一部交杭從九帶
京交　銓師及吉人鶴山詠君均信來云此也　讀宣公集第十七上卷半　自未申起
雨勢連綿可望深透之慰甚　子正鮑家巷地方失火前往救視丑正回署
二十六日　雨　巳刻拜法國領事官達伯理為言興國州王牧臣鄉辦理教務未能妥
協意甚不平　王牧為該邑紳士所持歷辦教案不免操之過急拘
於常理而未達時變其弊往往如此　非量予權其輕重變通恐未能相安也　該處地方無
子也至大關與稅務司畧談　漢水陡漲自昨午起已長至四五尺大　昨晚
碼頭以下衝動民船數十號間有損傷　歸途往看水勢仍洶湧　登峯肆河樓
非常未識鍾家以下堤塍有無潰決心甚系之　行道鮑家巷閱視

火場計延燒六七家，幸該處鋪房均有墻垣，故未撲滅較易也。三妹晚日晚送三
席。申正卅甫蔚庭自湘到漢，將赴試金陵也。
二十七日陰雨。調署天門令張家甫馨正来見。張春陵侍御盛蘭由京起程回籍
過此，得晤，形容消瘦，聲音低啞，知其病已深矣。偕卅甫蔚庭往謁家常
廿八日雨。卯正冒雨渡江至藩署，偕小宋暢談，已初回至道署，是日公祭昔撫寧鉄司
道，咸集，行礼畢，閒話許久始散。候選道孫燮臣行將接臨德郡也。未初回署。陸吉農乃郎小農赴京應
試過此来晤。閩戶部福建司三月二十日奏案，内務府前增每年需用銀八九十
萬兩，五年分用至一百三十餘萬兩。
廿九日晴。張若泉金瀾辭赴京山任。戶部郎中何介堂恩壽来晤，言自奏

紹興 中回籍乃翁名丙勳曾任陝安道呂書堂之外舅也蔡小漁世兄映斗贖罪賜

環亦同行到此焉表守備金彪撫防來見言及湖北西路之防以神靈口爲扼要新溝並不吃緊以蚌湖口也西路論又要在

三十日陰雨 黃虎卿同年來新護鹽道也戚有寓過運河之說果爾則登萊 五月十二日

青大遭蹂躪矣 英商 劉韓字蓉久從孫燮臣按試德安由漢口登程赴米廠送之

六月初一日雨 麥加利洋行歇欠茶商銀二十餘萬兩舊地倒歇情同拐

騙深堪髮指往謁府面加理論該商據亦無詞以對告以此事宜須詳請從

總理衙門與該國公使論斷若將麥加利洋商放走必惟鎮府是問決不能置 下關通商總

之不理也犬羊之類逈非人情擱入人罪害將何底可慨也夫富拜何介堂憲 至李閣安堂 被麥加利倒賬者係之

邗並訪蔡小漁世兄均晤約明日使館茶商呈請移追隨到隨發殊形冗逍

皖舲叶甫蔚庭

初二日陰雨　太倉王逸侯怡以同知分發湖南，持書師契芸信來托照應。下午

請蔡小漁何今堂便飯。聞賊竄（近）泰安府，譚竹翁歸途恐有阻滯矣。

初三日晴　卯刻渡江，衙（參）門拜鄭子惠、翁劉韓臣、春宅袁懌生館多

拜張春陔，謁制軍陳洋行倒帳現在擬辦情形。未初回署，着差人

送蔡小漁行，并致漁莊師奠分（五十金）。午魯渡江

初四日晴　辰刻赴漢陽試院，晴川月課也。生童魚貫聽點，漸有規

矩，向來擁擠嘈（雜）殊不成（多屢經訓諭之）。生題"何志行乎中國"四句，詩"日永星火"△，童

題"人少則慕父母"，詩"綠樹（葉忽）啼時知鳥立"。拜蕭（小長）子錫同年，并看齋

房主鍾雲卿黃岡正兩處均照後午刻回署伍汝孫繼勳奉委赴黃岡查办案件多件見辭接著筆五月初六信附到衡峯硯共各信衡信言華嶽夫人哀痛成疾恒若夫人亦患虚弱之症硯信言今年太倉下場者仍二十人　江題南自麥陽來亦住署內

初五日晴　江水湍急未得渡江衡參候補縣馬明叢自襄鄖催餉糧回詢知安陸以上均得透雨矣金陵購用之輪船名威林家因公到漢南之九師全卅甫昆仲來回空來下亦一湊巧也作星曲辰信閱邸抄鍾之英有請准令臣工直言極諫之奏大致論多用善諫臨幸御筆多近來內廷傳戲頗多倭中堂諫同文館收考正途多又內務府用項日增請崇節儉各節大言炎炎切中時弊

識是佩也　讀宦公集第十七卷之下

初六日陰　戌刻雨　管帶威林密輪船紀名總兵李數勛振名來拜　午初送外甥尉庭登（到南京住城内古鉢）

瑩陽宅舟　順富李鎮台本日未刻即開行　曾巾垣請　劉憲暨各司道席後黃鶴

樓（共三席）未刻赴之　登高一覽心目俱爽　席間尚酒器不致拘束（遠於）　酉刻席散回署

初七日晴　接琳泉五月二十五日信　知（已）擬補天津府六月間即可履新為之

欣忭　恭振夔（鏜）琦侯之六世兄　恭養泉之弟也　四月間放荊宜施

道　信來托分送京中信各件　并言將於秋節前後到省　擬在閩

署下榻云云　又臣信來　知於五月廿六日由津航海赴滬回籍省墓後

即赴新任　眷屬俟秋涼出京　英國護領事吉必勳帶同新換水師

兵官都枱林來見，與吉必遜、福參加利多多遁辭，犬羊之性固自有真也。

初六日晴　卯初渡江，江水盛漲，對渡甚遲，衡參畢，申張曉峯觀察閬齋之喪，小宋方伯誕日，祝之。順道會客，已正回署。魁北來，暢談。張從恩捲股有竄出潼關援及襄葉之說，尚非確耗也。

初七日晴　刘幹臣鎮軍來辭，行將赴豫東剿賊也。蔣朗亭廣濟人軍門請假葬親來辭。華駿是日客來甚多，有候補縣方殿元河南人入宅內時，親見其與援帥家人彎腰作招呼狀，心甚為人語。次告以州縣為地方正印官，戒令並不為小節，先要講究第一品整飭，可以治民，勿過自菲薄也。官場惡習積久成風，於此可見一斑。接琳果信五月廿六發，附到彦侍寄來盛世之執照并鶴山信當即送交旭翁衡峯谷，言北省亢旱益甚，五月下旬尚未得透雨，又言五月初九日下午雷雨，晝晦有如黑夜，為從來所未經。作嘉定信。

郭白晴。卯刻渡江衙參，論英國州教案，將擬辦情形陳請酌核正。回

署，法領事多達伯理來，論英商麥加利騙搞華商銀兩一案，語頗近情，並請出示

曉諭華商，大致言洋商頗惜聲名，好居多，不必以麥加利之事致多觀望，有

碍通商大局，當即允之。蓋此次因麥加利一案，曾示諭商民，恐洋華往來

均以現銀交易，中多鄙薄欺騙之語，彼族亦深以為羞，自行掩蓋。巳未刻

至英領事衙門催辦麥加利案，歸途至大岡與稅務司晏談。華商公請

外國狀師來漢論斷麥案，其人名梅伯，亦英國人，該國謂之辦案官，又云講公道的，中

國稱之為狀師，據稱由伊國按察司衙門考取，精於律例，奉文至中國，專論訟事

一面直似官非官，不特洋人互訟（訟向）請伊來讞，即華人與洋人訟，亦可邀伊

理論。如中國之訟師然，凡訟債等事，俸金視欠款之多寡，以每禮拜（洋人七日一禮拜）計算，若能將欠項

全數追還，伊便多取；二成追不足數，以次遞減。洋商多服其公道，（例得與）即華商亦並

屑向案來省一

似聽其論斷，未被稍有異議者，此亦夷俗之一端也。果否公道，姑觀之。（以此多）讀寰一集第十六卷

十一日雨。作江良臣軍、傳雅三大令各函。知豫境有賊之說不確。晚大雨傾盆。

十二日陰，下午晴。早間制軍來，言有事須商也。邀桂阻風未果，往約明日詣謁。趙潤生恩浩鮮餉回

是日兄食積氣滯，頗不舒暢，未進午餐。鏞兒頑劣，館課失時殊甚。

萱闈生氣，婉勸始安。得嘉定信，奉月初發。

十三日晴。卯初渡江衙參，中丞論防守事宜頗有斂才就於範光景，已和謁

制軍詢及洋人招工一節並悦論鄂省大局意甚浹洽並屬此後不必拘定日期隨便渡江由可以往見似將備顧問也去冬雲夢應城失守例有並籌處分處蒙兩院原情奏請寬免奉旨允准本日赴南北兩處進見均恭謝也胸膈稍舒尚未十分暢疏飲食仍未能如常

十四日晴 停中仍未暢適服胡文峰方謝客一日以資休養息 賊竄山東潛師大吏及鄂藩疆臣均有旨切責九卿摘頂并交部議五月二十二日○○上諭也

十五日晴下午陣雨 胸膈仍未暢舒服 讀此嘯篁方閱覆晴川課卷傳請湘篁校定也

十六日晴 氣體漸舒仍服復嘯篁方 於陝甘渡路糧台公牘見山西巡撫中丁月向奏案言晉省歲入地丁除各屬留支外實應解司銀二百六十餘萬內提京餉一百七十萬

兩本省兵餉例支銀六十五萬餘兩又歲入耗羨銀三十三萬兩動支文武養廉部科飯食暨各項例支外僅剩銀二萬餘兩又歲入雜稅及減成減平等項每年約扣銀四十餘萬兩設卡抽釐歲收銀二十萬兩每年防堵經費約需銀八十餘萬兩每年協濟各省軍餉約需銀一百六十餘萬兩計不敷甚鉅等語復蘅畦信閱悉係子路問聞斯行諸兩段作昧魯渡江將料理赴試也

十七日 晴 辰刻渡江 制軍邀往論國事也午初回署肅筠來久談氣似不甚舒放

彥侍書交赴樊解餉委員沈衍鍾帶上京附貂褂及貂腿褂統各一件須修整也

初伏

十八日 晴 卯初渡江知撫軍先銜參會拜肅箴照並至子減處少坐已正回道五階將布政

署作嘉定信司衛喜陝甘藩宗保之峯也 讀宣公集第十九二十卷

十九日晴 夜五更大雷雨 自辰至午客来络绎 上海捕盗局天平轮船因公到汉 管带是船者为姚晓岩 曦 曾有一面 即为叔鲁秋生搭定东下 亦一凑巧也 新授施南府张贻山太守 观钧 到省来晤 在京亦识面也 伊叔甫是仲信言于初九日到南京 居停情谊甚挚 即作数行托叔鲁带陈之

二十日阴 下午晴 卯初拟渡江衙参 以夜雨未停不果行 申正叔鲁秋生登趁天平轮船赴（卿小）试 晋適自随州趕到 即偕行也 虽属匆遽亦巧极矣 以丝掌一对 兰花莊两匣送姚晓岩 聊以将意云 天气炎蒸 为入夏以第一日

廿一日晴 热甚 辰刻出门 会拜陈午亭 黄冠伯 均晤谈 旋承侯令弟入泮贺之 同上城看汉湖水势 较上年小水七尺 城墙石脚尚未漫（亦）过 去年城身常在水 受损 千顷汪洋 一望无际 真具大观也 午刻回署 税

務司駱德來，論及麥加利事。多年亨（深感雅誼，領事說猶似憐念余之衰病者也）贈蘄簟兩床、蘄艾八包，謂和老年人取以棉花用作背心、裹腿及枕頭等物，可以祛風取煖云。前恙已平八九，惟氣稍滯耳。

二十二日晴。漢陽府訓導李寶垠（延慶）來，囑預備決科事，定期七月初五日，是日場中供應均余捐給，雖不敷，亦攬。漢陽縣述明、勝左營之官魏元祥來言，漢湖水漲，商請移趸事，即與施承侯丞商，令暫移。寶國駐漢稅務司駱德、美領事雲樂德先後來，均說麥加利事，語均近情，大致以近日余辦此案，深有鄙薄英領事之意，該吉護（領）事似失体面，大為不安，故屢懇彼族（與余）說合，余業有內斂之意，用以縱為操之法，或冀麥加利倒案之稍有着落也。西洋各國向來每事均推英國為謀主，此次吉（英護領事）必欲遷避此案上手（時），頗不吃勁，余極力

擠之溼深以不復倖面為蓋疊送央求法領事達伯理等為之出力連日或以婉語
熟商或以虛詞恫喝或於無術不試含於輕重緩急之間隨機應之至今日頭髮稍可
事領事來審其詞意知若輩之技已窮而其情亦畢露矣余嘗謂番類或
實為人惟恐人之不以人相看待臯隸之子冒列衣冠惟恐人之不以衣冠相待
情或夷人亦欲中華之尚以親手以加驚駭之地於此未可不察也 身體復原
二十三日晴卯初過江謁中丞敘後并謁制軍述連日辦理麥加利一案 夜大雨達旦
情形 午初回寓 申三代秋生館
二十四日午前雨午後晴 訊美權案內之案犯姚義和等即收結有釋作嘉 臨湘解到
定信今凌壽送朱標生靈柩回南也 王看
閱邸抄有保選直牧楊渠上封事力言同文館之失雖詞涉激烈而識頗優○○廷旨以歸咎倭相並有疑其授意之意甚非敬大臣之体也

二十五日晴。廣西主考講學錢寶廉、都察院王師曾到漢，往拜，晤談，稔知都門近事。

二十六日晴。卯刻渡江，江水甚淺，登岸較遲。旭人處開予楚撫同道

咸往公登之。畢，兩院先散，鍾均留膳，遂順道拜何蔣卿帆，恰令煙源號鏡之（居未云）過回

漢川矣。午正渡江，酉刻約錢湘岑、王省齋兩星使便飯，（晤畢形跡，頗）談甚暢，享

官風味，自有真趣也。子城代理蒲圻藩署，於本日蒞署。

二十七日晴。新授荊州府樊題章光代理隨州，沈似竹保祥之弟，湘鄉監生（新選雲夢縣丞子壽昌）

進郴潛江縣周篠湖孫均來見。湘岑有三昨言同文館之議，京師議論不一。兩

湖宮官肯出知單，言凡我同鄉如有按考同文館者，薪水較優，此後可以不與

分，印緒公爲穀盤慶承，可以不與相聞問，揩同絕物。張盛藻春陔一摺

為之時推重蓉漪齋中翰世保捐名與試其夫人力勸之出於是遂有張荷御

與蓉夫人合傳之作亦新真向也

二十八日晴 朱俊臣（候補令）光燿來見求餉差 汝朋兄為信之伯父作八十冥壽在甘

露寺誦經辰刻前詣行禮并喫鏞在彼伺應一切親友畢集頗不寂寞

午刻回署是日天氣甚熱未飯坐定接篤雲伯文六月廿二寓岳十八信（悉雨民放湖北副考官）

二十九日晴 譚香自宜昌回贈送一方印渡江何鏡之比部來辭赴京旋承侯

樵伊少令弟來見本科點試進也書胡岩以龍井茶蝦子醉蟹鱘魚等卿物見貽

印以分贈小宋申夫峯各兩簡魚各兩觔并附蘇饌暑藥兩種月香附寄

到於此一觔雖非野味尚是種味之物 本日 較昨更熱不減去年 摺

差赴京不及作書附孫彥倩數語托送大農元卷公分八十兩另送書師元卷十二兩公分交祝卿丈壽師件交衡峯一包

七月初一日晴 代理蒲圻各縣令先後來見子城來言定於初二日起程赴蒲圻任便飯暢談 寄家書託陳霖去 天氣熱甚汗不停流 閱公牘 現任佐貳曾經俸滿保題卓異保薦及歷俸五年以上比照定例准令暫署州縣 候補佐雜人員一概不准委署代理 同治六年四月吏部議覆兩廣總督瑞麟等奏案 接徐畏甫信 言花同珊琨辦理龍駒寨轉運局務似未妥協 容細詳之 鏞兒學作破承

初二日晴 送何鏡之比部并命題承 侯昆仲均未見 以湖水漲至都司

銜內須坐划船 竹孫薛 隨任蒲圻

初三日晴卯初渡江知撫院免銜條印委員之城處送到委員之竹孫道

譜翁畢鹽道喜至後路糧台與王若翁商辦餉事知帥節於六

月十四日自靈寶起程行二十里午刻至稠桑扎營該處是日 程俱係山溝

大營甫經紮定輜重尚未到齊忽雲霎時間天氣昏黑大雨傾盆雷電交

作溝中陡長水一丈數尺將隨營軍裝車輛漂去五十輛共七十餘輛均由

營旁山溪沖入黃河水勢湍激一時無從救護統計傷人二百餘戰馬二

十餘匹亦奇險也此事與沈文忠之交由西寧回者情形一律幸帥節及各營

將弁將領均先時到站不致大誤若稍稽一時許便不堪聞矣從征

之苦行路之難如是之二時節於十八日入闈 至蕭處 小宋堅留久坐 并晤婁峻山軍門

雲慶人頗靜穆有度 李薊坡自湘赴試過此暫留衙齋小

吃麪適譜翁來又暢談未正回寓

佳述當墅近况之窘為之擔憂歷言其情性之偏又為之三歎息

初四日晴 張聆山赴施南任蒯平州赴襄陽任均見辭並 天氣熱甚 作嘉定信

初五日晴 晴川書院決科赴貢院扃門試之共百八十人文題魯人為長府

全章詩題蟾窟香分第一枝得香字是日供應一切均余自備托監

院李鑾坡廣文給收并留漢陽府鍾雲卿縣黃蘭臣便飯未正收有

文卷廿隨到隨閱苦乏佳構黃陂附生夏桐華人秀發筆下頗簡

淨朗敏秀進邑試年不過十五六歲有秀偉之氣文字如其人是二妹加以造就當是美材

兩正回署

初六日晴 連日酷熱，未能坐定，閱決科卷三十本。王興軒之世兄名濟廷號繼香赴信陽，就親到漢購物，未見，晤詢都門近事。

初七日晴 閱決科卷，晚酌王繼香、李菊坡。天氣頗熱，甚連日將陣雨未至。

初八日晴 卯初渡江，撫院仍免衙參，至鹽署看旭人久談，謁語燮臣學使，晤譜翁生日，祝之，不舉動，即渡江回署，午後酷熱更甚，未能作事，接夔觀農信。

初九日晴 立秋 記名提督李續壽璞陵來拜，其人有儒雅氣象

谕亦颇近情书内共有饶领才或当不类庸庸也菊坡由轮船
赴金陵似阅决科卷及落笔六月廿八信但言截补忠早无
甚要语 阅邸抄知艮相奏请开缺得旨毋庸给假俟气体可支即以大学士在宏德殿行走一切差使均毋庸管理稽圜之机或在是欤
初十日晴 卯初渡江谒制军散衙即回署避暑适会拜李璞陵军
门黄魁北来后 言曾侯有劾其弟威毅摺留中未发之 魁北月底欲请咨引见
十一日晴 松士自麓城来诚民回杭麓〻试卯日坐轮船东下北路赠船
山遗集全部共八套以经史子分编 船山先生姓王名夫之号姜斋湖南衡阳人崇
祯年举人也 初九十两日早晚有凉爽之气本日复热如前
十二日晴 慈安皇太后万寿寅初赴郡城率同文武僚属行庆贺礼卯

初四日晚上燈後謹備蔬品恭接祖先遵杭俗也

十三日晴 行中元祀先礼 閱決科卷完取漢川廪生黄良輝以第一（佳者绝少）

十四日晴 作星農書附致唐蔭翁一椷送劉䲸臣〻封翁欣園先生楹

聯一副團扇一柄熊掌一对口蘑兩匣晚熱甚

中元節 水師統領左子雲鎮軍光培唐莫階協戎瑞廷来晤歷言水

師與陸營不同餉糈亦與支絀甚難敷衍等語雖其言不無過火處然

其中亦不可不量加体恤也午刻（祀先）出門拜左唐兩君隨州牧潘堯臣亮功

調篆劉省来見 連日晴雨未正雷有雨意未陣而散

十六日晴 玉階来久談午前谷来給繹代理漢陽縣丞侯補按經張

小秋福鑽以進修齋文稿見示閱之雖工夫未見深邃而筆致近古且能

過多留心肆力於學亦難得也

十七日晴 那正渡江謁中丞言因病未能入場監臨已奏請改由制軍入闈

矣并言及擬設書局多屬意頗肫切與小宋商之 看廬仙病大致已愈惟腿軟

尚未能出房現服孫燮臣學使方始知燮臣善醫也 午初回署 祀先

蒙古人福明自言經藩院員外曾在衙門筆貼式由四川回京年六十

七鬚髮盡白人尚平正明白有將伯意憐其老贈以十二金也 崔家堂來晤

十八日晴 至英國領事衙门催麦加利票 午後酷熱更甚 讀宣公集

第二十一卷 程純甫自滬解火藥到漢留住署中

十九日晴　卯正渡江詣拜英國水師兵官都林格　旭人多翁靈櫬回籍上船恭
詣望山門外座船行叩送禮　午刻回署　沈伯棠自襄陽回有述花門州
事頗不妥洽　話委稽查保甲街委員勞慶蕃瀛甫來謝見擬搬
住本署委員當遇事可以就近辦理也　讀宣公集二十二卷第二次畢
二十日晴　襄陽秀才劉澍達赴省試來見詢悉廳門近事　吳耀先林森晌
解餉赴省各致彥修數語　晚為胡侯松士餞行并酌紀甫
廿一日晴　卸署鄖陽進補安陸府文樸庵俊美來見詢悉鄖屬各令優劣
評論尚屬近情　陸續客來自辰至午未絕　旭人扶櫬挈眷回籍船泊漢
口　申刻赴船送行并以話別　回署已傍晚矣

廿二日晴 卯正渡江謁制軍 論及近日軍多餉多 坐頗久 看申夫 亦

久談 渠新表一摺 擬訪小宋 因時已午初 畏熱 即渡江回署 申初

恭振夔觀察坐輪船回漢 并挈有眷屬 暫留署中 下榻上

下一帐 暢談都門近事 振夔亦詳詢卸到予宜 均一一告之 幸尚安 壹闈患氣痛在右脇下 頗苦 晚三次起視 酉刻

廿三日晴 竟日為振夔料理到省 予并督佐員鄭家巷民房櫳桂

桐侯松士坐發源輪船赴省試 酉正登舟 嘉邑舊將酌送之卷

廿十 餞屬交桐侯攜往分段

廿四日晴 桐侯赴試 自本日起 視課鏞兒讀 自巳亦藉可坐定也

廿五日晴 陰午刻微雨 卯初渡江衙 叅散後 振夔遂往省寓 商酌赴任一切事

昨已接奉飭知現署荆州道何芷亭元普办理未盡妥協故實任

一到即催赴新任耳若追不及待未初回署北風少有波浪并微雨程純甫來俾勿學

船回滬　萱闈氣痛未平

廿六日晴　午前客來絡繹　午後作子城信南肄文生胡嘉璧鄧鍾德

蔡立鑑程星彩赴省試來見在襄時屢以課作呈閲也俞雲岩廣文以

詩見貽寄所著荆南刻多語一部雲岩隨州孝廉理學士也在襄陽時閲其名曾

因送考來見粹然可教求之鄂士中未可多得　雨辰到漢口迴避未得

往還帶到子松雪卿各信并贈貂袖杏仁等四物

廿七日晴半陰　卯正渡江祝李小荃制軍壽至振夔公寓遇小宋申夫

譜香洪君聚談有頃玉階月樵公請振夔邀往陪客順道
畲艾非菴久坐至鹽署候譜香暢談留吃點心未初至月樵寓玉階振夔先至小有
園景佈置妥貼亦一藝也席散已申正渡江回署接七月九嘉定信萱
闈氣痛發甚安睡稍好起坐則益甚服疏氣活血舒筋之劑見
效甚遲心殊焦急晚就鏞兒榻宿即在萱闈臥榻左旁便於侍奉也
廿日陰雨萱闈氣痛昨夜甚憊四更後稍安延請多醫互相參酌皆言血虛氣滯
仍復胡文峰方并請羅醫畫符付來飲之未正以後漸覺平復略能起
坐飲啖無似恭振夔來商赴任一切購金陵新刷雍正硃批諭旨一部
價銀三十三兩由魁北處來也發金陵信致寶岩稚侯晚子初刻同知

衙门西间碰失火相去不及十家颇觉惊险幸洋龙得力扑灭尚早得
以无虞自昨日下午起萱闱气痛稍安
卅日晴 午后拜恭振夔并至同知署望火晚酌振夔畅谈 亥刻
萱闱气痛又甚夜不能安寐室踌躇至
八月初一日晴 请主者晋省喻子蕃大令钧为萱闱诊脉据云因属血亏而
气郁较甚用药以扶正为主即服其方 未初渡江司道公请振
夔邀往陪客席设县署未正入座纵谈甚畅席散偕振夔同
舟回汉已上灯时候矣申刻后萱闱气痛较平
初二日晴 送恭振夔行 午刻振夔来辞即就道由陆路赴

任眷屬暫留擬由長江上駛也 萱闈帖喻前孚菴方并逐日延羅醫畫符痛稍輕減睡亦畧安 作嘉定信 金姪母自六年正月起月送錢一千五百文 進參桂熟地阿膠於朮諸品導引散風之藥甚對

初三日晴 午前客來絡繹 請喻孚翁復診云六脉均有起色病由陰分漸入陽分矣 仍用參朮蒼歸（畧參散表）已午以後甚覺安適痛亦漸止

朱令光耀解餉赴京來辭 料簡京信之應復者積壓頗多急須清理矣 襄陽生員李瑩俊來求見

初四日晴 辰初渡江謁制軍 遞（屬官）賢否密摺奉撤飭呈（也）論及九帥請假予以退志已決有不可強留之勢 至撫院稟安未請見 順道訪虎卿未值 即回署 復唐侍雍信 萱闈氣體漸愈畧能起坐

初五日晴　吏部張寅昉曾亮自太倉來留寓萃福府張曉峯觀察之世兄名世準號昉平丙午舉人刑部主事來拜聰畧似其父所談皆（因軍務不赴京常從征營但用手本由賀其翰林吏部）古雅一路言將扶櫬回湘也作李肅毅左恪靖兩（曾方）并孫子儁函　蓂闓作叙多件亮生起稿略有更易也

較昨更好僅有微痛能耐久坐矣　得狗侯松士信知於二十五日（安）抵金陵初日入城

初六日晴　請竹泉菴復診云六脈漸和惟心肺兩脈稍弱照原方加柏木（辰砂人乳拌）茯神酸棗仁（猪心血炒）兩味　申刻拜張寅昉　復彥甫信并附註玉笙（曾雪帆）瑶孚函諸月霞信八封托朱俊臣帶　蓂闓訊恙次第平復慰甚

初七日晴（寅和起寅正赴郡恭詣文廟率屬行秋祭禮卯正回署　順道拜客）午後渡江至後路糧台與若翁晤談申刻赴軍需局偕玉階夜話即止宿焉　是晚起仍以常令　鏞兒隨侍蓂闓

初八日晴　丑初即起　丑正赴貢院　寅初開門點名　余專司東路補點　午正（曾沅浦中丞請病假　李少荃署制軍入闈臨臨　東藩西臬　崔玉堂）

始點畢（補西路）武昌府屬　心齋（譚香兩）觀察來代　始得分班吃飯　未初入座　再戌初始竣

多向例東路點（荊州）旗生　武昌安陸德安荊門襄陽宜昌六府州　西路點漢陽

黄州荊州鄖陽施南五府（州）　本日西路點進較遲　仍（改）撥鄖施兩府由東路

進人數（共九千六百餘人）　武黄兩屬實居其半　安德荊襄漢大致相仿　宜施鄖殊覺寥寥　即科

試錄取人數亦強半不到也　老生年六七十者頗不少　功名之際（念）　真有垂老

不衰者　宜城附生李士魏　卌年十四　大約不過十六七　[redacted]頗英秀　東湖附生傅[redacted]豐

運[redacted]英發（少年氣宇深厚）[redacted]襄陽附生李紫綬（年十七）　余在襄時所賞拔　前[redacted]病眼　今日見

其入場尚能支持也　是日仍宿軍需局　飯後酣睡達旦

初九日晴 卯正渡江北風中流浪頗不小 較急 恭問萱闈起居精神尚好夜亦安寢

膝下 惟仍帶微痛耳連日仍復原方料荷兩日積牘三刻而畢 晚酌寓中邀

飛千亮生作陪

初十日晴 接嘉定初五信未刻渡江謝喻存菴并請改方 辛丹鳌尚 萱闈 連服峻補十劑

所患已去十之九矣 陸建甫將南歸病痛初愈往視之雖未復原神

氣尚清脫酉刻至軍雲為宿胡月樵在彼相候有所商與玉翁

松茂亭設． 頭場首題子曰君子上達兩章 威儀三千 五畝之宅 三段盡章

詩題 湯盤孔鼎有述作 得辭字

十一日晴 子正即起丑初赴貢院寅初開點 武昌府與漢江夏武昌蒲

圻咸寧嘉魚各學均猜有補點並不接候而至以致正點則到者

寥寥近天明以後補睡片時，至晚事雜亂不成多侍，亦可見士習之不純也。

睡過，武昌一屬以後清楚矣。午刻少憩，吃飯申正睡畢。天氣甚熱，士子頗苦，有老生氣喘不能支者。酉初渡江，夜睡甚甜，萱闈起居如常矣。

十六日 晴。同知署西邊附近居民以前月底失火事甚延燒，設台演劇，恭謝火神，來請拈香。巳刻情四同馬先往，乃前往行禮，答神庥，亦順輿望也。詳校練馬宅，雷擧石來久坐。子鍼信來，述及初政，并寄告諭書並章程，及勸民息訟多種，閱之語語切實，言言近情，真不愧循良之選，洵足為吾黨光，亦足為郭氏慶也。去年印後之語。

琳寄七月廿信，言補天津之説已定，此事棲篤家也。

十三日晴　秋祭文帝　寅正恭詣郡城行禮　卯正回署　卸署京山縣陸
堯翁大令祖心來見　似尚敦朴　申初渡江謁九帥　見病體未見起色
言已請續假一月矣　酉初赴軍需局佳
二場題　其旨遠其辭文之句　厥有成績二句　赤芾金舄二句　秋九月齊侯宋公江人黃人盟於貫　僖二　獺祭魚之句
十四日晴　子正起　丑初赴貢院　寅初開點　辰正以前補點　此仍擁擠不亂
巳刻以後漸次清楚　未正印點畢　發二場　快半時許　了較頭場快兩
個時辰矣　申初渡江　東北風甚緊　中流有浪　對渡僅一刻餘　亦至快也　萱闈
連日料理節務　精神如常　原方仍日服一劑　極有效也　接恭振
夔信　言已於初六日卯刻接荊州道篆　並屬照料迎眷焉
中秋節晴　早起敬賀萱闈節禧　并謁先靈　闔署親友彼此道

賀振夔信 晚設兩席請在署諸友二更後登瞰江樓看月

十六日晴 料理振夔眷屬赴荆令鏞兒登舟餞送并派黄連陞砲船沿途
護送 申刻上閱照驗稅務司商百件也 有礙

十七日晴 襄陽附生李麟生鏊佺來見言將赴屯子關探親即留宿衛齋令 夜宿蘭口南岸 為時已晚

廿明早前往達甫南歸停舟漢口往送之申刻始辭歸彼此往還藉以話 送荆緞被面等四色
別因其新病亦未餞一杯也 向譚竹翁信囑商之賞飾搭解制錢并施宜 手函 七月廿三發
閱礦採銅省城開爐鑪鑄錢及稽運瀘銅各事宜 又將彥侍爐青
雪鄉各信 彥侍信商玉璞功課 雪鄉信商委事回南 炉信即 竹翁來
內云云也 秋旱已甚晚稻雜糧復形荒歉鄂民困苦極矣時疫迭見亦多總盼雨澤也

是日

見本屆直省學政全單

順天賀壽慈　江蘇夏同善

浙江徐樹銘　江西徐郙

安徽殷兆鏞　福建邵亨豫

河南楊慶麟　湖北張之洞

湖南溫忠翰　四川鍾駿聲

廣東胡瑞瀾　廣西楊霽

山東張家驤　山西王建章

陝甘周蘭　奉天任兆堅

十八日晴北風仍緊　李麟生来辞赴屯子岡午後仍送回省寓晚飯後偕萱甫夜話

憶及京中演戲精妙絕倫為述喈園看狀奇双會三進士玉堂春各劇狀

未緣妻老人聽之忘倦甚以為快

十九日晴　午前後客来絡繹申刻出門訪黃冠北祝聲並晤高潤泉太守回署已晚

二十日晴　沅浦中丞生日祝之謝不見客　至段路粮台與若農西林談　有應商之件

擬赴藩署而小宋適来言兩院以譚少司農擬運現銀為屬商小宋意不

甚以為然勉允明年試办二十萬串　囑寫主稿具説帖呈復許之午初渡江北風又緊發

嘉定信洪蓮生觀察来談見贈雪堂石刻三種內有東坡先生遺像　接王

子壽比部總信送子若陳寶岑四本樞言一本　晚仍雨雖不大尚綿密

二十一日陰雨 料理積壓信件 拖承侯來 夜雨深透

廿二日晴 擬京餉酌運現銀說帖即函送中宋方伯酌遞接鄖陽府金鐵𬭎稟到任查辦地方大概情形并逐一開具手摺送閱吏才頗好求了鄂守中丞可多得也王子泉稟(襄陽往收南鄉清家窪看家灣陸家崖等處)桃源山清受益民田不下四萬畝真可謂留心民事者矣

二十三日晴 辰初渡江謁制軍 昨南出閘也 陸近日関務及籌解京餉并諭擬運銀抵餉各情形 坐談久候 中宋商公事外(并為王階提奏留事)并談家常 午正回署 馮潔卿(名邦棟)來 衡州人 記名道 向隨九帥營 作珠泉函渠以(神情內斂似亦可靠之人)保定遺缺并奏補天津 碌兒久未致賀也 附寄水烟代衣四枚

始瀛稿

二十四日晴 自巳至未客来絡繹 發譚竹翁稟 作炉青信 均附入琳槑信
精寄 接若笙八月廿日信 言身弱多病 意興索然 閱之眉皺 述及乂臣夫人歷
年營運局面甚閙 本年六月被人倒騙虧欠至十七八萬之多 都中受其累者不一而足
闔閣奇窮 世所罕有
二十五日晴 黎明即起擬渡江衙參 北風甚緊 詢之舟人 言江中浪高三四尺 遂不果行 作彥
侍信 交諸蘭谷 詢便帶京 襄陽生員郝衡堂王芸芳來見 郝善書
王號李遠 有年誼 以理顏時文頗入格 襄邑之翹楚也 兩辰有家信寄到 卽請譜香酌
核轉遞 卸署咸寧縣令陸秉信來見 詢以咸寧邑民風 言健訟多 地瘠頗稱
難治 又言本年秋收甚好 爲數年來所未有

江南頭塲題目
修己以敬至修己以安百姓下句 有弗辯兩段
省刑罰三句 江面山樓月照時得樓字

二十六日晴 辰刻卅蔚昆仲由江龍輪船抵漢塲作均十分飽滿大可命中 相
侯嶽卿寅岩均寄來頭塲首藝 相作神味極好惟氣息靜細入手尚嫌隨手發
作極簡老悠此時宜寓作雖未能出色然機段圓融亦正顧他 申刻施
承爵來均至米廠看新做砲架十五座均結實可用 九師新從金陵運來大砲二百餘尊漢口留存二十尊餘發各處城寨領用
二十七日晴 二陸渡江留宿嘯篛寓未歸 雨辰有家信托加封速寄 即
函致仲和附去甫家報轉送
廿八日晴 自巳至未客來絡繹未絕 當陽令鍾傍益福建人卸嘉魚事赴本任來
見頗敦篤 沈蘭谷辭解京餉起程 嘉魚令鄭夢韓辛亥同年艾小廉差竣
未見新卸通城事言武昌屬惟蒲咸嘉三邑民風最次大率多刁頑健訟

大冶興國次々通城通山穀朴二陸阻風未歸泊（波濤湧不讓大江）

廿九日晴（二陸渡江）辰刻候施承侯協戎同上堤頂看視汊湖水勢本月二十後（據報十八至二十一日長水三丈餘）

江漢兩水秋汛並漲襄水勢尤陡急鍾祥法華庵堤工漫潰水由

京天川下注汊湖水亦陡長較伏汛最盛時尚大尺餘（向來秋汛從未有此）聞上游潰堤

尚不至之處漢北之民屢遭兵燹情形本多困苦又復遭此奇災其將何以

堪此可慨也調署漢陽令王子泉庭楨卸襄陽令來見言行至宜鍾

交界之利河口適值水漲勢甚洶湧停候多日見上游水沖沒人民房屋

不少真奇災也晚為亮生餞行并酌二陸亮生將赴桐城就親也

三十日晴　卸署廣濟本任黃陂令劉鏡溪昌緒（辛亥同年）外簾差竣來見言黃

梅廣濟蘄州羅田各屬歲多尚好蘄水黃岡受災頗重蘄水已據稟請

委勘矣杭人陈鶴汀皋来見托荐館鹿仙函稱楊湖州人兌山孝廉名峴轉

托也本日水勢漸平

九月朔晴 鍾雲卿来商郡城重建武廟事定議在堡工指撥項下

撥錢一千五百串以創之

初二日晴 先嚴冥誕敬謹上祭回憶音容忽焉如昨感慕曷勝葉環

浦大令樹南来見辛亥有年誼現办撫幕軍務人穩實明白公

事與之久談晚與二陸持螯

初三日晴 午前客多作課竹翁書復運鋳抵餉事并述鄂省防務

及地方情形。與二陸夜話，據襄陽府縣及江陵各信，均言此次秋汛為數十年未見，洲地居民（郡城惟北門內外尚稍高，餘則被水圍矣）中沒不少。

初四日晴。午刻二陸動身回湘，寅叔偕往。昨閱安陸府縣來牘，言此次水災猝不及備，横流激湍，泛濫（異常）淹沒，居民不可勝計，閱之惻然。因在賑收各指局暨鋪經費項下酌提制錢六百千運往備賑，先函致陸仲耦太守孫補堂大令，告知此多係可以早抵用，明知無補萬一，惟期救得一人救得一日，亦聊以盡吾區區云已。（以盡綿忱）

初五日雨。卯正渡江，衙參後明日入闈，閱視填榜，午初回署作復青彥信（附譚稟）。

初六日寄上海沈古愚處，轉由輪船北遞。

初七日雨（大風）。巳刻渡江，在軍需局便飯，午初入闈（鄂闈填榜），監臨與學政蕃臬先後至（用硃筆在榜上，監臨先標中字，學政標實字，次標押字，用墨筆）

申初入席酉初席散（酉初提調官請）常潤甫鍾雨辰兩主試出簾入座監臨學政
以下以次就座首填第六名填畢（是科中式六十五人）正榜再填五魁仍從第五名倒填而
上又填副榜（中九人）解元亢長青年廿四歲棗陽人襄陽府學附生首
藝氣息極高過亥時手填畢出榜各官以次出闈時已丑初雨辰邀
入內簾畧談即回軍營已住宿（并約定雨辰事畢至漢畧為小住以待家眷并料理入門一切）既餓且乏矣
初七日陰大風（下午雨）早起謁制軍為言擬留玉階多閱歷有得之語（皆）可佩也
拜常潤伯講學鍾雨辰殿撰兩主試久談未刻渡江坐永安局紅船（座船因風大不能行）
中流風浪（波濤）洶湧頗足驚人一刻（未及）已達漢岸矣接文臣信寄可寄（并附翁子馨致伊函）
閱閱之昨吾 郁小晉金陵試回即住衙齋下榻

初八日陰 下午轉晴 甘肅臬台張岳齡来拜 由江西候補道特简是缺，怡靖所請也 帶平江三營西上也 ~~設化~~ 其人饒有風度議論亦極正當於時務亦甚留心 怡靖之知人於此益信 尹崔田 言回者典史楊立楨頗將 卸雲夢令黃蘭臣奉飭赴蘄州本任均来見 萱圃稍感風寒有似類瘧

初九日晴 是日鹿鳴宴未赴 楊春生自天門回省来見 言此次水災實為從来所未見 水由城墻漫入 避水者爭上城堞 幸而得免 城中房屋均在巨浸中 城外則一片汪洋 茫無涯岸矣 渠與現署令張洪甫均坐砲船得脱 漢北地勢天門最下如鍋底然 鍾京堤塍稍有失慎天門受害最鉅 彼民何辜遭此奇禍 有地方之責者所宜加意焉 ~~起復~~ 又草復臣信稿

初十日晴 卯刻渡江衙參 制軍出示復譚竹翁信稿 運鋪抵餉之

議許明年試办二十萬串 開礦一節則以碍难办理辭之 敬衔
往候潤伯兩辰兩主試 少坐出城 畣拜張子衡廉訪 沿途見平
江營勇均整肅有規矩 人亦精壯 無少攪擾 知其治軍有道也
談頃覺平易近人 胸有學識 殊足令人欽佩 未初渡江回署 王子
泉來見 言定於十二日接漢陽篆 調署漢陽知府襄陽通判陳貞甫元章來見 言定於明日接
篆 眉目間有詐偽之氣 殊可怕人 小晉赴襄陽
十二日 晴 繕就又臣復信 即托税司寄 黄子白 潘彥臣 楊子揚 張銘煥來
見 飛千生日 祝之 順道至楚叔局少坐 即回署 漢陽新中舉人胡大經 見贈所著鐵瓶詩鈔一本
來謁 子衡廉訪令其營官李佑卓等六人來見 英偉安詳 絕無

近時軍營氣習李尤精（似極）熟悉輿地者萱闈外感漸清連日均服

請理之凶劑

十二日晴巳辰刻渡江南風水溜到岸已在紅闈以下沿堤逆水上行比登岸已

午正餘吳重文昌宮屋宇尚儼濤似北式後有荷池臨水閣為省垣宴集之所是日靖梅司道公請主試也兩主試均病瘧常潤

伯及赴就席即辭去兩良兩看皮亦去均畏寒不能耐坐也客惟孫燮臣學

使一人主別李筱荃制軍以下共十四人沅浦中丞因請假未到戌初始散沒

月微風歸棹饒渡江頗有秋味　萱闈外感已清昨今又夜不成寐丑正起視一次

十三日晴　黃蘭臣辭赴蘄州本任　王子泉樓漢陽多均來見申刻送陸午

峰觀察行將回蘄州并赴皖省昨來辭行也道陸貞甫任漢司知善李璞彥

軍門債盡來論茶商被麥加利倒賬多　萱甫夜睡稍安丑初三刻起視一次

十四日晴　早起見客午初渡江奮拜平江營各營官謁制軍久坐候崔孝萱過江視施承侯協戎生日訪鍾雲卿議定重建武廟多道王子泉續任嘉酉初回署接譚竹翁八月二十信詢及鄂中近多

十五日晴天氣甚熱　竟日作嘉定信附致柏侯并魯閱邸抄見江蘇學政改放童華園何更調柳子松有多故耶　尋思再四焦慮難名

十六日晴　午初渡江謁中丞論舉辦書局事順道奮拜調簾諸君至譜香處久坐　小宋適來即商定未考動身事　拜孫燮翁王樞之之枯木帶進京也　出城已薄暮　北風甚緊歸棹頗有波浪回署已上燈矣

十七日雨　接嘉定信（九月初四發）施承侯協戎宴客午正赴之竟日大雨鍾宜卿太守生子泉大令到甚遲入座已上燈令伊乃弟恒齋出謁客蓋夏間新入學也饌豐而味美可謂主人情重（矣）戌正席散冒雨回署

十八日霽　作彥仿信（托）歐陽芸如帶京

十九日陰　作若笙信并托芸如觀察帶回（見江）陵南題名錄嘉定中五人陵萬選樓最愜人望爾切盼惟蔚庭中副車餘皆報罷科名固自有一定也

二十日雨（是日為森兒留髮）　辰刻擬渡江衙參阻雨未果晴川山長苕蕭（同年）子錫銓部來徐星甫自襄陽到漢將請假回湘也（崇明施鶴卿由湘解餉赴滇來見）致竹甫蔚庭信由將名驛遞

二十一日陰　潘堯臣調署武昌來見午刻渡江（詣）黃虎卿同年（久談）多

慈甫自揚州来省，丛小宋之令弟自皖就親回鄂。賀之，適小宋（他）出。 未登堂，順道畜客羃，階處久。 後酉初回署。

廿二日晴。 午刻雨辰渡江，暫留衛齊下榻，將侯眷屬到来，擬日入蜀。丛常歐陽、曾九来辭行，送之。

潤伯講學来拜，座仍未會。少坐即回船。陸慶雲軍門國瑞送已入都。已畏寒不肯耐矣。

送之，並贈其行。議論極和，見稍斂約。閱其行囊甚澀。嚴醒樵望與之偕往。 晚同雨辰夜話，細詢都內戚

將近狀，述之甚詳。 傳聞子松荊缺係奉諱，未知信否。

廿三日陰雨。 本任宣邑調署通山令胡又新昌銘来見，人頗有學道。午後拜送潤伯

行，久談。 並會施礪卿。 晚與雨辰談。 就寢已丑初矣。

廿四日陰雨。 鍾雲卿来。 復子城信。

二十五日陰雨 李申夫廉訪偕伊卿同鄉公請共十人 雨辰邀往作陪 席設晴川閣
登高一覽 心目豁然 是日西風頗緊 主人均破浪渡江 意良厚也 酉刻
席散 申夫留宿衙齋 夜談甚暢 知何芝亭觀察為制軍劾參褫職
二十六日微晴 申夫辰初渡江 是日九帥移住貢院 因撫署暫有所作
也 午正過江至軍需局少坐 未正赴貢院 同人彼此劇談 余亦微有欠檢
點處 究宜慎之 酉初稟賀中丞進院 以病辭 未見 回署已上燈矣 知洪蓮生觀察辭中而發 衙參 境甚困窘 殊可憫也 昨早就
二十七日陰 張子衡廉訪來辭行 久談 論鄂省邊防甚中肯綮 以練車
陣 築邊牆 挖山溝諸務為要策 議論均有根柢 氣息尤極深厚 真
有心人也 符介臣觀察 信來 悟信衛山人 向在李少荃宮保軍營 人極明爽 頗

有見地於軍務閱歷亦深徽撫看得太易恐只以知兵自喜而少戒慎之心

此來乃筱荃制軍檄調赴鄂委辦營務也本月已至申客來不斷

傍晚會張衡翁來住印白署

二十八日陰下午開爽燈後徽南邵正晉省謁中丞出示總理衙門文函各件為

預籌措仍多遲擬覆稿商適制軍來并詢如何措覆之處遂條請午

刻寫字仍往便飯申刻與譚翁同舟渡江至晴川閣是日譚翁與胡月樵

約請雨辰邀往作陪也中席先散仍約張子衡康訪便飯暢談甚洽議論

二十九日晴自巳至未客來絡繹鍾仲和劉蓍洲借來金子白壽人升留刻

玉臘功課

此以著世相商為籌措兌歷俸兩詞退切切至情

接譚竹翁九月十五信有囑致

陳慶雲語即照函致之寄

九江景介弟處轉交

十月朔日陰微霽（夜雨）午刻祀先 作彥修信二（一滙款六百 一交張晴川）并（作）致寶岩嵩雲信

初二日陰 李湖新舉人傳豐運來見 眉宇間秀發而仍溫厚 當是發品會拜

子壽(?)李多歐陽烜順詣冠北言共句多殊多棘手不特常同豐蘇(?)頭不了也

送張晴川（北）行 畧坐回署 鳳希文煥戎來 朱秋園大令久談 樸茂古道真

可敬也 作子白信交伊李僕趙升賫回 商擬覆總理衙門條件稿

（兩辰家眷抵漢 黃州府吳德村太守啟到省李見人極靜穆 撰有汶園筆秋）

初三日晴 午刻送吳子蕃大令續娶妻過江謁制軍 擬覆通商條件內竟有

（周少眉燦(?)書有誤(?)信 洪）

李愷(?)周亭商為(瑞?)蓮生觀察辨中西殘幣之會 併付信臣觀察 遇馮潔卿

畧探口氣 似中丞已奏請開缺矣 潔卿乃中丞入幕客也 傍晚渡江接嘉

（九月某(?)叢(?)）

定信

是日內閣奉
上諭李榕著補授

初四日陰 午前客來不斷 自未至戌細改擬覆總理衙門條件稿 原來云
李合今日將議字脫稿 尚有一信一摺須另擬也
初五日陰 卯刻過江衛參 午初回署 彭玉麟觀察 莊銚為皖人余姓所愚 擬
於漢鎮集貲三十萬為練勇防衛之計 自未申之 並邀集沈家廟公議
申刻偕雲卿子泉赴之 一飯而散 大可哂也
初六日雨 擬邀兩辰荀洲仲和作晴川之遊 阻雨未果 晚餞兩辰并約荀仲
雨宵春閣席 却甚有味 連日頭疼身軟 微覺不適 晚間得汗稍舒暢
初七日晴 兩辰登舟 料理了畢 申刻 代兩院擬覆總理衙門信稿
初八日陰晴參半 赴兩辰坐船送行 擇於明早長行 是代兩院擬覆頌壽修

湖南布政使湖北按察使着王文韶補授欽此

循子宜摺稿

初九日晴 文朴庵太守准補安陸來見 李閏潘譯官夏理格將赴九江來拜見

二午刻渡江答拜英使村太守彭芋蕃觀察至藩署商總署函件久坐

至後路粮台晤若農畧談乃出城回署已傍晚矣 李路 閱城廂通濟門已至

漢上李平一帶運防砲臺二至

初十日晴 慈禧太后萬壽寅初赴漢陽郡城率同所屬行朝賀禮卯正

回署 風寒未清頭疼鼻堵頗覺不適

十一日晴 謝客一日 頭疼未止微覺發熱 酉初記名提督簡桂林來

拜言帶同親兵百名赴左帥大營請給護照予之 接琳棠九月十五信述

大臣家乃甚詳 得蔚庭初二信
十二日 晴 辰正渡江 偶風稍將 祝中丞夫人壽 順道 不舉 行送張雲程觀察鵬舉回
蜀 順道訪心齋 玉階芷舫均未值 回署遍覽已正午 得作吉人
子白及陳滋軒信 為子白函地 玉階功課 英續村奉檄赴黃州任來見
是日接琳渠九月十五信 言已奉文補天津府 擇於十月十五日到任
十三日 晴 卯刻過江 謁制軍 午初回署 購得情器 古磁金鼎 席 計一百卅八
件 價銀三十兩 聞燄仍向東南竄走 前月廿九等日已至泰沂以東 將近莒州
十四日 晴 姚魯秋生到漢 午後會拜 年布南同年 樹棠 廣西鬱
林州人 內閣中書 奉諱回籍過此 以奠十六金 松茂亭太守來見

傷風漸好

十五日晴　陵芳雲信　黃州太守英績村（乃兄英惠年多北榜）辭赴任　便伺明芳灝、就黃州府刑錢館来辭行

十六日晴　午後至英欽多衡門　晤麥華陀　催麥加利案（滿應語頗近理）并議各件　至新関查看水沖駁岸塌嶞殊甚　整理為难　順道會馬定譜譯雷樂石（年十七極和順明白）出示所寫字漢筆資頗好　亦西人之傑出者也　歸途會拜駱稅司　由望江樓遠眺　用千里鏡照之　隔江村樹歷歷如在目前　酉初回署　作寶岩信　晚錢笥洲仲和

十七日晴　午前客多　發嘉定信　會拜衛山孫岳常芝人頗英發　送笥洲仲和行　仍由橋船回滬

十八日晴　午前有客　彥信之堂弟金元赴陝過此来晤　至階招飲　去初渡

江先福中丞求书楹联条幅，嘱先赐七言对一堂幅一单条，四均
双款，云将留以赠别，然益可见其退志之坚矣。又送方望溪先生全集
一部，计十四本，并属送相侯一部。访丁心翁小坐，出示近日拟作文与之，将真
有垂老不衰之势。因祝至玉階寓，申夫、谱香先后至，小宋以感冒未到，青友中席
散，先已戌初矣。渡江月色朦胧，风浪犹作，颇有颠簸，头觉微晕。是晚回署后，汝明兄
以生辰将届，设宴循上侍尊辈之家人团坐，亦一乐也。
十九日晴。会拜湖南主试王仲莲检讨庆祺，顺道访杨显臣，并会拜彦侯。
令弟回署后，汉阳黄县丞基来言：法钦乃达伯理昨日兵官在柏泉地方（汉阳西北乡六十里）
被乡人殴毙，连晚诉之汉阳府，并有楚兵自往拿人之说，当即赴法钦乃

衙門勸勸希許以地方官員必為拿究再三攔阻氣憤不遂怫邀雲帆承侯相商

即派文武委員前往拿案一面托校練洋鎗隊之法國都司馬定諾譯

趕往和解并官富樂石令羅守備連陞偕往又追亟跂之言委員隨後即到必為趕

拿嚴辦令其勿自動手蓋伊臨行時有侯此同委員前往必能妥辦即行

回來否則必親自查拿之語也官之所以為力者止此而已能否平復殊未

可知彼族因殺人類擲入中國為禍可勝言哉

二十日晴 下午陰 竟日為柏泉事諸形冗迫閱望溪先生年譜全卷 晚設家筵團侍萱闈月酒奉樂

二十一日晴 是日為余誕日僚友戚好醵俗釋內賜祝萱闈樂之料理量之宴客酒席皮分給

僕從賞號兒童之果品均一一親為酌定不以為勞也午刻祀先晚設席四

筵　因柏泉多慈训此席未宜久居宜早为计　襄阳缺虽瘠勿以为嫌也　谨志

三日　朕观

二十二日晴　辰初渡江谒制军　述柏泉多适汉阳与云卿商定办法　盖是

日洋兵至柏泉打毁铺户数十家　掳牲畜不少　人惊避之　幸妻儿等随（卿氏亦情极恳门并请止之）

役赶到　极力拦阻未致大肆焚掠　并先役拿获滋事首犯三人　本日洋兵已尽

撤回　惟获犯尚未交出　仍派黄县丞赶把总持函向李县仍由地方官自行惩办

与轩之乃郎（继香）挈眷到汉　拟坐轮船由沪至津　因以资商移五十金（不继）（户部员外钦使由蜀扶柩过此嘱招呼搭轮船多）

二十三日晴　客来俗冗　云卿来　仍商柏泉多　午后会拜湘南副主考毕东平编

修（保釐）　蕲水人也　顺道拜客　作炉青信并附紫膝一匙　赀四十金托王继香携

二十四日晴 竟日客来不断 专函坐定

二十五日晴 早起过江道玉阶嫁女亮笙就亲回看喜至督院拟谒中丞甫登

公堂将至监临院大堂忽觉屋宇乱摇砖瓦下坠似有倾塌之势急回身向外

继一轰声屋皆震向南遥望见山前黑气上冲霄汉知系火药局失慎也

其时适小宋进见偕中丞出视内惊惶莫可名状即登钟南楼察看见沿途房屋无不震

动亦一大变也渡江回署知汉镇房宇亦震署中南北窗槅无不揭开民间有

亦打散玻璃震破纸窗情事一江之隔犹复猛烈至此殊可骇异先是

霹雳一声阖署均不知所以惟闻人声长沸正如海上潮来声家慈

先数日有柏泉案事遂有肆为译人生事者

极为惊恐稍定知系省城药局失事又以余适往省中十分焦虑

及兒余歸始安心也申刻乾裕接滬號信附邸抄一件知湖南藩司
因常長日久生玩
北洋為劾韞齋中丞奏參開缺以李中大代之而余乃鄂臬雖尚無
明文當非訛傳也萱闈喜甚蓋正以洋務棘手有不欲久居此之意也晚
先大夫神座前
焚香默告乃稽之秩以慰靈盼
二十六日晴 辰刻至督署請安 制軍為言奉到廿五日廷寄來有撫憲銜
名計已准其開缺余亦容陳昨乃邸抄一件意甚欣喜適格垂青多
意復於言表真學齋也至臬署兩署均來告昨說小宋留便飯意極
周切申初渡江風頗不小
二十七日晴 午後過漢陽會拜碇承侯王子壽蕭子錫徐海年諸君歸已傍晚

矣　接彦侍夫人若筌九月下旬信
二十八日晴晚大風　制軍迎太夫人到鄂　巳刻赴黃皇花館恭迓并呈懇叩賀　知小
宋有護院之信　申正渡江詣小宋處函言將以今暫攝　潘家自催
植聲劇稿投深以手札勝任為懼　傍晚撫巡捕劉世民來送信言
郭文已於下午遞到矣料理交卸一切頗形忙碌　接朱少蘭十月
初九日賀函　提及讀盦丈於初六日作古　老成彫謝感慨係之
二十九日晴　早奉撫憲撥行准吏部咨十月初六日奉〇〇旨李榕著補授湖南布政
使湖北按察使着王文韶補授欽此　當即恭設香案望闕叩謝天恩并
詣先大夫神座前行禮畢　向萱闈叩賀　頤而樂之為家人指數當年初入塾

時情多并以刊見鑒 惟以文辭偉轉一階官居三品 先大夫不及親見轉與覽鑒耳

鍾雲卿來言達伯理已將柏泉民人交出 并與論定奎重不過柳貢 案可澈了矣 嚴蔭嘉定信念以後

置買田畝 若時論價外每畝加錢五百文以昭厚道 奉 慈諭也 作致甫尉庭信

三十日晴 卯正渡江赴兩院謝 行知均蒙過譽 并囑趕緊料理先行到任

至各司道署 看 在軍需局便飯 小宋處 并商及攝篆一切各宜 申刻回

署 王子泉來賀 見 餘均辭謝 桐侯恒岩到漢 翦彼待來 將赴湘也

十一月初一日晴 年姪生卸黃州府事來見 法領事達伯理來賀 久坐 余

知素法英不相合 法人頗有自托中國之意 本日談次 果多直道 和盤托出 詳不僅 言伊國實心願與中國連好 果能彼此真心相見 定當患難同之

徵露出 彼國實患方殷 有心世道者所當豫備一說也 又言鴉片烟為禍

西國烟禁甚嚴，竟無一人犯者
甚烈，現在中國五人中即有一人吸烟，五十年後情形殆不可問，若於明年（癮撤）
換約時聲明鴉片不准進口，各國皆所願意，惟英國不願，此要通商各國
此事是否合理，各國必同然一辭，英國亦不能獨持其說，此語頗中肯綮
之，以備採擇。論伯泉多有自悔過火之意，詞氣和平，語意透徹，固彼族中
之能常人也。料理交代各件，帖兄竟日，發各帥謝函，并致子雋由後路糧台處
初四日 晴。送湖南主考畢東屏行，順閱赴江西學政任，由襄樊到漢，晚燈後移到
飯後下船帳設
鄧任西世兄國順號子進由金陵赴漢中，劉古
初五日 晴。順閱中盤桓竟日，晚飯後始登舟，督兩院會札以地方攸安
小杰寺處秋祝上來賸　漢黃道鐵少鍾雲卿署理　武
飭令暫緩北行，即赴新任。午刻渡江，謝飭知制軍，入闈，隨班謁見

中丞夫人於本日下船并恭送之請何年伯璥接篆日期請覲摺賞謝恩

初四日 晴 擇定初六日卯時接篆 午後至英法領事衙門及馬宅枝仲宅稅務司駱德各處辭行 錫湘岑王省齋廣西差旋來署暢談晚餉

欽闈 料理代務應酬間之忙冗之至

初五日 晴 交代乃要太綏楚之有頭緒 午刻送欽闈門 即渡江審運均候送龍王廟碼頭至貢院 是日司道兩首府縣楊楷錢中丞申初入闈 亥正始散

宿軍需局 鏞兒侍焉

初六日 晴 卯刻至臬署拜儀門後至後山陣亡將軍墓前行禮畢更朝服拜闕拜印 易蟒袍升堂受篆任事 府廳以下賀者三百餘人甚盛

謁應接不暇辰刻赴兩院暨知縣任并謝順道拜司道未刻回署小宋心齋
玉階并聯洪君先後均晤餘皆以出門未見與小宋商修理衙署多
初五日晴早起拜客午刻赴鷹揚宴（未初）回署申刻富虎卿仍順道拜客
初六日晴辰刻謁撫院順道拜客譚香紉至南院新武舉填清借也謁
制軍小坐回署者（未初制軍來道喜）接秋審釘封共句決十四人以例即刻（行文）派員（星）馳賫遞
又接釘封一件廣濟通城縣（謀財害命）犯人杜添姓一名即飭江夏縣遵照辦理（因人）
餞申夫集鹽署主客十一人譚香承辦饌甚精美器皿亦極講究申
夫小宋酒興頗豪楊笠生觀察量尤大盡歡而散一洗拘束之習
（發到任謝恩摺）
初七日晴辰刻偕心齋譚香洪君謁撫軍（北院）（九帥）乞病准開缺將於明日交卸

辰巳正刻渡江至閩署收拾一切將次清楚並開單交亦甚清健飯
後訪承侯駐北年峯谷屢日前匆匆渡江未及面辭（改）殊覺歉然也
酉初進城回署　早間沅帥出示李肅毅十月先日將寄所發手書言
我軍進攻大捷任化邦業已陣斃（為洋鎗斃手死）賴汶洸逆黨不過千餘人勢難
復振現在蕩賊於沂海之間竟有（根株極易得手）殲滅之望云云　閩之不勝歡喜額祝
翌日晴　卯刻赴貢院恭送勇中丞辰正南院衙參後門登舟敬送
沅帥并為李申夫方伯送行　午正回[redacted]署見客傍晚登後山一覽
頗豁心目收拾四堂作上房漸有就緒矣
十一日晴　小宋護院辰刻（在藩署者）受篆偕同人詣賀用手版走中門至大堂下稽

是日軍机大臣奉上諭湖北按察使王文韶着李瀚章飭令先赴荊任候該省防務告竣地方静謐再行来京陛見等因欽此

以仍留藩任并在藩署與儀徵相有分別也正副家慈渡江恭詣武昌門碼頭迎接率鏞兒騎馬引導入城僚屬候接稟安出者絡繹於道慈顏甚喜小宋鹽詠白寅先並送席來賀唐特雍觀察自襄陽来省久談

十二日晴辰正出门拜客晤梦松近舫時雍後来久談细詢襄陽近事

申初赴鹽署公请孫巘臣學使李季荃觀察也亥初回署

十三日晴拜新學使張香濤太史之洞未值會唐時雍晤未刻審録過堂荆门州侯犯李成明等三名劉軍門邀往鎮商復綫署信件昨伍牧繼勳自安陸府屬勘堤回言情形雖重而各潰口大半断流水由正道廿十之八由缺口廿十之二全行修築費在十一二萬上下就地方而論亦尚可稍稍設法籌諸年年襄水

横流（鍾祥以下）泛溢溃决以致多深处水势全向北趋襄河正道其涸可待

计修费浩繁不赀若以现勘情形（而论）犹非（移频）所及也节意无论官民

若何困难总宜乘此时筹措于二际设法兴修于明年二月以前一律

完工庶可以对天（宇等處安集）灾黎覧之制军深以为然

十四日晴已刻诣藩署论鍾潜（天门）堤务并商開化营事送張燮

臣行访心齋谱香均晤谈未刻回署客来络绎作屏修信

交摺差带

十五日晴文武庙均为前句震动当委修理完工稽停行香心齋谱香

来谈唐特雍观察来辞行申刻答彭次卿（观察）送唐特雍行访凤希文

協鎮悟政彥仍著筆丞交撫差帶
十二日晴 巳刻赴皇華館候送孫燮臣學使行 晤溫味秋（湖南學使） 申刻送張香濤
學使接篆喜 至後路糧台訪若農未值 至羅少村部郎處謝步 並晤
若翁 商陝甘米捐多宜 琴舟渡江遺失銀票（交代案內） 即飭家人稟知江漢
關衙門並江夏縣備案查緝 並飭從查委員留心查緝
十三日晴 李季荃觀察來辭行 午後審錄黃梅縣犯胡佀教等三案
十四日陰 伍牧繼勛辭赴鍾祥督辦堤工 張香濤學使來晤 作雨辰信寄
竹侯以把胡集（新刻）一部托鄭沛時帶交 陸蘭蟀來言失票已有端倪係
為督標中營挑水夫拾名 現在把總吳長慶手 意有要求 即函致鳳希

文協戎飭查此事（當晚即據送還酬水夫銀十六元）德舊吏周鳳山棟補雲南緬寧巡檢過此來見

十九日晴 赴衙門堂期見候補州縣七十餘人除素所認識外餘皆未能一一知其姓氏殆非接見多隨侍見不能徧識也午後送李鐵峯觀察行晤小宋就商一切下午作年節京信 萱闈自移任以來日形勞頓晚飯後微覺不適忽爾氣逆喘息甚促作暗暈暈之狀為是年數次并作寒噤舉家惶恐失措急延喻晉蓉視菊舫診脈投以參附至三更後漸覺平復而疲乏殊甚

二十日晴 辰刻衙參謝鳳希文卿汴生宮詹視學閩中繞道過此來晤晡後作若笙處信附年節函各件交元旦賫摺差弁帶京萱闈氣漸

是日軍机大臣奉旨
郭柏蔭到任需時何璟
現在護理巡撫未便兼
理藩篆湖北布政使着
王文韶署理其按察
使印務着該署督
派員署理欽此

和平惟飲食不思下午頭甚疼恐有外感孚菴所開補溫之劑未敢即投

廿日 晴 早命沐生膳設留便飯以急欲開船辭 送水禮四色皆鄉味也伍次孫
辭赴鍾祥辦堤工促其即行 發元旦賀摺諸藩署久坐會竹山佛協戎
回署已上燈 萱闈服蔔舫清理方氣稍舒精神漸爽惟不肯靜養仍未免傷氣耳

廿二日 晴 萱闈似轉舊恙肌理不舒仍延蔔舫診視以昨方增減 未刻至
段路粮台與若農商米捐事 訪心徇未值 至軍需局適在局就商
何雲畡封翁壽序稿相侯所擬也 訪譜翁並以壽文行款相商 傍晚
回署

廿三日 晴 辰刻謁制軍 奏准暫緩陛見昨奉行知也 赴藩署

佐雜摯截改虔傳信債滙銀件 萱園仍假菊方(舫)進補劑

廿四日晴 本署堂期見府廳四十餘人 拜新延(聘)刑席方良卿(煜)未值

隨步拜晤談人極款密 同幕學書(亦)優 當可相助為理也 譜香玉

階廿刑來 申刻同赴晴署公宴 共三席十四人 戌正席散回署

廿五日晴 (辰刻)祝制軍夫人壽 外省俗例每於壽辰之前一日晉祝 謂之祝壽(先)

(小宋來)談 花鶴笙同年由江西試差請假回籍來晤 (刑席)方良卿到館

即晚酌之

廿六日晴 丁心翁來談 賀制軍夫人壽 會符令直 花鶴笙均晤談 午後寫

録夷陵縱犯王㒸罄(等)二案 燈生姜公的事 論米指多 與奏定章程指(攢)昂

於他省恐不足以廣招徠也萱聞病体漸好
二十七日晴大風 冬至令節卯刻赴萬壽宮隨同院憲行慶賀禮畢至督署暨
護院兩處敂賀 午刻祀先 未刻駱稅務司來道喜晤
二十八日晴 生甫挈史子巽卿將回杭州為公車北上計巳刻渡江在漢口尚有數
日耽擱也生甫年來養氣之功甚淺以身入世深慮非宜臨行諄諄勸勉冀
其能隨時省惕為幸 飛千眷屬搬進署中住西院第三進午後詣藩
垣與小宋商會核各案訪廣仙病已十閱月仍未能出內院也心竊慮
之 至鹽署與譜香久談擬為胡月樵道加銜書以向晚未畢
廿九日陰 本署堂期見州縣五十餘人 兩院會審前漢陽縣李振麟決

法一案。午初赴督署，先偕少宋謁見，回另改刪款，回署，覆審另單。適撫轄回，奉署
理湖北等政使之命。復偕少宋晉謁，并商遞回書各缺。譜香署臬，芷舫署鹽。申刻回署，送
飛千南還。即晚奉到督憲行知。致子誠信
三十日晴。辰刻赴兩院謝，行知署藩，并祝何雲畡封翁壽。寅僚來賀，旋答
繹於道，均辭不敢當。張香濤學使來，辭之不獲，久談
十一月初一日晴。文廟香班，賀何封翁壽。道遇譜香署臬篆、芷舫署鹽篆，喜會香濤、
心齋、月樵諸君。生甫渡江改由長行，偕署藩信步，函留之，俾襄理秋
任，接手多宜。本日仍挈吳卿來署
初二日陰大風。譜香約上護院，往芷舫處，會勇齋，知少宋已出門，久候，即至單寓

同便飯未正同赴徽署老人甚謙抑 審録蕪湖縣盜墓犯彭興發一名

祇剩夾衣布大衫白布小衫各一件身披新章即應新決求其生而不可得

心甚憫焉 作星垣長信并寄一二數 約外甫昆仲酌定人未與均仍照舊以資勸理

初三日陰微雪巳刻赴徽署掣籤兩同知兩巡檢并拜潘馮兩幕友過謁制

軍 稟商公件未正回署料理新舊交替各宜天氣漸寒

初四日晴出門會客晤虎卿婁蕃范翟生但又彬建軍營官袁國祥瑞廷來

拜凌壽自嘉定回鄉

黃蘭連日氣體漸復本日又以酬應太煩夜不成寐寅初起視力勸節勞甚家允可也

初五日陰早起上院散衙後順道會客後振夔信赴筱署偕譜香公

請范翟生同年約心齋作陪亥刻席散回署

初八日陰大風　彭次卿觀察專弁門赴宜昌鹽局制軍邀同譚香甫
鹽署及弁向摺名争節餉　頃陸仲韞太守卸安陸篆回省來晤
言鍾祥堤工必可有成慰甚　作嘉定信　年節有應行將意之
處均開单條件詳叙頭緒頗多

初九日雨　種麥後民間待澤已殷乃得此甘霖澤堪慰藉矣　午後詣藩署
與小宋談交代公私各節　又嘗清查局委員趙牧務令來見　為創開
单奏報之議　晚雨頗透

初十日陰下午晴　午刻接藩篆　屬僚咸賀因小宋尚未移居故仍在
臬署拜闕拜印也　未初赴藩署拜儀門祭庫　并謁謝護院

赴南院辜知任事并謝申正回署

初九日晴辰刻以例上兩院衙門順道拜客即在譜香處便飯傍晚始回署

初十日晴 文卿臬篆 兩院閱兵照例隨班赴藩庫祭神并委武昌府黃守監盤計通共存銀二十一萬二千四百餘兩錢四萬四千八百餘串 牌委陽仲耦太守建侯署漢陽府事

巳刻譜香到署拜印後仍回暫監署事

十一日雨 午後出門謝客至東書局晚偕譜香心齋芷舫公請張香濤學使席設鹽署

十二日雨 黃虎卿陽仲耦兩首郡來見午後詣護院陽慶商

又件 松士到鄂 偕朱左君表曾氏来

十三日雨 玉階芷舠雲卿来 制軍邀往議姜營多左帥来咨深以為（時駐荆紫関賊不安靖）慮也并知西路捻逆已於宜川所屬来水橋渡黄犯晉格鎮親督各軍赴晉勤办 山西地方完善且事者殷富 此次被匪窜入蹂躪情形誠不可问 萬一狂奔东向畿辅未免震驚 西邊局势至此一变 又出意外也 心窃慮之 发谢恩摺

十四日晴 得劉幹臣從戎勝月初自濟寧来信云赖汶等逆已悉数殲滅 平捻離洞之文 聞之大快 惟此信的確為祷 小宋来商覆奏請補盐道一缺 譜香来商定调補各缺 即同赴兩院呈回 三四弟已上燈矣

牌示：襄陽同知炳元調補孝感縣，文齡調補江夏縣，縣丞秦錦調補通山縣缺，尹文瀚題署。

十五日晴。詣文武廟行香，并偕譜香並赴詣城內外各廟行到任香。午刻回署。黃冀山同年基（禮部，善山米有宮務）、兵部吳晉王賡林來辭行，均見。晴川書院肄業（有名士氣，臨下謹）生胡炎經（本科中式）公車北上來辭。制軍接少荃宮保信（交閱，捷報知悉），髮捻大股已於前月廿九日在壽光一帶撲滅殆盡，僅餘馬賊數百人，不日即可蕩平，則亦大快中原大局。此為一大轉機，天心殆將厭亂矣。

十六日晴。辰刻偕譜人赴兩院，去山來捷報也。當畢，東廳編修下午來辭行，言黃岡所屬羊兒嶺地方素不安分，深為蘄黃之害（有強盜勒贖情事）云云。星甫挈眷赴襄陽差次，言蔚庭能來殊堪慰也。

十七日晴。詣督署、護院、府、縣，并至軍需局、善後局，均有應商之件也。借譜

香會審遠璧妻叟李良璵等詐贓舞弊一案孩彥仲善詳信

交摺差帶

十八日晴 護撫軍小宋方伯移居貢院，借用人往賀，至軍署留便飯。酉刻

進藩署（出例至佳制廳蕭圻神位前拈香并至三堂大仙樓及關土地祠各處拈香）週閱內署屋宇，亦頗寬敞，均失

修理，故不如臬署者之整齊也。晚攜鏞兒宿外簽押房（二堂東次間）

十九日晴 巳刻慈親至署看視房屋，酌定以西县邊第二層作上房

是日賀年盈門，是晚又公多叢集，殊覺疲乏，就寢已丑初矣

二十日晴 巳刻赴南院賀封印，同堂茶話。後至北院申賀，畢回署（藩糧在南，臬鹽在北，候補道亦分班稿賀）

封印，府廳以下咸集，至各書房謝勞。晚酌潘曉園、馮玉堂兩幕賓（均仍小宋之舊）

牌示即用李裕改署宜恩遇缺左兵

并在署各友

廿日晴 出门谢客 并过谱香 移罗春玉 皆未晤 刘桢伯茂才自杭州来 并臬署首府暨县署

赴雨辰幕

廿一日晴 巳刻慈亲率眷属人等由臬署移居藩署 寅僚毕贺

午后谒护院久谈 钟云舫为盛裕泰局事来商 下午殷仲濂 至首府署谢步 与虎卿晤谈 又有欢界之势

来亦以银号多代为请托也

廿二日晴 辰刻赴护院衙参 午后谒制军 与谱香俱有禀商之件

也 顺道会崔苏堂符今 还遇香涛 回署已上灯矣

廿四日阴雨 心斋来 至陕甘改路粮台 与若曲辰商件 香涛与庚楷饮

寅四看建始

牌示歐陽銘署
恩施縣丞李錦
先到候交縣丞任

偕譜香心齋並冊赴之暢談

廿五日晴 辰起南院衙參隨班散後偕譜香請見委陸盛裕泰

大概情形蒙諭從寬办理以冀無事謁護院並見裕泰亦商之

午後料理年節加卑信件歷碌竟日 頗難於揚州就緒有親供一紙於曾保處務後签

廿六日晴 蜀人自荊州回來見久談 雲卿來商裕泰事午刻制軍

來以移署見賀也 夜雨房屋多漏起視兩次

廿七日雨 赴護院商件 午後護院來 步晤相候秋生解館談 晚間

廿八日陰 南院邀往偕玉階商南化子營譜翁太夫人於廿九日移居事 心齋來談

署順道拔賀 下午謁護院述知制軍病商一切并論泻陽州缺

修先酌委州縣
擇帶試用同知姚
震紫署沔陽州
多

二十九日雨微雪 赴兩院謁見回空沔陽州署缺并議定開化營多
偕譚香玉階

年節祀先

三十日晴 赴兩院辭年 俗瀘来商裕春多伯言林魯洽甫均来署

過年

同治七年戊辰

元旦晴下午陰卯刻赴詣萬壽宮隨同兩院暨學政行朝賀禮并至文武廟文昌宮火神廟城隍廟壽處行香畢赴兩院叩賀回署齋屬咸集依次見進但行禮不敘坐容雖多尚簡捷也祭天地祖先竈神并例祀三堂大仙樓畢回賤賀萱幃新禧并拜園署戚友是日不看公事亥刻就寢夜睡甚甜

初二日晴 隨同兩院赴宣潤殿龍神廟小波龍神廟風雲雷雨神壇前玉皇閣劉猛將廟八蜡廟幽城至江神廟天后宮洞庭君雷祖殿等處行香進漢陽門順道拜年回署譜香心齋王階延朗芬堂施朝瑞文節師之弟祖也承侯來均見呂九霞太史鄧湘甫學政往過與來晤并提文節家多

未刻出門拜年，晤張香濤學使，並舫至縣署晤方良卿、范誠氏諸，俱未晤。

初二日　晴。高宗純皇帝忌辰，未出門，亦無客至，清靜竟日。發荃制軍文，閱肅毅捷報，知賴逆在揚州就擒，此東路捻匪已悉數蕩平矣。中原腹心之患至此頓停，豈獨鄂省之幸。西路張逆一股雖尚稽誅，然此股兵力餉源均有饒裕，且逆勢亦遠不如任賴之悍，而且眾殲滅之期可立而待也，欣幸之忱率土同之矣。以左營信知恪靖於臘月十八日拔師東征，取道山右，以達燕南，為迎頭攔擊之計。

初四日晴，早起赴两院贺年，趋蔼堂平斋之喜，午顺道拜年，又出门拜年，省垣应拜之
容大致楚楚矣，晚饷颖江、伯彦、洛甫、柏禹、鲁平、镐生诸君
初五日晴，南院衙参后顺道拜年，午后小宋复院来晤，谈，晚饷晓
园、馀堂、亮笙、润生，接琳粟信，知于十一月二十七日出天津道，可
喜也
初六日晴，偕谱香、心斋、芝舫、玉階诸君渡江至汉口、汉阳拜年，归舍
知筱荃制军调补浙江巡抚，即恭谐叩贺，回署已傍晚矣，丁日
昌补苏抚，郭筠仙丁忧开缺，即抚任十二月十六日召，谕旨也，桐侯、秋生
同馆晚谈席焉

牌示炳元先到署宜昌知
任恩泰署施南同知
張軒鵬署巴東縣

初七日晴 午後赴護院商件 順道至軍需局少坐 訪心齋晤 訪芷舫未晤 署制軍李赴浙撫任 鄂中丞署楚督 天氣過暖

初八日陰 赴南院賀仍頭品頂戴 嘉敘平捻功也 李肅毅加一騎都尉 曾侯加一雲騎尉 曾沅中丞開復頂戴 其餘疆臣將士均賞賚有差 順道拜客 程尚齋觀察來晤

初九日陰雨 詣護院商件 與譜香五階偕往 午後會楊吉人農部未值 順道補拜年 晤鹿仙 久病將愈 當可出門矣 訪芷舫中丞回署 天氣甚寒 晚雨雷并閃電

初十日陰 早起南院衙參 訪菊人晤談 午後前稅務司日意格自閩來鄂 晤詢船廠事 偕譜香謁護院 筱荃制軍來 赴浙有日 意殊眷眷

牌示隨州之判傳
請赴任，徐舜居巡
檢徐蔭溥署

十一日雨雪（戌刻立春） 楊穉人（農部）後姓歐陽由籍赴京過此得晤秀偉之氣令
人不可逼視真非凡品也晚具饌酌之邀玉階芷舫作陪夜大雪
十二日雨 約日意樓便飯暢談海外奇聞（邀譚書心、齊相保在座）晚酌湘笙定生樵雲曹氏
右君表曹氏 擬會詳東館酌解角剎錢稿
十三日陰 公請將撫學三院在吉昌園（宮箴）演劇主人兩司之道（鹽糧、漢黃）暨候
補道兩首府作竟日之敘予正將散連年軍務新春宴會久未舉行
近因東捻肅清邊防無多雨雪亦復應時同人倡為此舉（昇平有象故也）四更始散
困乏
十四日陰 楊笙生硯蓀儼玲於昨病故者人農部之胞妹也午後親往視

子知須送櫃回永州寺林北上矣

上元節晴卯正詣文廟行香畢即詣武廟侯三院至隨同行禮偕同人赴

兩院賀節午初回署悬星五太守拼自襄陽來見詳詢近日地方情

形言與李麟生茂才聯綬偕來以舟行遲滯尚未至也

十六日陰會曹頡生中丞樹鍾來見赴文昌宮偕譜香心齋並勁雲

卿公請程尚齋黃鈺北王君曲辰并在省候補道府及兩首府兩

首縣共七席作竟日之叙子初始散戲殊不佳亦有可觀者

十七日陰偕譜香雲卿謁護院爲裕泰馬也弔楊恕亭生倍暎

玉階中丞後閱邸抄知若筌開缺以五品京堂候補子白截取繁

缺知府

十八日晴 候補道兩首府縣回請（北院衙參）仍在文昌宮演劇竟日歡敘戲亦頗有

精神有一二出色者分別獎之 子玉回署 李麟生搬進署中衙齋

十九日晴（午刻大風）約譜翁詣南院為瑤泰分兒（是日）午前後見客較多

廿日晴 早起南院衙參 申刻北院謁復院商（件）晚偕譜心芷三君公

請雷雀翁（以誠）晴生講江漢書院也 邀彭子蕃（崧毓）觀察作陪子蕃

言近得玉瓶一銘語甚為吉祥 係於上房院中平地突起掘土得

之 揆厥情形未敢盡信也 子和回署

廿一日晴 卯刻開印 是日忌辰不（穿蟒）衣不用鼓樂 屬官免賀 開印家

即赴两院用手本禀贺派往九仇巡道曾赴江蘇禀請節中丞赴劄

月朔晚設三席照例請園署戚友

撰差貢四川臬湖北臬并恭奉旨着來見

報到任日期二摺接彥侍蓉生信

廿二日晴 本衙門堂期見府廳五十餘人 月 進雲卿來均論裕泰多處午

攸至臬署偕譜香商委署事即日詣南院呈回歸途會趙

敬軒 盧午峰升直藩文質夫升臬事

廿三日晴 譜香來偕赴北院呈回委署各缺久坐順道至軍需局

晤玉階

廿四日晴 宣恩巴東建始各令均見辭 玉階來談 午後傳見同通

州縣十一人 簽差劄軍糈集偕譜香許公赴之共十人亥刻回

牌示朱錫綬署黄

安趙晏清代蘄水

羅定祥署武府

經李恩照署黄

岡縣ゝ丞

署 上萬壽摺交增標差弁帶

二十五日晴 辰刻南院衙奉撰與設堂期即授官廳備飯以便商办一切并可刪節

數語文牍之制冀深以為然并向近養名慈到署尚識諸賀并為

堂上請安午後傳見通州縣十人 作考信交萬壽摺差帶行州并不令人知也

二十六日雨 小宋護院之封翁雲畡先生回廣東香山原籍照例送

出城 旋送物辭未見 吊楊笠生觀察 午後至階興段 署麻城令黄

以慎到省賀年 精明強幹 見其詞并形於色 蓋由宋與渠同官也

二十七日晴 東衙門堂期見州縣七十餘人 從廣東與高漢閱多 午後傳

見通州縣十一人

牌示 沔陽州 同[?]委 漢陽縣丞 黄[?]篆 署理

牌示 代理隨州 沈保祥 蒲圻 宗景藩 東湖縣 [illegible]維彬 調改 署理

漢陽縣丞 楊獻廷 署

二十八日晴 早起拜客 晤統領[illegible]軍 鄧寶臣軍門 訓[?]人尚穩樸

似少[illegible]氣 午後為稽[?]笠生 觀察 題 [illegible]主[?]並冊[?]夢[?]當[?]襄[?]題 神[?]

鄧丁侑鍾

剏[?]偕同人公請 督撫藩臬糧鹽道三道 武漢二府 及發審局各

幕 亦年例也 席設本署 是日天氣甚躁 潮濕尤甚

二十九日晴 詣督院 商件 至軍需局少坐 午後 偕凡[?]同 通州縣十人

六月朔日晴 文廟行香 並至 武廟香 至臬署 偕同人 看 公送 督憲太

夫人壽禮 譜[?]香留喫點心 甚暢適 謁制軍 商[?]件 午刻回

署 閱賊竄近保定 京城定已戒嚴矣 夜雷雨 [illegible]侍 [illegible]

初二日雨 詣南院 祝賀[?]李太夫人壽 天雨客少 清閒半日 [illegible]來[illegible]

牌示馬溪河巡檢（孝感）
務之駿到任

定漢関子印旗 琴舟借紹濂渡江照办
初三日雨 文帝誕日寅正恭詣（文昌宮）陪祭卯正禮成樂舞一切較他處整
齊 是日制軍未到 小宋護院主祭辰刻詣督院祝太夫人壽
茶堂邀吃燒餅並別以饅饅餡今同人反覺不安（午正回）署兄
客 松士自應城到省以其病故每從遇帰也
初四日陰 自辰至申客來絡繹午膳已申初矣 松士渡江坐輪船回
南具稟兩院請派員接署藩篆以便（進京）赴御□日陛見
初五日晴 辰刻南院衙參城守參將札 拉單 丁母憂承之
小宋護院招飲午正偕同人前往未正入席（坐共三）戌初回署

牌示京山典史謝淮署理

牌示試用知縣應恩樹署麻城即用知縣方連輿署蘄竹山縣樂行巡檢鄧國楨回任

初六日晴 午前見客午後傳見州縣九人 琴舟續姻嘉興李氏今日議成

前户部裕光安選授湖南茶陵州未及到任而殁伊子崇保扶櫬回旗過

鄂來見贈以二十金并函致恩星五太守代為照料之

初七日晴 李衛門堂期見州縣六十餘人 午後詣護院處伴送歐

陽吉人行將送伊妹籛生觀察靈柩回南也 吉人為送柩而不赴公車

衆論韙之

初八日晴 赴甄別貢院江漢書院甄别也 制軍来試例委首府監名共一千

三百餘人 借講香順便至回署缺 午刻隨同制軍閱視撫署

工程大堂以外均填高三四尺儀門頭門照墻均須加推展規模

腓弟玉權頓首宣
懇祈曲宥

宏敞，不似從前之逼促矣。幽山有屋一幢，頗爽塏，移眷最宜。五

福堂氣宇寬展，被燬新修，作上房之東向為撫軍起居之所

也。弟初四回署，張學使（香濤）來辭行，將於廿日按臨德安，謹香弟餞。

初九日兩文廟春祭，寅正恭詣隨同兩院行禮，分獻東配，卯正禮

成，樂舞一切尚有可觀。天雨，寄字回署小憩。

初十日陰，卯初出保安門，隨同（詣社稷壇）兩憲行春祭禮，辰正回署，午後詣護

院商件，送學台行，未值，訪並册少坐。接官中堂（情甚真摯）正月廿二日信，言賊

蹤竄近，正在登陴，道各路追師跟蹤趕至，賊氣頓挫，現擬即日出省會

合各軍，俟為追剿等語，似此則近省防剿可望已有把握。瑯內書不致，雲辰想也。

牌示金嘉臻署
武昌同知
牌示易文福署
多藍巡檢

十一日晴 巳刻莅臬署約請者同赴兩院呈回子件 未刻回署料理
補繕年節信件（涼） 作彥傅函
十二日陰 本衙門堂期見府廳五十餘人自辰正至未初客來絡繹 蔣朴（四川藩台）
山方伯（志章）赴蜀過此來拜晤談刻許（匝） 韓軍門自山東覲旋來晤 寸心齋觀
察生日祝之 至改路糧台與蕘曲長商件歸途順道答客
十三日陰 卯正（寅正）赴文昌宮隨同兩院行春祭禮 詣督轅賀掛 御
賜福字 午後集齋家信 手函致生甫衡峯飛千琳渠諸君均
安 程德彝京 吉秋延觀察房程自貴州奉差到鄂來拜晤（下午發晴）
十四日陰 卯刻詣火神廟行春祭禮自辰至申客來不斷午膳

巳三下鐘矣　程德郁叶　北發由輪船自滬至津　手函致
並懷交程德帶滬面交　心齋稻飲　呂秋翁肯堂席間談暨
省軍務及郿縣情形　真有同所未同之慨　我輩遭際此世
如在天上矣　程德　進京為守友慈親壽屏等件　即令回家省
視渠尚有八十老親也　郁叶則未意回家省親　均給以盤資俾
展烏私以承錫類云
十五日陰　先大夫諱日　自戊午迄今忽忽十年矣　慨音容之久渺　痛菽
養之未能　追慕之餘　益增悽感　內署設筵供奉　神像　在署戚友均來（及回鄉）
行禮　晚設三席留之　是日請假　不見客

牌示宋河巡检余治垓到任

牌示杨恩谦改补蒲圻尹文翰改补米

十六日阴 吴玉山大令耀先解京饷回省带到彦侍茗壶一件伯（内有金珀朝珠一挂价银八十六两）文伊清到节

十七日晴 寅初二刻恭诣武庙随同两院行春祭礼辰刻偕谱香诣南院呈回应补各缺久坐论及鄂省善后大局拜凤希文符八直均晤午刻回署见客往五云同年了屿子心伯茂才来亦留馆也

十八日雨（夜大雷起侍萱闱）辰刻闻署制军郜远堂中丞将到即偕同人出城赴皇华馆候接两院亦至巳正登岸叙恭毕即赴大公馆恭诣画谒午正回署 接姜清臣函为撤营事以邮传一事意存挟制情殊可恨（禀两院革陈军营需自赏）

十九日雨 辰刻谒郜制军晤询大略偕谱香玉阶冒雨谒南北两院

鳳翔列賢補馬
口巡檢李文琳補
雒子溝巡檢

商周化軍乃匜會呂秋巫觀察 鄧制軍來拜未值 林魯自晉

署務歸 春寒多雨恐礙二麥心甚慮焉 閱秋審冊十起

二十日晴 辰刻衙參 下午偕譜香心齋并冊心請呂秋巫蔣今

匡馮譽卿彭次卿四觀察席設臬署 夜大雷雨 奉院檄奏請俟李節簾篆至自行北上

廿一日雨 署制軍鄧中丞接篆 偕同人恭詣行堂參禮 並謁見府憲

延請幕友各節 謁後答制軍 午後劉韓臣軍門來久談

廿二日陰 赴大公館宴謁 遠（邵回四著）堂制軍來拜晤言 自庚子放甘涼道

兩年 因庫參被議家居九年至壬戌（同治元年）冬始被召交曾滌相

差遣二年 出京旋放江蘇糧道 歷升藩臬 授粵西撫 調湖北撫

年六十有二，精神强固，周浃和平，温厚之气溢于面目，宜其困沮

二十年不敷，载而数历疆圻，为时所推重也。接湘粟十二月初七作 下午小宋护院来晤。

二十三日雨。护院衔参，会拜彭次卿观察、椿年季侍、照，比名道近任。

筱荃制军奏请留鄂补用。月樵蜀人，来商牙釐局事。

二十四日阴。鄂制军门到任，香琴明照例诣文庙恭候，见面，图辞。

即回署。午刻赴文昌阁，偕司道、两首府、两首县恭饯筱荃制军，筱荃

军并请远堂制军、小宋护院作陪，共五席，酉正始散。奉院

制军札知黄虎卿、钟云卿、陆仲耦、方蔺人四太守均以明保请量

予简擢。四君子实鄂中翘楚，筱宪不愧知人。

二十五日陰有晴意 辰刻赴大公館衙參見謁筱寓未見 武日知吉爾哈春

亘陶丁外艱本日設奠弔之 回署閱秋審冊二十六起 答商竹銘

竣 犯張傳玉毆妻致死一案情太兇惡 詣制軍請爲筱寓惠餞仍并請護院及

司道兩首府未刻前往共三席席仍設文昌閣 戌初散

二十六日陰雨 日聆晴霽甫復連綿 春收恐有礙矣 達處無似料理要頭天雨客少

積片牘 黎明大雷 夜雨甚

二十七日大雨竟日 筱荃制軍來辭行 彭次卿辭赴宜昌 劉聲雲

自新闈來的晤 署石首吳令茂先稟羅城境漬水宜開套港消洩

一案 於形勢高下歷年擬辦情形言之歷歷 是真能留心民瘼也

二十八日雨 早起赴南院送筱荃制軍行時將赴浙撫任也 見邸鈔 託名捏造沈雁門陰賓書 見人頗沈著無浮夸氣 相

意殊拳拳 偕譜翁謁遠堂制軍 請留鳳希文協戎暫緩引

〻見了并另有應回了件也 下午送彭次卿行 未值 訪芷舫遇

譜香等堂鴨設而散 程純甫自上海解洋軍火到鄂

二十九日晴 辰刻赴黃鶴樓胡文忠公祠行春祭禮 憑檻一眺 久雨新晴

殊豁人意 出城赴皇華館候送李筱荃中丞 其撫田道以下咸集

午初登舟啟送而返 接符敬生表弟信 程南翔江和豐了

三十日陰 午前見客 未刻謁小宋護院 訪彭子蕃同年 訂定肴垣公請

一席 壽文等件 办壽席祭 歲修二百金 半年一送 藩臬糧鹽黃州道武昌

府作事護院意也出市所獲玉貞莫名女寶畬劉幹臣寄白

訪月樵均晤談回署已向晚矣 昨甚晴朗今又濃陰殊悶人也

三月初一日陰雲 卯刻恭詣武廟行香 詣文廟隨同兩院行禮

回署子慧張晴川馬惠亭到 見回省帶到 彥侍二月初七日前附年節回信十數件

信各府并托製衣首飾等件附到 人徑師正月十三日手諭 諭以理財

用人諸大端剴切訓示 感激何可言喻 接雨辰信以饑饉見貽 灃南帶來

初二日陰小雨 壹期見府廳四十餘人 楊澧南讀學由四川學政任

滿回京過鄂來晤 譚蘭亭軍門由濟寧運防回省 均未

晤

初三日陰　部制軍由大公館移進节署　巳刻前往敬賀　偕同人閱視内署并游花園　結構頗好　出城會拜楊澧南　譚蘭亭　均未值　回署見客　譜香交閱整頓巡查城衛章程　遂會訂定　仍不甚愜意　原未經筆墨太次也

初四日晴　程尚齋觀察来晤　午後至軍需局　久坐　謁護院　偕譜香商　國應補各缺　并商襄陽賑撫事宜　閱該處青黄不接　流民載道　不可不急籌接濟也　遞署藩謝○○恩摺并回奏○○旨知道了欽此　并帶到摺件五分　家信各種

初五日晴　卯正南院衙參　較前甚早　會拜鳳希文　回署見客　汪蓮汀　戴也農　陸星槎自嘉定来鄂

牌示　張瀚回漢陽
同知李任
武昌縣張炅補
潛江縣史醞補　雲夢典史蔡文藻補　應城典史樊國瑞補　枝江典史劉模補　漢陽典史張正國補

黄岡縣丞史久齡署

初六日晴 天朗氣清甚饒春意但祝三旬勿雨麥收當不致有礙也 傳見佐貳傅丙照等十二人赴牙釐局商件即留便飯

訪鹿仙晤談 玉階來談

初七日晴 堂期見州縣年餘人蕭子錫田年來晤鍾祥堪之艱有宗議函致文牀菴伍次薌切實詢之并示責成之意

初八日陰小雨 護院衙參與同人劉侯商定南北院堂期備便飯以便會商一切并首府縣及各局委員有應回之件又各項事函宣示辭人員均可就近呈回謁見彼此有却無數周於之傳見佐貳何韋林等十六人

初九日晴 赴寓赴江漢書院開課并送諸生入與子護院司道咸

集門謁師禮，巳刻閱視撫署工程，大致已告竣矣。當拜四門庚帝
崔煥章回署。炙月樵自崇文書局來，邀便飯，赴之。順看巳刻書劉長樵、譜香、心齋
書籍板片
夢松在座，心翁太與談易理，莫贊一辭。
初十日晴。卯正南院衙參，巳初即散。回署見客。午刻傳見佐貳瞿
寶祥等十一人。劉朗屏刺史偕施礦卿赴湘，過此來署，留宿。寬齋、澗膚亦寶
藉以叙闊。王城寄到趙清獻焚香告天圖一幅，秀偉有氣，晚年
睃夫人手筆也。
十一日晴。麓卿來商件。傳見佐貳吳家駿等十二人。申刻酌
劉朗屏、施礦卿及陳星槎、戴史農、汪蓮汀諸君。
牌示鮑曉源到
雲析巡檢任

十二日晴 清明節祀先申刻赴護院商件久坐朗屏赴湘連日天
氣晴朗暖意襲人麥收大有望矣慰慰
十三日晴 護院堂期散後會拜湖南候補道張嘉福康仙來談譜
香太夫人於本月二十六日晉七壽辰囑人製屏以祝余為經理其
事屬文傳彭芋蕃同年手筆相候酌定字數伊請繕正
十四日晴 辰刻謁部制軍回乃訪譜香商件 午刻麥華陀英領事
率其繙譯參贊官各一人來拜留憩點心 小岑來晤尊有密商公件
也周甫從兄由蘇州來郡不見已十年矣留宿衙齋藉可敘闊
十五日陰雨 卯刻出忠孝門詣先農壇隨同兩院行耕耤禮歸途董長

牌示宋熙曾署襄陽縣

春觀小憩并留日人便飯托芬堂預備亟是日春耕應錢糧衙門作東道也 未正回署 升甫自長沙到鄂

十六日陰 未刻赴北院賀小宇護院進署也 官廳亦較前寬敞 會拜歐陽老人 分發試用道鄧友仁正輔 永州人 到省未晤

十七日晴 恭養泉先自荊州來鄂 叙閱 襄將送伊五様眷屬回京也 至臬署會審县施民人徐光煥案提案 回署已上燈 接雨長信知二月廿二發 鄭沛時劉植伯均已改派蜀矣 歐陽老人赴京川資告匱 贈卅金并移百金 約到京後劃交彥侍

十八日晴 辰刻北院衙參改 偕謁香赴南院呈回了件 出城會拜恭養泉 回署見客 新授宜昌鎮黃吉思士中元到省未晤 人尚樸練 長沙人也

十九日晴大風 自辰至未客來不絶午後祝鄭太夫人壽龕噲友仁申刻归
養泉便飯并邀玉階來暢談 探報賊於本月初三日等晉由彰衛
西寓懷慶仍有由故道入晉之勢直逼肅清
二十日晴 辰初衛參出城會黃吉思鎮軍 祝鄭太夫人壽 旋歸
因及以下畢集蝴蝶閣陵仲耦來論鄉試多難諸真其晚酌爾旋外
甫以心伯姊無作陪 接李筱翁中丞十一日自安慶來信言於
初四日抵皖本日下局詢解維來下詢及鄂事不依之者寔之情
廿一日午前雨 午後晴 傷陰令樹萎黄有客者了件也 纓抄譜四門披覽書法甚好人尤穩練美材也 贈養泉百金聊以
送別 未刻譜香請客赴之共兩席皆同人登山眺望頗豁心胸

萬壽聖節

廿二日晴　午前赴護院商件　鄧玉麓廣（由粵臬任被議回籍道鄧汝晤細詢）訪粵東情形大致有積重難返之勢俗（悍官邪惟利是視其何以堪）

廿三日晴　寅刻恭詣萬壽宮隨同兩院並率司道以下各官行慶賀

禮出城會鄧玉麓並拜（前）廣西學政務欽昂　向例恭逢萬壽各衙門

均於大堂以前演戲慶賀以示與民同樂之意亦取普天同慶之義也蜀中

兵燹頻年久未舉行此禮近年來捻掃蕩直境肅清暘雨應時邊

內靜謐為十年來所未有之遇於萬壽聖節　於前後各一日設台演戲

以祝昇平以申慶賀（內署舊有戲台）上燈後并演戲八齣[illegible]（以）聖壽之無疆博慈顏之有

喜　廬署有戚友同在茲盛會實出京後未有之樂也

廿四日晴　午前見客（朱杞泉收以錄事樣）申刻護院邀往商（巴）將軍西鼓五件　並晤玉階月

進寺觀劇，子正散。外省演戲萬〻不如京都，然亦時有出色之作，如董公之一樣，雪宮內掛帶，金馬內亂發之拿手，五通金不換之關三振、王府大審、拾鐲、瓦匠之殺四門、醉戰、荷包錯、壽劇，均各極其妙，亦頗可觀也。戲價每夜九千六百，老太〻另賞八千，著名腳色第三日加賞有差。

廿五日 晴。南院衙參。偕譜香留飯，回至北城，送黃吉士鎮軍行，會年秋泉觀察、沈雁門軍門、許儀卿前輩過晤，均未值。若由辰送閱子僊十二日自彰德來信，言賊由寶至修武、汲縣，豫軍截回，又循大河而東，現至陽武、延津、封邱一帶，賊少而皆馬，雖窮蹙而奔逸有餘，若不易了。左帥於初十日抵彰德，擬於十二日南來赴大名云。夜大雨雹，恐損秋麥收。

廿六日 晴。早起見客。午後訪譜香商定有成，乃若由辰來，為武勝內委員龍令誤署名中差並為顧以為情，用特已解之，並致譜香另為挑釋。

牌示陸汝松補鄖縣，張炳元補通山，路步衢補天門典史，莊受祺補黄陂典史，汪瑾補穀城典史，王錫齡補南漳典史。

廿八日大雨竟日 本衙門堂期，見州縣六十餘人。孫師竹、欽昴來晤。新授襄陽道英豪卿祥到省來晤。申刻赴軍需局，公請劉幹臣軍門，戌刻回署。暴雨恐碍春收，殊深焦慮。

廿九日陰 護院衙參，會英豪卿。回署見客，午膳後申初矣。蘅畦自嘉定來，十年不見，深慰渴思。

卅日陰 兩院秋審過堂，隨班勘驗，共二十四起。內通城何葛氏一起，因與夫何洋申口角，弟毆致何洋申受傷，爲夫被人恥笑，追念服毒身死，情尚可矜，因歸服制辦理，不能不入情實。計部中必可核緩也。堂皇謁兩院，呈回，擬補各缺。申刻赴臬署飲，與道堂共兩席，畢秋審後，臬司照例請司道首府，亦酬勞之意也。饌甚清腴。亥刻回署。

三十日晴 玉階芷舠豪卿来 張禊亭自嘉定来暂寓鹿仙宅 交到萱蕃信

接雪茀信 知於廿三日到嘉定 會同县司详请派藩县两経歴

皆系刊刷通行條例五件

四月朔日晴 天氣渐热 卯初詣文廟 随同两院行香并行武廟行香 並舠

生日祝之 邀吴虞青太守 燕贻 看四堂 是否可作據稈背墳

風水以藩署為最 宝尚書蓋亭 後山尤佳 若往 四堂須復三處開一中門便可通氣

云云 申刻詣護院商件 久坐 會禊亭并晤鹿仙

初二日晴 護院課書院生 卯正前往 歸途拜客 邀蜀人論何家壩疏濬

積水 多由雁田滴 由養池 因同商也 是日辛亥年陳子青同年 滴南自渡到鄂亦意

牌示利川建南巡檢
陸光熙到任

在覺可也

初三日 晴 護院衙參論將軍書亦天白教匪多毫無影響謠論甚廣實
與此之本日起官廳備飯北院胡月樵承办凡首府縣及各局委員有應回之件及出差銷饌比向來小局率兩上三中菁府與西使飯錄均歸人全先
差回事到回事見各員均令於兩院堂期赴官廳呈回稟見在我臨者格敬此免守候站班酬應因道有公商之件尤期亦可准當從
接見之頃在人亦免奔走各隸之苦費卻無多可屬兩使試創舉也 午初
回署 作子城書申遽 [illegible]
初四日 陰 周少蓉董少白來言丁梅村太守病歿寓中一文無存屬為設法此多
官中既無可籌款而梅村又係少弟丁雅階中丞胞弟亦未便聞卓請幫
幫多因先擬給百金以資身後之用此外亦只有大家籌借一法庶為兩全云

何蔭軒世兄嘉祥自湖南來，喜在蘇，由通判指分來蘇，人頗老實無
浮滑氣。又傳見佐雜沈衍鍾等九人。護院交閱閩省洛奏稿，知沈幼丹中
丞合日福撫將軍請撥船政現存銀兩買米十萬石，由海運津接濟軍用，其
公忠体國之忱，顧全大局之意，真足令人佩服。
初五日 雨。南院衙參官廳便飯，說崔芳堂承办之饌特精美。會拜陸子
青四年。傳見佐雜陸光啟等十一人。復小宋護院函，以論事不合疑其逆億也。
初六日 陰。施承侯協戎携其第三子宗材來見，執弟子禮，隨州兩進見赴
北郭芳疑童官竹沙筆，思之必須檢點，以無開惻字之，多而踐各有竟見殊
護院論昨日彼此往還函件，并商公事。傳見佐雜戴光煒等十人。申刻
非所宜也
訪譜香、心齋、芷舫，公請英豪卿，現參鵝陵中外近事。

初七日陰 本署堂呂州縣李餘人各送阮寬錄補註一部 出門拜何蔭軒

世兄 晚酌于蔭軒 暨陸子青袁樸生香宜

初八日陰 有晴意 北院衙參 飯後送雷崔皋山長行 將作江浙兩省之游也

午刻回署見客 後小憩

初九日陰雨 午前見客 虎卿來 知英豪卿前昨奉撫憲批稟誤語飭知 飭知被批

今早往兩院稟謝 諸 均以爲疑 而蔭讒尤疑莫能釋 適豪卿來晤 詢

四知係奉到撫憲批稟誤語飭知也 告以明早即赴兩院自陳 彼此 明 興盡

釋然矣 譜香來 久談 發筱荃中丞函 託杜小舫轉交 託其代寄抵蘇州也 僚友佐雜趙西雲等十二人

初十日大雨竟日 南院衙參 飯後回署見客 并僚友佐雜王奎勳等十二人 豪

牌示莊永霖署黃陂典史

御带言已奉饬知定于十六日起程赴任，连日阴雨，因念麦熟之时，深恐（麦将熟矣，恐有妨碍，急盼晴霁）
（不可以）有碍，深切焦虑。

十一日　阴，有晴意。传见佐杂任绍美等十二人。灯临夜不成寐，请喻集
菴夫人（诊视）令进滋阴降火之品。捐姜贵园○○系寿贺，捐并撰副启传
三月初三日信。候补县张勇贵赴武穴整顿盐务，辞与之久，设知其
家教极严，人亦有志向上，颇不沾染外官习气。

十二日　晴。堂期见府厅四十余人。徐徵泉（太守）鹤连自汉口勘办盗港湖淤地
因有办理妥善之差，女才尚可用也。堂闱昨晚仍未得酣睡，今日神气颇乏，
（改服）仍服诸补药方。夜月色大好，心胸一爽。

牌示天門乾鎮巡檢
劉輔到任房縣典史
周承祉到任

十三日晴 北院衙參飯後會拜張廣卿孝廉徐筱泉太守回署見客
營蘭昨晚稍安今日兩目精神漸爽 尹稚田來談（堤利）本關開垸疏消
多從未能如其究竟
十四日晴 赴護院商件 回署見客 傍見佐雜許鑒陸宮香等十人翁
令與論本關開垸多 燈下致恭振夔信
十五日早晴午後又雨 武廟隨同兩院行香文廟行香送英豪卿行 回署
彭于蕃回籍以近著鑄思精舍兩治田說見示語多探原論潛溝尤為
切近頗有可採
十六日下午雨 致琳翠信交楊芷舲寶森帶 將解錢赴津也午後謁制

軍呈四百件 豪鄉以水漲未行順道視之 諸商谷辭家餉四有文到

彦侍生甫吉人各言時彦侍往天津收米〔陆田耕生未曲農〕 閱潛江向令時憶〔會〕高家揚

堤工又因春張潰口其為於此多未經看意所知深堪之痛恨未便姑容矣〔鍾堤年有歷派之費以高家揚潰口應修免其攤派又因經費不敷另撥錢二千〕

串串能上些修築何以至四月初旬又復援潰律以敢視民瘼之罪當無可辭

十七日晴 州縣堂期見午十餘人前任勞清勝覺歐陽曇未曉否

請領邸費人頗識篤可用〔多〕赴護院商潛江事 玉階未久復月雖

昨商漢川島口兩堤為事一信實可靠一處有其表人因未可一律論也〔安馬張〕

晚酌印墨卿〔議〕表妹倩妹夫伊文恒叢陰

十八日晴 護院衙參〔詹〕飯後偕譜香謁南院〔會〕陳潛江事午後料理〔請免襄荆兩河米釐三月以卹民困〕

峯頭積件 酌派〔撥〕官捐銀一千二百兩作為襄陽粥廠停止後遣撥資

民之費，并撥銀八万兩，俾貼穀城辦理粥賑事務，均於樊城釐稅項下

劃撥，以昭便捷。捐襄陽賓興堂經費銀壹百兩，譚香心、李勳雲

卿均有捐款，共湊成二万四千兩，交楊春生轉交，以資接濟。近日該處

災民雲集，拋棄兒女者甚多，局費亦支，不可無以助之也。有賊竄天津之信。（知星曾良署督，法長寶道解篆）

十八日晴。王墡亭、鄒長樂、易承印、鄒穀城、易均告見。諸南谷要赴潛江

照屬一切。小坪自襄陽回，述姜唐慷疑多甚悉，并述襄郡災賑情

形，真堪憫惻。幸在多諸君尚稱以多補慰覽廑。

二十日晴。南院衙參，飯後拜唐冀階、曹雨生，兩處所候，欲赴護

院預祝小宋夫人（壽年）。因後小憩。諸蘭谷辭赴潛江，諄囑之切，葉譽卿

牌示諸鎮署潛江縣印務

牌示金子戣巡檢，李春芳到任鄖西，典史伍惠南署

自揚州來郭印托蕃國藺谷為之安置。夜雷雨。致襄陽道府暨許仲篇、楊春生各信，為賑恤乙戶由五百里排遞。

二十一日，陰，大風。心齋來，祝護院夫人壽，便道拜客。午後料理積牘，傳見佐雜十六人。

二十二日，陰晴參半。午前見客。戴也農渡江，將由漪船回嘉定。琴舟探望

甘續娶嘉興李氏，本日攜眷進署，同人賀之。致安陸府縣及委員伍牧、次蕃各信，為隄工事。

乃會試題名全錄，關切數人均未獲中，心殊怏怏。

二十三日，雨。委催各屬上忙錢糧各州縣來見。赴護院商件。午後擬釐

局委員請定年限詳稿，期疏通窒滯也。琴舟宴客，譜香餉以

步魚及龍井茶，兩首縣送鯖魚。

二十四日，午前雨，午後晴。兩首縣來見。松茂亭來論保理衙門催取地圖事，即以此案

交閱之安徽省圖一紙（分府圖十一紙）長江圖一紙，與之囑其照式办理。署中四堂日久失修，
發役班捐，今春籌款大加修葺，煥然一新，氣象尤為開敞，萱闈
定議移居也。　心伯若往灞口厘局。
二十五日晴（晨雨陣）。南院衙參，飯後會小坪、試君、山茶，回署見客。董少白太守紹
昌赴京謁選來辭。午後小憩，接嘉定十七日信。　罷移居四堂之議。
二十六日晴（晨刻）。訪玉階、心齋、若農，均晤，談。送董少白行，未值。午刻回署，傳
見佐雜周文亨等十四人。接官中堂十二日批遞一緘，催撥協餉，言賊由
津南竄擾西北，恐近畿又戒嚴矣。接襄陽十六日信，言天氣晴和，麥收有望，
人心漸定，深慰懸廑。

二十七日晴 州縣堂期免衙參 王子泉、吳子恭來見，吳虞吉辭赴沙市釐局
連日天氣大熱，麥收雖小有減色，尚不致礙，多雨秧水已足，頗利農田，但須
連晴十日則大幸矣 葉普卿赴潛江
二十八日晴 護院衙參 飯後送吳虞吉行 回署小憩 並函季高借晴
餉爲籌撥發霆峻營遣撤餉項，即函致玉階速行 緣霆峻營裁撤 婁雲慶峻三統欽
撤之議業已奏咨兩江西月餉未到，恐遲則生變也 奉督札四月十六 四月廿六日奉到
日寄諭左卿奏甘餉十分竭蹶，請飭自撥分解，並請飭王文韶辦理
務圖善後路糧台，各省籌餉，畀湖北布政使王文韶奉旨辦理甘肅後路
糧台，即著何璟傳知該員分投催提，趕緊籌解，以濟要需（急）等因，欽此

二十九日晴 接雲卿函言 霆峻營先撤五營龍坪武穴一帶人情洶洶沿江甚

不安靖等語當即函商 護院并借譜香函回制軍請酌調水陸各軍

嚴密戒備以資鎮壓 劉幹臣移營攝口 弟石臣移營漢口 譚蘭亭分兩營

紮黃州分兩營扎紮武穴樊口金口兩處撥張子誠李恭

齊兩水師各調集砲船

二十號聽候撥用 至臬署少坐 復宮相函 致艾朴庵伍姪孫

諸蘭谷在瑞蒲等高家拐漬口至由五百里抵滬

二
戊辰閏四月起己巳十二月止

日記

牌示唐基甲補應城縣吳文煥補黃岡典史惲鶴齡補咸寧典史何佑楠補咸豐典史丁元熙補通山典史

同治七年閏四月

初一日晴雨五夜大雷雨 文廟隨班行香武廟行香商定頴防婁营散勇各事宜回署若農來商甘餉分撥西胡文峰以黃魚鮨鯿見貽雖不甚鮮新而味尚不惡陂生甫函意在出山劝止之令其速歸

初二日上午晴傍晚大雨 辰刻赴江漢書院課士文題因民之所利而利之四句詩題益節藕歸得生字途訪芷舫久坐下午玉階来談 上院 李筱荃中丞書附贺節任稟投

初三日晴 卯正護院衙叅飯後偕同人查驗豐備倉存穀計儲存八萬二千餘石尚屬乾燥惟不免虫蝕倉係林文忠創建兵燹後胡文忠重建厫間極為整式可想見前賢規制之善也得水師曾雨生紹霖蘄州来信言還副

五營散勇固結不解[散]沿途逗遛囑為嚴防等因當赴軍需局會商布置
并諮南北兩院陸請分劄撥行水陸各軍分別移營扼堵一体戒備回
署已申正矣燈後蕃石臣來言定於明日黎明下駛迎頭催趲各散勇船隻
并將為開導勸令各自散歸毋得屯聚生事[貽]自伊戚石臣宦豪勇幹練辦
此等事最屬相宜人尤直爽[毫無]趨避之習故可用也 奉戶部札知奏派辦理移圖善後糧臺
初四日晴 大早雲卿來商[會]預防遣勇五方蜀人恆獻之來均久坐接談
[信]卿九以出處相商現在韶關辦理稅務擬由分發教習知縣加捐指省也
清理案頭積件
初五日晴 卯正南院衙參 飯後偕同人閱視[新]火藥局去年失事後擇地 在教場東南

重建甫經落成也要軍撤勇漸有過境者因水陸嚴催有戒備尚不致停留

滋多

初六日晴 辰刻赴護院商件 午後客來絡繹 虎卿來久坐 湖南
解餉委員陳令鳴年 李令禎職來見 並接申夫書 屬照料搭
船多 聞賊竄山東武定並有青滄一帶另起股匪之說

初七日晴 州縣堂期見七十餘人 程尚齋 胡月樵 左子雲 譜香先後來 午後偕
譜翁謁小宋護院商請嚴飭水陸各營查拿遣營散勇闖下
游江面甚屬不靖 漸有公然搶劫之勢 不能不亟圖懲戢也

初八日晴 護院免衙參 辰刻偕譜香赴南院 稟商多件 即嚴飭各營查拿游勇多

接襄陽信，知綱徽（二麥已收，約有七八分收成）已於四月廿日停止，寄氏均安靜散歸矣，慰甚。

初九日　晴　大早雲卿來。吳仲雲（振棫）先生由山西回浙，過此出城往謁，年七十七，精神尚好，惟眼光乏力稍遜。甲戌翰林，敭歷中外於今五十五年矣，亦吾杭之魯靈光也。午後劉韓臣軍門來久談，并背誦近作古今體詩，儒將風流，庶幾近之。稟左李兩宮保，向來賀節均不用雙紅，以其軍務方殷，祇用夾單敘多殺為得体也。得吳守葆儀自黃梅來信，言霆峻八營會匪亦復充斥，未撤之先，民之生為現雖勉強遣散，仍（武漢重地）不可不嚴為之防，籌語此多目前固已佈置妥貼，第無他慮，日後流毒彌甚，必致易生一大變故，湘鄂之間為患最為切近，消禍於無形，弭患於未起，所宜時時在念也。得閔星齋參戎信，言江良臣軍門病恐不起，心竊系之。

初十日晴午前陣雨未久即霽　卯正南院衙參午初回署吴觀臣自黄梅回省言武

穴以下會匪充斥有聚而不散之勢急宜設法办理據述情形亂萌已兆誠未可

聽其自然也擬禀集會札稿通飭沿江各州縣嚴飭團練查拿滋事匪徒

就地嚴办（毋庸拘泥）并令將該匪等来往蹤跡聚散情形按日馳報以憑隨机辦理

吴仲雲先生來晤

十一日晴　蜀人来商請咨引○○見畢（辰正）赴撫院商派兵查办會匪擬令劉幹

臣軍門酌帶馬步隊前往蘄水駐紮相机办理偕同人赴軍需局邀幹

臣來商定一切并令擬（擊）間料随謁制軍專商定議回署已申正矣

十二日晴　府廳堂期見四十餘人蕭石臣自下游押送散勇回省晤述情形

牌示查佩琨署
鄖西縣

盧賓參半蓋自伐之意居多亦將藉此要餉也然男積習大率如此錢松士
符茂生馮星垣均自嘉定来 星垣人甚着實茂生則老實無故也
十三日晴 護陸衛系譜香心齋及余各携家眷至官廳餉客譜香携
黄魚四余亦携黄魚之均自上海来也心齋携對蝦并黄魚一箸海味四種
雜坐大嚼別有風趣 萱蘭至玉階寓再摟多人邀集也饌甚豐恐多
費矣
十四日晴 午後偕譜香赴南陵因事 後轅臣自葉家洲来書言沿途會拿
獲會匪正法六人并自下游漸次安靜有聚集漢漢口之謠因囑令智（漢黄道任內曾捐備案本年三月題）
駐下巴河聽候消息不必仍赴蘄水 閱鄂文因案鎖去紀録二次尚
存六次

牌示趙恩溥到竹谿縣任

牌示袁鏞署咸豐縣事

十五日晴 武廟隨班行香文廟行分香 吳仲雲先生來辭行 贈百金 午刻漢

鎮萬壽宮大火延燒至止 申刻赴護院署商公件 王君曲良步夜談

十六日晴 出城送仲雲先生行 卯回署 汝明自杭掃墓回鄂 洵知 敘悉新舊

先塋松楸無恙 瞻慕之忱藉以稍慰 致湘撫劉韞齋所函賀節加尊

晚酌馮星垣茂生

十七日晴 劉子迎觀察達善由湖南鹽道簡調山東登萊青道過鄂來晤 人極持

道有名士氣 星曲良處步差來送壽禮 送次下游各州縣電報知其匪已被兵勇擊退

散盡 會匪亦陸續四散 黃州以下地方一律安靜矣

十八日晴 卯正護院衙參 飯後弔丁梅村太守 心齋新搆三楹顏曰小

蒼良館約同人往看少坐回署　程德全自京回鄂帶到偉幛等件計偉七壽幛十五付對十六大小
副如意一柄
都門師友禮意隆重大足為堂上歡也　劉幹臣自蘄黄回省來晤知下游
已安靜撤勇七營會匪亦四散矣　夜雨甚暢農田正望雨也
十九日晴　僚友以萱闈慶九製衣偉幛稱祝者絡繹而來幾於目不及賞
悅親有具
強可感也　下午佈置各花廳張掛一切尚有可觀
二十日雨　卯刻南院衙參飯後回署竟日料量稱慶事刻未少閒　程德
賚回三代三品封軸敬謹供奉以述　皇恩　國恩　祀先
恭遇　尚偉同治四年九月　文宗顯皇帝　安定陵覃恩在襄陽道任內
回請舊例　請給衛　封典送
例馳封曾祖父母
廿一日晴　午前雨傍晚晴　佈置壽堂及花廳各處大致井井　在署親友均深費張羅矣

陪芷舫均來看舖設一切壽堂日卿、如滄、甫伯亨諸君先後渡江

廿二日晴　各處舖設妥貼計前後懸掛壽幛一百六十餘幅大小壽屏

二十堂一切佈置均係妙香、外甫、桐侯諸君指撥亦頗熱鬧矣萱闈

自午至戌兩次周歷各處深以為快寅寮來預祝者絡繹不絕一概辭謝

廿三日晴　慈親六旬晉九壽辰寅僚自兩院以次均來稱祝　慈顏大喜晚酌

在署戚友席散後仍料理當日公事並無一件延擱也

廿四日大雨竟日　午後赴兩院敘謝均見以蕭朝樑伏法萬商力理會匪善後事也晚酌請在省王

諸道日寅共兩席

二十五日晴　卯刻南院衙參順道山前謝客午刻請院司府局各幕暨

共两席晚请府厅共七席
二十六日晴辰刻出门辞行谢客午刻请武职自寅刻到七人坐一席申
刻护院仍往商件晚请州县暨两司首领共十二席　何白英
以道员留楚湘北补用到省未晤不见已五年矣
廿七日午后雨　午前见客请午刻在省绅士曹颖翁彭于蕃袁秦华罗少
村共四人颇尽欢席散出门谢客省城之客已谢遍矣　仲耦以神曲真武素茶见饷
廿八日晴　卯正护院衙参饭后会何白翁少坐回署午刻请司道候
补佐贰并补请武昌府左两衙门内子　出门谢[illegible]寿
廿九日晴卯正渡江谢客并会英国领事麦华陀至汉皋吃点心　云卿留

鄆平李大純署
建始縣丞

在東花廳對面船亭小憩，較前添一游廊，佈置頗好。由漢鎮至
漢陽城，晤承保協戎、陳手峰、程尚齋、徐海舟三觀察、陳仲耦太守。
餘均未見。東王回省。漢晉口護隊及巡砲各船均來伺應，給賞有差。
五月初一日　晴。文廟隨班行香，武廟行香。分香署宜昌鎮穆克登布熙齋協戎
來晤。何白翁來談。監印官沈嶙伯從九賦詩，聞訃丁內艱。
初二日　晴。府廳堂期，見三十餘人。出城謝沈雁門，知其現患時症，就帳房
視之，并請陸貞甫元章為之診視，見其以誤服寒涼之劑，病頗不輕
也。會穆熙齋順道補謝客。午刻回署。長郡主簿吳才九起鳳
來拜，浙江集名劉沐之。府衙由陝赴任過此來晤，曾任德安、襄陽、漢陽

等府人頗來色 蕭子錫同年（晴門出長）延福來補祝并送牙柄團扇一握上書
壽言十章意殊肫摯 汪子要丈由嘉定突如其來署中人有滿之患
為之另覓館舍
初三日晴 卯正護院衛來飯後會拜劉冰如廉訪吳才九樞部
午初回署料理節事歷碌半日天氣躁熱
初四日陰 傳五台班演劇請司道兩首府兩首縣并請劉冰如廉訪唐
時雍觀察適到省并邀在座 方菊人吳覲臣兩太守將引見并附餞
亥正席散 監印官派候補司獄諸淦
端午節晴 赴兩院賀節均未見 是日請在署親友并酬壽日幫

悵諸公共七席子初散

初六日晴 萱閣請女客共兩席 亥正散

初七日陰 早赴護院會拜唐時雍觀察 家人公祝老太太演戲一日是日演二度梅自罵相至團圓全本 姬有可觀 子初散 伶優有差

初八日晴 護院衙參飯後回署料理積牘 杏宜回南 墨卿亦過江

初九日晴 譜香來同赴護院商件 會劉幹臣軍門 內書值萱閣

自閏月初旬後即以稍事無大小均須親自籌照裁處書件也 慶多諸多應酬迄今將及一月精神勝常

真可喜也

初十日晴 卯刻南院衙參飯後送唐時雍觀察行并會拜藍明亭軍門

牌示丁正文署均州 印用鉴 陳世裕到黃州通判任

午刻回署慶仙来晤漢陽府縣均見菊人来論聲局多

十一日晴 午前客来絡繹 汪々安文回嘉 致子城書

十二日晴 府廳堂期見四十餘人與首府論接修黃鶴樓申刻月樵

仍赴護院商件心齋於署中築室二間額之曰小蒼居筱良之齋

以院有叢竹如簾成宴客同人赴之席間大半海味河魚者

麪食尤佳飽回署甚 雪竹孫自蒲圻来

（得潛江查言初四五六三天水漲二丈一尺七寸全堤平穩）

十三日晴 關聖誕日寅初恭詣偕兩院至隆同寺行禮辰初回署疏承侯

鍾雲卿来均晤午後小憩筱廬来論有成多接官相關自先

書言賊在海豐至慶雲一帶近偪海濱萬值黃星逢河水漲張

牌示建始縣丞改
委徐徵鏞署理

遲牆堡均已告成，劉丞可無內手矣。又接李筱荃中丞閏月十四書，言（旁注：北捷）
於閏月初六日接篆，詢梗概，寔屬堪虞云云。
十四日晴。內子生日，兩院以下均來賀，懇辭謝之。復厲伯符信，言竹
木商捐賠款，業已函告。復盛旭人信，論常熟官當多
十五日晴。寅正詣文廟行香，後隨詣武廟，隨同兩院行香，并赴
兩院謝步。順道謝客。仍虎鄉壽件。金子梅觀察由黔挈（上年奉旨開缺，送新引見）
眷回鄂，過此來晤（暢談別緒），因天氣炎熱，擬即在鄂頤小住也。乃鍾祥禀言初四五等
日水漲一丈七八尺。○潛江報稱家揚堤工一律告竣，
全堤平穩。
十六日晴。辰刻出門謝客，晤彭子蕃、張鹿仙，至陝甘後路糧台與善西

件蜀人來久坐論譬句多　五更後透雨　鏞兒右腋下患瘡毒腫痛異常夜睡不寧舉家為之不安

十七日陰雨　州縣堂期見八十餘人並明日趕考先後均有商件　酉刻鏞兒

毒破痛稍止人亦畧鬆動　本年四月以後雨暘時若秋苗暢發

塘堰水足大有豐收之望昨晤彭千蕃觀察言詢之鄉人若

五月以內無雨收成計有八分日內再得暢雨一次十分便在意

中也欣慰之餘益深感悚　五更大雨如注

十八日雨　護院衙參僚謁者有呈回多件　午刻大雨傾盆房屋

多漏下午料理積牘　崔夢堂來久坐

十九日晴　辰刻赴護院商件　順道訪白英文晤談午後程尚齋觀察

牌示通城縣傳惟
模到任應城縣劉
篤慶署理白河
同知蘇炳文署理

来談　透雨時晴農多失望歡慰無似惟之州昨雨過猶襄流
必急手識鍾宗以下堤工是否平安但須三五日內無警報至方可放心耳
二十日陰雨　卯正南院衙參飯後回署　閔星齋協戎自襄陽来詢悉
襄鄖近日情形并江良臣軍門近状　接左宮保五月二日自連鎮
所發手書言軍事頗詳因改擬有方守且防且勤之局所盼大雨時行以
澤泛溢成可了此句當云云　寶復臣節相續解直餉三萬
二十一日晴　金子梅觀察於昨搬進城寓巳刻　詣候久談赴軍需局
少坐閱鄖省分府地圖總理衙門行取也　杭州同鄉魏向青鏡塘
患瘧人極老成本邑係調山先生哲嗣現署就此署書席請看來

牌示武昌同知沈保
祥補江夏縣王庭楨
補應山縣周道灣
補鍾祥縣張銘
燦署
牌示彭兆鰲署
咸豐典史

商件
二十二日晴 府廳堂期見三千餘人 小宋護院來晤 子梅來久談 潞鈞庵
來商件 祝虎卿夫人壽 赴臬署公請伍嵩生太史金子梅
觀察 亥正回署
二十三日晴 卯正護院衙參 留飯 回商補署各缺 飯後偕譚君赴南院回
缺 午正回署 記名提督代侯達世昌在襄等門志忠到者未晤 人頗
明幹 伍滂蘇來談 健勁由鍾祥潛江修堤回者 詳詢一切 議論
不浮 此次辦理堤工亦極得力 並稱遇事留心於襄堤利弊 雖有所見
二十四日午前微雨午後晴 早赴沈雁門 鍾雲卿 胡月樵先後來晤 蔡

牌示周儧文調補
禮智巡檢任嘉植
補興國州吏目高鑒
補鶴峰州吏目杜紹
芳，補金口巡檢鄧
廷椿，補蔡店巡檢

唐釐局各办史但慶牙釐局冊中收支所繫世俊未免均有不歸
總局坐办之意人言固可畏也午刻會拜曹仁祥軍門并拜學
使張香濤太史 本日由黃州回 首郡試武昌 極言閱卷之累時因重試正場復加
調覆實為嚴核槍目妙法不堪輿論有議毋要覆案太遲寒士太苦者故親切言之明措置之難
閱兵馬錢粮奏銷各冊年例均須五月內上詳也
二十五日晴 南院衙參飯後答拜閔星齋協戎午初回署見客
申刻請曹仁祥軍門伯何北卿松茂亭兩太守作陪戌刻散
二十六日晴 午前見客未刻赴文昌閣小坪招飲也池荷含蕊尚未
開同人盡歡而散 天氣甚熱晴雨適時於花稻極相宜今年可卜豐穩矣

牌示楊振熙到南沱巡檢任 胡邦俊署黄岡典史 張照林署建始典史

牌示楊寶晴代理麻城縣

二十七日晴 午前見客 未刻護院邀往商件 久坐 同天門積案甚多 擬會同譚香委員前往清理 張密甫因能聽斷者也

二十八日晴 護院衙參 飯後回署見客 天氣熱甚 定通飭各屬嗣後交代不得再有自行清理名目 並嚴禁卸事之先空截串票俗名放砲著撰兩稿 一用單銜 一會糧道銜 定甘肅改路糧名開辦章程八條

二十九日晴 早起偕譚香赴兩院 回多 回署見客 傅雅亭卸沔州判乃到省來見 精神勝前 朴茂如故 真牧令中不可多得之員也 李蓉生

三十日晴 傅駿號寅卿由四川赴京引見 過此來見 並持黃蓉生信 贈以十

一日陰 楊春生來見 催令速赴麻城任 前署縣廖昌樹以母病危

篤請假省視也

三十日晴 早雲卿 白英文先後來晤 杭人孫楚卿光謨來見 在漢口办茶 持修伯逕來也 接琳果本月十四信 論轉運制錢之難 語多中櫽 江夏報會匪吳天成黎先甲正法 先是江湖會首蕭朝舉被其黨羽戕殺 殆有疑其主兇真否 當派候補縣丞蕭長華改裝前赴宋埠密訪 該匪家在宋埠也 茲於本日回報 言該處無論何人 皆稱為實 現在該匪首級懸掛宋埠西堡門人皆稱快 自無可疑云

六月初一日 文廟隨班行香 武廟行分香 回署見客竟日 料理積牘 案頭一清 閱办甘肅後路糧台多 提調史致銘 文案錢元培 收支蕭炳垣

牌示王坤到枣阳
平林店主簿任

初二日雨 午前客来 徐缉午设 金子梅观察来 久谈 张霞庵别
驾来 申 卸黄州通判任来见 邱 委令承修当阳园陵工程
初三日阴 早起出门拜客 晤蔓嵩月雄 去甘肃 路粮台 少坐 并留
史太守敦铭 午初回署 见客 刘继庆 笃庆 辞赴麻城任 吴仍筠将经
明日回杭 购之 并邀松士 亦将经 明日赴麻城也
初四日晴 午前见客 松茂亭太守 送湖北全省地图及分府一分 倦
继理衙门 借收照式 多画三分 分存 送 督抚藩三处也 张少堂辞
赴钟祥任 小宋 护院来晤 谈 昨五更起 患腹泻 似有积滞 殊不疏畅
初五日晴 南院衙参 顺道拜客 解第一批甘饷 委员 王 易 附来禀

辭　肚腹仍覺膨脹服嘯笙方

初六日晴　胡文忠生日卯正赴黃鶴樓專祠行禮畢首士等照例預備麵席

偕同人看視黃鶴樓式樣以木爲之高五尺餘現擬集貲興修也順步至江城別墅

小坐在鶴樓右旁主人姓袁　回署見客　蜀人李仍論象口筆屋平色多午後小憩酉

刻赴護院商件上燈而回　瀉已止肚腹暑覺舒暢仍服嘯笙方

初七日晴　州縣堂期見七十餘人午後赴　護院預祝辭不見客至牙釐

總局晤白英觀察蜀人陸及兩太守久坐　天氣甚熱幸尚有風

初八日晴辰刻祝小宋護院壽順道訪芷舫未值至譜香處商件

久坐回署見客下午月樵來論釐局多傳雅三來談　指白邴卿赴竹木商

閣亭丈佐龍到
廣濟任朱鑒實
署應山楊應柜
署黃梅周文炳
回蒲圻縣正任

九日晴 擬撤美兩首府方並及前人西事任次薛宜救會議通籌襄隄防
險歲修章程稿 是日安陸府丈朴菴有通籌全局之章奉院批
司核議以全局大局未敢以勝見出之攸撤令議覆候核殷其恩慮
益之意也 天氣熱甚為今夏之最 生甫自杭到鄂 酉初借譜
香赴撫院商件 候補從九蔡庚吉在豫坐探四年從無遺誤病歿信陽差次甚可憫焉
初十日晴 卯長刻 南院衙參 是日應回應商之事較繁 飯後會拜姜
清臣軍門 人似不壞習氣較重而於征軍聲名頗為減 係受人愚弄所致
數年以心懇接子誠信深以不善應酬致不滿人意為言
十一日晴微陰 午前見客 姜清臣軍門來晤 朱文楊炳今均謝委

艾令谢鈁知到任，约见谭甫亭军门，乞假省亲，有书来嘱
为转恳院宪，当即据情禀商两院，允为咨请。
十一日晴。府厅堂期，见四十余人。云卿、玉阶先后来，子梅来久坐。
自卯正见客起至未正始毕，颇觉乏矣。闵候补通判苏炳文，猝
然病殁，无以为殓，母老累多，情殊可悯，赙以二千金，即交陈甫墀转送。接刘兰馨
实信，交到夏季公费，即复之。寄曾沅浦中丞龙井茶八瓶、全腿
四肘，交陆升甫跟人带湘，并附禀函。
十二日晴。卯刻，护院衙参，饭后散回，回署见客。接刘朗侪信，言
於席宝田营后保开复。帐房移至三堂，飞千帖饮。

牌示潘树勋到
安陆府经任，李文
琳到双沟巡检任，
刘模到枝江典史任。

十四日晴 辰刻出门拜客访子梅晤谈 午初回寓见客 下午蜀人来
纫论舅氏（李云）兰厘来 星农寄赠绿皮[illegible]铺垫一堂 湘产也
十五日晴 卯刻先诣文庙门外香 即至武庙随班行礼 天气多[illegible]热（极）
散后即回寓 徐筱泉太守赠年（送）来谈 催追薪水 [illegible]（王[illegible]号辰佳内）欠钱粮多
（福南太守多）
护陵江□□寄谕见示 即密封呈缴 午后小憩 热极未能坐定 晚酌
生甫飞午
十六日晴 辰初见客 午正頫了娄峻三军门请假回湘 来晚潜
江训导（印选）秀柏香（龙钟已甚 尚有眷属十人 莫能度日也）垂老穷途 为位置盘局一席 并赠银十二金 天气多
热极为入伏之最

十七日晴 辰刻赴護院商件 久坐論及協恭和衷之義 昨摺差回 知道

提補虎卿三奏未允道一缺竟歸部選矣 文廣臣楊少雲辭赴廣濟黃梅任 少雲

言同治二年署興山篆時有節烈婦陸傳歸差之媳張氏一家同之可嘉可敬

當飭地方官加意存問以示旌異

十八日晴 心齋並船先後來均有公事相商也 久晴燠旱 禱雨者異

常又急盼雨澤矣 接旭人六月廿二信 言公當多病 兼寄道

德經一部

十九日晴 貴州候補道蔡植之丞槐到省來晤 蘄水人 壬子同年 丞楷

之堂弟 午前陸續見客 天氣愈熱 午後赤膊坐定

閱定交代並章程五十二條並員孫令文俊（藹庭）蔡令炳常（舜臣）擬稿（極詳極密）小有所

商兵部堂官（同）公函催驛站奏銷飯銀委令吳守葆儀帶

解交納其稟作復謝董醒卿師送壽禮載崔峰所賀瑞節均

交吳觀臣賫投 江南會館（漢口千佛庵）首士來見壽稱百金

二十日晴 南院衙參飯後回署（見客下午）劉幹臣軍門來久談言灊品以東

十五日已時（自午至酉）透雨慰慰省中周日盼雨澤也

二十一日微陰 辰刻祝（黃）虎卿太夫人壽 道丁心翁捐戴花翎堅留吃麪

飯順道拜客晤蔡植三觀察劉幹臣軍門午正回署見客朱秋園

辭赴廬山 新授湖南鹽道白蘭岩觀察恩佑赴任到鄂來拜未值鄂

牌示胡澤彬署
光化典史
牌示即用濮文昶
奏補漢陽縣缺
石首徐兆英調
補蘄水縣缺即
補阮恩光題補
巴東縣缺張正國
署沌口巡檢楊元浚
回署朱雲巡檢

葆臣宴內
訃誥百日孝滿赴營來晤人尚樸實 炎蒸稍減微有爽氣
徽陰
二十二日晴 早赴護院商件在官廳晤白蘭翁拿拜鄧葆臣未值回
署見客 徐筱泉辭赴蘄水催欠解漕錢 府縣設壇祈雨
二十三日陰 護院免衙參有應回之件仍約譜香偕往并赴南院
出城拿拜白蘭翁午初回署見客 王春曹伯華夜談并有商件
復旭人信并致道德五千言
二十四日晴 早起見趕客白蘭翁來辭行晤午後玉階來談霆軍營
務處託右提督李俊之文益來見人尚樸實絕無霆軍習氣接
官中堂信書富守沈令函 巴將軍入覲有信辭行李員來有贐之 似須有以
二十五日陰 卯正南院衙參出城送白蘭翁行竟日無客至頗覺清

辭行沈衍鍾署
漢陽縣丞

靜亦罕有也。戕巴將軍入覲，嫤以雙柏交鳳希文轉交來員
廿日雨。早起見客。胡月樵、白英文偕來，有多相商也。後次大雨如注，
頗稱需足，寅感何似。來剿撫語護院商件。久坐，天氣甚涼。
二十七日雨。州縣堂期，見六十餘人。蔡植三、金子梅先後來晤。譚藺
亭請假回湘辭行。見長初，見客起至未初始畢，頗覺倦矣。下午料
理積牘。好雨連朝，晚稻棉花均資沾潤，聽與人言，謂二十年
未有此好年歲也。鄉人來綰詹條條達，大有民力藉以稍紓公事
諸形順手，自維薄德，感懼良多耳。
二十八日雨。辰刻赴南院，預祝制軍老人壽。同人在官廳暢談，巳刻回署。

王子泉大令來送閩直東圍賊圖一紙，形勢瞭如指掌，留之以備稽
考。下午丁心翁來商蘄水天門各欠解餉糧事（前署縣沈亨），并邀孫（家代庖矣）蔦庭參
舜臣（兩大令）來商（酌辦）一切。
二十九日陰（午前雨）。辰刻赴南院祝壽，即偕心齋赴北院商件，回署見客。雲
卿來，久談。謁香於集署後山之獨秀峰（舊有題詹，今圮矣），築室三楹，以資眺覽，約同（以落成）
人小集。午刻赴之，新雨初晴，江天一色，誠勝境也。酉刻席散，回署。看上李筱
荃中丞書。
七月朔日晴。卯初詣武廟行香，恭詣文廟隨班行禮，回署見客。（二分三十一秒）
日有食之，午正初刻十分初虧，未初刻五分食甚，未正三刻十二分復

牌示松林署施南
府吴樾時署白河
同知徐兆英先到
蘄水任趙昆晏清
陞署南漳

園遞例行護日礼向来外省護日護月初虧食甚時穿素服行
礼後園寓公服行礼此後遠堂刺寓謂嘉慶二十年奏準一律均穿
素服奉諭照行 京師向係如此外省往往以訛傳訛耳 作寄岩嵩雲於侯棠信即寄 將定期完姻
初二日晴 府廳堂期見四十餘人巳刻偕心齋赴南院回寓天氣陰
熱 下午清理積牘
初三日晴 護院衙參後偕譜香赴南院回寓見客客札首府
查办前署天门沈令事 派員看管门丁吳㽬 虧空多并案委沈令兆元前赴天门鎖拿
户書銀匠等来省監追均令自心齋办理接調甫六月矣 清江信
言北路軍情大有起色殲除當必不遠叙述甚詳并鈔送兩院閱看

接西安康將軍六月廿七信言陝省軍情亦頗詳細
初四日晴早起出門會拜張香濤學使賀彭子翁令孫入泮喜看均晤
庚卿久談擬補靖塘篆三秦未許未免怏怏有思退意故特諄勸慰之
申刻約譜香小宋護院將山邀往作陪心齋因病未到並舡在座
來客四人玄初將散
初五日晴 南院衛悉歸途訪姜清臣軍門晤回署見客次卒才
辭赴天門午後小憩陳子青同年來談到鄂數日代覓机會不
可得心殊歉然接卅卓山來書信言於本年二月到山西汾州
府任卓山少年老成心地操守俱好於友中亦矯矯者也

初六日晴 午前見客絡繹不絕申刻赴臬署會審武昌縣民人程
及詳京控一案（縣官私征之書滕押）上燈後回署 內子發（瘧疾）病較前稍輕
初七日晴（早起）開署[?]見客 午後劉馨室觀察劉幹臣軍門[?]先後來晤 正值日中
炎酷特甚 本日為花衣第一日 十二日恭逢慈安皇太后萬壽 初九公服久
穿[?] 均照[?]慶辰 故花衣自今日始也
坐正[?]不僅汗流浹背也
初八日晴 護院衛參後 祝譜香壽 未見即回署 萬人請諸[?]引見錯
聲房[?]程調善來見 久坐 午後小憩
初九日晴 辰刻詣南院呈回子件（申刻陣雨一次）會拜劉馨室未值 回署後旋來拜[?]
晤談 手書致子城 得調甫肖堂[?]信 言張愚[illegible]已被議 宋鎮軍慶 [illegible]獲

饒覺識陰陽解散殆盡閑〻大快天心厭亂此其時矣但以此說示虞舟祝

初十日晴（辰初陣雨一次）南院衙參（段）并詣護院商件竟日無客至甚清靜亦僅有也

崇文書局送到四書五經小學（竹連紙〻官堆紙二）各四部又紅本（谷）一部字畫端楷清楚紙

張純潔（讀〻）爽人心目接嘉宣初三信

十一日陰（未前陣雨）辰刻虎卿來商件并談家事久坐未初赴文昌閣借同人公請

姜清臣藍朗亭劉韓臣三軍門沈雁門攸我邀鳳奔文王小坪作

陪有垣司道與帶兵各統領大覺落寞倡議作此舉訊圓宜〻

非徒為聯絡計也上燈回署接官中堂（六月廿）信言張逆勢極窮蹙欲逃不得

當不纖〻海上净洗甲兵長不用云〻

十二日晴　慈安皇太后萬壽丑正恭詣萬壽宮隨同行礼辰初回署見
客午刻萱闈率內人偕賢兒女等至文昌閣公所看荷花盤桓半
日甚以為樂申刻回署　監利王子壽比部來晤言荊州毛家尖堤工似
可僥倖有利少害多之慮亦不宜與水爭地之意也粘存其說以備
採取晚飯後率兩兒恭接祖先杭俗也
十三日雨　中元祀先率兒輩致祭勞多並胸來晤萱闈患泄瀉發熱不暢
請嘯笙診視言風寒食滯宜進疏導之劑　下午瀉稍止惟甚覺每瀉則心腹甚痛
疲倦耳　閱直奉臣就肅清有初三日紅旗到京之說大雨連宵幾不成寐
十四日午前雨後晴　早起見客申刻同人即借集署山房為譜香補

視新雨初霽皓月當空心目為之大爽初更席散回署 萱闈
似患紅白痢不思飲食仍復嘯笙方
十五日晴 寅正文廟行香後詣武廟隨詣兩院行香午後赴護
院商件至陝甘粮台訪若農設會拜王子壽比部未值順道拜
客酉初回署晚祀先 萱闈腹瀉漸止氣亦漸舒飲食漸進較昨
痊可多多矣
十六日陰 午前見咨甘肅催餉委員臻蘭谷觀察武自蘭州到
鄂來晤小宋護院過訪久坐申刻赴臬署偕譜香公請張香濤
學使曹穎生中丞彭子嘉觀察山房小集月色澂明饒有秋思

虜向陽從亦正推敲何直奔南陽捷報張逆殘滅從此中原無[illegible]西路以與民休

息矣快何如之

十七日晴 州縣堂期見六十餘人 雲卿玉階先後來晤 午刻祀先 申刻

偕譚香玉階赴南院稟商公件 酉刻赴各官 姜清臣藍朗亭

劉幹臣阮雁門四處領回請也敘談頗暢 亥初回署

十八日晴 卯正護院衛慕送張香濤學使乃將接臨襄陽也 巳初回署

倭僕見客至申初始畢 歇形晃事 向化營飭船於本日卯刻在漢

口上三十里被游勇擄劫 賊氣已盡 勇禍潮滋 勢有必然 亟宜籌備整頓

正未可視為已治之世也 年皓生太守 謂以疏濬黃州玉帶河為言

擇示陸樹蕃署

興國州傅請代理

隨州張見列武昌

[illegible]任

河在黄州城外江水環抱既利商民亦資防衛洵為地方有益
之事當設法舉辦以成其志焉 接蔺士香信言本月初六日滎澤口第十一堡河堤潰決大溜直趨東南由中牟通許扶溝太康直抵安徽亳州等語何皖豫三省受災無已時也
十九日陰雨 松茂亭辭赴施南府任方菊人辭赴京引見均久談乃去
鍾雲卿及漢陽令面談并報言姜營餉銀搶案已先後拿獲盜
匪三名起出贓銀三千七百兩供出黨羽全是湖南長沙人現在趕緊嚴拿
等語此案辦理尚屬得手倘得賊贓全獲庶幾足以示懲矣 接調甫
初九日信報蘭清也 擬上譚竹崖大司空書并謝鴻壽禮論重餉搭解制錢事
二十日雨 卯正南院衙參論資遣湘勇護解回籍事 傅雅三陸松譜均謝委傅古
樸陔穩重均可有益地方也 史文圃來商移運甘餉事 擬上沈經笙師書附胡文忠公全集兵畧
借抱軒集

膠西姚振玉署事
湘西史宋家室署
巴東西史

二十一日晴 午前見客 午後作慕筆信 姜清臣辭赴双溝行 燈下作
鶴山書
二十二日晴 府廳堂期 見三十餘人 并勒玉階先後來談 作修伯雁（及金寶兩謝稟）
湖衛峯書 并姑魯所書 各處謝信 均畢 交蜀人帶京 竟
日料理京信 陸續又有客至 頗形繁冗
二十三日晴 卯正護院 衛來本日起（天氣熱涼）官廳外前備飯 送蜀人行 晤回
署見客 午後微覺頭疼 料理積牘
二十四日晴 早起見客 授陳洋領隊法國都司馬宣講譯官雷樂存事
見蜀吃點心 後小泉自蘄水查辦鬮宣回省（來見知述）辦理頗有把握 自是

老手孫補堂自鍾祥卸事回省極言鍾邑地方積弊情形 福海 作彥
傳信附各處謝信仍交蜀人帶寄
二十五日晴 卯刻南院衙參 飯後送姜清臣行 即回署 自前月
椎來商見賑局事 上曾李左三爵帥書 請申雪雲免其指銷之議
囑相候擬稿酌定繕申
二十六日晴 早起見客 並辦本商件 徐海年觀察來 托書院事 訪譜
香從錢多日未拜客 一氣了之 查楚耕廉訪丈京山人 偕來為春事 請捐田創建
書院并置義莊家塾事 意在請其詳奏之 當以查例速示許之 午後出題 蓮甫胞侄
料理賀節寄信各件 汪瘦梅水部鴻逵回籍過此來晤

牌示陳光業署德
安日知文齡先到省
盛振任蘄州判徐樹
櫻升漢陽州同楊
大齡補宜經歷
吳勳〻補武經歷
年毓桂補監利分
鹽巡檢

二十七日晴 州縣堂期見五十餘人 金子梅來晤 未刻約譜翁赴 兩院
回事 均久坐 回寓者已上燈矣
二十八日晴 卯刻護院衙參 飯後回署 見客 上李筱荃中丞書
附賀節稟 遞 料理積牘 若曲晨來夜談 并商公事
二十九日陰 午前見客 午後拜臻蘭谷 金子梅兩觀察 并至糧道署 糧
署 晤雪帆 陳甘 後路糧台各處 酉正回署
八月初一日陰 卯初武廟行香 恭謁文廟 隨班行禮 回署見客 午後料
理積牘 見七月二十日催直隸協餉廷寄 知曾中堂調任直隸 總督
初二日陰 晨和雲卿來 詢知江水漸退 甚慰 兼旬盛漲 頗以為慮也 午前

陸傳見客 下午德安府振仁齋太守麟 到省來見 詳詢所屬情形
内子出門拜子梅夫人
初三日晴 文廟秋祭寅初敬謹恭詣 随同 兩院 敬謹行礼照章
分獻東配 礼明樂備成礼而退 桐侯挈諸君 鏞兒均往觀焉 辰初回署
小憩 午後料理節信 上左宮保書（交吴蔭辰附多中公文發遞）賀加宮太保銜 并録前寄恐前次驛
遞有誤也（閱邸抄七月望後入覲） 鄂制軍奉 閱視營伍之命擬於下旬起節
初四日晴 祭社稷壇寅正出保安門恭詣壇所随同 制憲行礼回日燈
神祇壇照章由撫憲主祭司道均分班陪祭辰初回署見客 陸舜
甫回湘 李廣侯内姪信 吴少齋表棣自嘉定來 致調甫書

牌示 穀城典史汪鑑
南漳典史王錫齡
雲夢典史蔡文蔚
均到任

牌示 何岱補先到
咸豐典史任

牌示 潘彥功署荊
门州

初五日晴 赴院先衙參（武昌府）午前見客 午後出门會振仁齋話譜 竹山協唐占鰲階來晤 拜

香商件久坐 晚酌汪瘦梅 適天城進省 即邀入座 飛千作陪

敘與天城談地方情形

初六日晴 秋祭文帝 寅初恭诣隨同兩院行禮 並陪襄陽英霽卿信

言蔡連秀多奉諭逐後案拿要犯 歸途拜客 振仁齋辭回德安

沈年才自天门拿案白者鉤兄（沈古了洪案内之董量楚材等） 飛千請廣侯邀陪

初七日晴 午前見客 赴剡诣護院商件 晚酌廣侯少齋

初八日雨（下午） 護院衙參 制軍來晤（言） 定於二十六日（出省）起程閱兵 先黄州 次德安

襄陽 鄖陽 荊門州 宜昌 荊州 并商一切宜晚 約子城談

初九日雨　是日晏起　巳刻赴軍需局偕玉階核定圍防保案清單　人數過多　竭一日之力頗以為累　傍晚回署　江水秋漲甚於伏汛　連日風雨　恐堤工未能一律保固　深以為慮也

初十日晴　南院衙參　回署見客　雲卿仲耦均來商件　歸途答拜子城

十一日雨　諸客來談　向壽山百福參戎由麻城進省來見　久坐　其人矯勇樸僿　駐守麻邑有年　兵民相安　峻磬磬哉　道是武員中之出色當行者　子城來夜談

十二日晴　分祭火神　卯初恭詣行禮　回署後心齋玉階小坪先後來　均以祭祀下未迎　未刻赴護院商件　答拜向壽山未晤

牌示路步衢到
天门典史任龚諸
純到會尋巡檢
任
牌示樊國輔到
應城典史任
牌示貝永錕署鍾
祥縣丞

十三日雨 武廟秋祭寅正恭詣隨同 兩院行禮辰正回署午後子梅來談
料理積牘 夜雨甚猛
十四日晴 巳刻詣護院商件申刻護院來先期賀節也劉幹臣談
回省來晤 接蔣亦瀨信 接琳果七月廿五日信劉申甫帶來
十五日晴 寅正先詣文廟行文分香即至武廟隨同 兩院行香辰初
赴兩院賀節 文武寅屬均在南院公廨彼此來往道賀巳初回署
徧拜親朋畢恭敬 慈闈節禧午刻祀先敬謹行禮未申間小憩晚
酌園署戚友并邵小晋王湘笙諸君亥刻紫橋携一僕至臬署登
山看月心齋並聃玉階蒼堂諸君先後至江天一色爽氣涵空主人

牌示文浚美調署漢陽府未到任以前伍繼勛暫行代理劉馨署安陸府

牌示陳嘉謨署黄州府經歷

具小酌促坐暢談，鐵於樂而忘返，回署已丑初矣。本署二門外舊有石獅二只，兩邊者擊之作鐘磬聲，俗傳於中秋夜摸之求子最驗，自初更後遊人往來不絕也，亦不知始自何年也。

十六日晴 早起見客 仍請者赴兩院呈回各件 未初回署料理積牘

子泉、子城均謝保舉 護院本摺明保，仍（○○旨送部引見）保案共州縣七人 黄蘭臣 武度 潘堯臣 彥傳 寄子城 昰廣 傳雅三詩至子泉 庭楨 恆獻之 保謝藻浦蘭

十七日晴 州縣堂期 見六十餘人 承保弟以隨州竹枝詞見示（并述水流夫豈之說地方官宜與居之上） 竟日見客終者，徐季蘇盛 繹弟斷 沈子承由東到鄂 暢談 意將作出山計 共尋靜遠堂制（具甫先生之進學門生）迎

牌示王臣鄉署歸州

十八日晴 制軍奉 命大閱 本日先校武漢各營（咨撫城守漢陽各標）黎明前詣 大校場恭候 監（辰初升座）（於月前州縣酌給薪糧）

例行堂參禮 穿花衣（護院飭閱）上年由省標挑練操防兵千名至今如前訓練（譚敬翁在鄂時曾在）

隊伍較前可觀 午正閱畢 回署見客 申刻小憩 接子松信 七月二十發

十九日晴 竟日見客 曾沅浦宮保寄贈方望溪先生集兩部 文章軌範十部

交袁廣妹大令帶來 廣妹自贈國朝先正事略一部（李次青廉訪元度纂輯）計兩套 岳陽樓記（張文端公書）

石刻一種 奉到督憲奏委代籌札（回署商起節度應行辦理各件）

二十日晴微雨 卯刻南院衙參 飯後偕譜香赴藩院商件 回署見客

沈子承移榻署中

二十一日晴 卯刻赴黃鶴樓秋祭胡文忠公 偕同人渡江至漢 回署雲

卿留飯饌甚精美（共兩席）飯後至贈銷局晤程尚齋丁外艱并申奠唁

送黄冠北行答拜查耕楚鹿盧訪過漢江至晴川閣日人小集凝眸遠眺

爽氣撲人申刻歸棹進城已傍晚矣　子斌来夜談

二十七日陰　巳刻步謁金子梅訂定崇文書局一席月修百金順道拜客

午刻赴文昌宫公餞鄗遠堂制軍　小宋護院亦在主人之列自司道

以及首府縣共四席申初入座戌正散　遠翁舉止談論悉

出自然毫無官場拘束之態由學養深也相對之餘令人穆然躍躍

子斌来夜談（夜微雨）　定設局資遣散勇之議

二十八日陰　巳初赴南北院回石並請示制軍出看後應行商加查

牌示李權宸署
大冶典史仇哲曾
署潛江典史

回署見客 申刻小憩 料理積牘 定裁減通省門釐之議
二十四日雨 竟日見客 譚翁来商件 會同鹽道詳准酌提釐金錢四萬串 委員赴湖南買穀 以儆有城壁備倉以資儲蓄 截至現在止實存穀八萬餘石
二十五日竟日大雨 卯刻南院衙參 子梅来談 論及出省後應办之件 部制軍来辭行 上潭竹
屢大題書 致鶴山信 均交飭員往筱泉太守帶京 暢達
二十六日午前雨 午後陰 巳刻詣護院商件 即赴南院送行 并与陽提譚翁 仍出城至皇華館
候送 申刻回署 是日制軍登舟 以北風稍緊未渡江 仍泊鮎魚套
二十七日晴 早起出門賀世卿玉階汐花翎喜 詢歷仙病 就寢室視之
清癯益甚 脚軟類痿 頗有可慮也 順道拜客 事旋回署 護院以審錄

牌示杜政衡調署
江陵龍灣巡檢

武昌縣民程及詳京控壘誣一案，供多翻異，邀同譜香偕往隨審，至
則已由發審委員張令開導明白，情願畫供矣，此案本無疑義，無須
過爲推求也。錄案畢，留談久之，回署已傍晚矣。是日起替浣送月公多代判
二十八日雨。辰初，護浣衔參，歸途拜客，申刻赴至陝甘粮台與岩曲辰商件
席設月寓
即赴月樵、白公約之招，同席丁梅心、齊譜香並船，饌甚精美，亥刻
大風雨，回署，悍多細矣。
二十九日晴。竟日見客，申刻會拜蓉南、若觀、登之，即赴鹽署，偕譜心、芷三
君公請少坪，將赴宜昌襄辦川鹽局務也。亥正回署。
三十日陰。午前見客，雲卿並助月樵先後來晤，未刻赴督署，晤荊廟高补

堂并訪魏向青順道送小坪行並拜鳳希文傍晚回署 移行各道

府題亦本年 大計 并加函

九月初一日晴 卯初先詣武廟行香後恭詣文廟隨同護院行禮回

署見客午後小憩晚敬祀先大夫畫像明日乃七旬冥壽也慨音容之久

邈恨祿養之未能追溯遺徽思慕如何能已 本日起停收省城及漢

鎮門面釐金

初二日晴 敬謹祀先 在署戚友均詣行禮請假一日不見客早備麵

晚設三席如生壽然 署外均無知者 先期密之 恐擾寅僚也

初三日晴 卯正詣院衙叅賀商雲廷燮多因接有曹侯來信也午刻回

署見客 晚酌子承 發部制軍電稟請留唐時雍暫緩回籍 司道聯銜

初四日晴 午前後均見客 傍晚小憩 近日頗覺湿滯 神氣欠爽

初五日晴 早霎卿来 午刻彭子蕃何芷舠先後来 廣東庶常潘

衍桐来拜 出示五藏録乃新著也 晤會客 至申初始飯 作淋帯信托贛税司寄 塞丞段

仁勝忠義两軍并黄州府為建軍乃也

初六日雨 午前見客 未刻詣護院商件 久坐 後作淋帯信 交觀侯

表舅塔氏帶 并寄錫碗一套大小各四 銀耳一觔 時適解衛錢赴津也

初七日雨 州縣堂期 見六十餘人 接嘉定信 知添置張家栅程宅房一

所計價四百五十千 現在修理 以自李君移 加以修理 約需三千

初八日大風雨并 辰初詣護院衛參 飯後回署 以護院手函交閻曾相来洛堂

議遣撤雲建軍事當將應行辦理情形稟陳大概（先行）即知會譜心並玉

諸君明早赴院會商一切 帶制軍稟 譜玉會銜先述分詢各營事

重陽節午前雨後陰 辰刻約（借）同人詣護院商撤雲建營事回署見客

曹穎生（樹鐘）函來語托伊子起服事承致忠義仁勝兩軍並通飭

黃漢所屬各州縣嚴加整備緣雲建軍習氣太重此次全行遣撤

不得不嚴為之防也 並約借阜署山亭約同人作登高之會 申刻

赴之 共兩席 饌甚豐美（日本碟の擬盤八大碗一品鍋）一變尋常俗套 譜青為之料理也 亥刻

始散 致雲卿函 為籌款墊發雲建營欠餉也

初十日陰微晴 早起見客（雲卿來商件）午後小宋護院來晤談 內會拜曹穎翁

並順道拜客 作陸舟甫信即遞 發制軍稟 述籌備霆營遣撤事

十一日陰雨 竟日見客 李升回鄂 再作舟甫、蔚庭信 并寄螃蠏四千枚

十二日晴 巳刻詣護院商件 府廳堂期見三十餘人 午後 唐義渠方伯來 沈厚存血性 晤由直隸罕

營請假回湖北 即往答拜未值 子承動身赴滬 竟日無暇未得刻閒

十三日晴 辰初詣護院衙參 商遣撤霆營事 飯後回署見客 陂彥伯吉人 鶴山公信 藤子重

大令 元樞 辭館所需也 本日無暇如昨

十四日晴 均州牧薛文光調省來見 李子云軍門奉調 移防 漢口 副有旗設赴

軍營事照料撤營事 陳仲耦由新寧來見 歷言寧務情形 并交代為

難之處 劉馨室固非常人也

十五日晴 卯刻文廟行香恭詣武廟隨同護院行禮 請唐義渠方伯

晤談回署見客 金逸亭觀察國琛自江西來省晤 曾任襄陽道

於署西廳有學也 未正赴臬署偕同人公請唐義翁山亭看月（席間暢談）亥正始

散

十六日晴 午前見客 劉章侯步騆委赴漢黃德三郡查勘團練並隨查

看黃州王撫河應召開疏來見 與之深談 其人古樸渾厚真鄧遠堂制軍（術之今人不可多得）

所謂夏鼎商彝也 午後料理積牘 致嵗變振書

十七日晴 州縣當期見六十餘人 唐義翁來辭行晤即出城送之小

坐護院來商件 以衡峯八月廿六信言左季副高大略 霆營遣撤多

加有端倪惟催船甚急叩令别派员迅速前往料理
十六日晴 辰刻护院衔条回署见客 程稚蘅夫人扶柩到鄂 拟接至
署中暂住 柩寄城外庙宇觅便再行送回嘉定 接李熙蔚庭信
十九日晴 金逸亭观察来 者 补颂多钧多陆子寿观察傅应自湘回鄂
州兵错过账事 昨奏有姓名所由 一见粤匪 询不虚也 何北卿与鄂保匡为撤营乃大有
口舌 武毅挥拳 正 赴护院商办此事 会子华之营已撤 须续撤巴河之营 伊鄂既经决裂不得不另行派员接办也
商接蕲水徐方才六百里 廿日 假期 贺 钉封票函知英山 满缘陆三木匠等句通蕲邑教匪
并自新股数谋逆现屯蕲州之三角山 山高于锦里 并有伪年甚猖悖 已有之甘往接情形请兵剿办 当即商
调红胜忠义等营驰往剿捕 随至军需局 会同谭香王陈希文诸君安筹

一切回署已傍晚 劉幹臣軍門來午商要人 飛請進省 即與商定進止機宜 護院復以與曾鄧軍門擬屬商（李軍門文益已率所部營馳剿三角山土匪 撤營之議更不得不商由變通之法）恐允竟日 劉未多間

二十日晴 譚香垣卿 張子織萬石臣 黃虞卿 何淡辭免役來接待方千信（小嵩刻發）言三角山土匪已經該縣會營派團撲滅 擒獲偽王鴻義和等十一人 搜出偽印數十顆及偽詔 龍袍 方巾 玉帶 旗幟等件 辦理尚稱妥速 即赴 護院商定 仍令劉幹臣帶馬步二營前往皖豫交界地方搜捕彈壓 以絕根株（并與樹道撤霆營多）史霆黃遂撤 又宜與鄧軍門妥速辦理 出城會拜陸子壽 未值 赴張子織水營畧坐 訪金逸亭 亦未晤 復振鄴書

二十一日晴 午前見客 曾四先生國潢赴金陵過此來晤 極有氣魄 應小庶

陴云於陴州巡檢員
吉暉署

常魏鄉文來拜，合肥隹以帶霆軍四營勇丁昨今陸續上行，甚屬安靜

接曾侯復書，請英提銷一節，書信所論，甚肯上陽

二十二日晴。府廳堂期見二十餘人（本日起分兩班，府廳縣同）。玉階來商件。午後料理積牘，申刻請

陸子俊、金逸亭兩觀察，約玉階作陪，席間逸翁歷述從前辦理軍務情

形，於李忠武、續賓二公之死之事，言之尤詳（矣），蓋子俊親歷也。逸亭善用兵人

尤磊落無疑，氣洵偉才也

二十三日陰雨。卯正謁護院衛恭司署（三品以為），正席潘曉園先生景暉，申五刻回

正慶卯晚，請延祝三、亮生、姚魯諸君作陪

二十四日陰。午前見客，未刻偕譜香出望山門，晤唐時雍，并備筵

申奠，萬孜挽留之意。奏多事已，襄防未可稍懈，萬勿以刀店散勇諸待

牌示孔瀧巡檢並
宜代理

懲治時雖一筆擬辦理地方多最熟相宜於襄樊人情尤為浹洽故援金華毋避之義以留之也
進城順道拜客晚宿雅其下傍往晤親友賞菊盡歡而散
二十五日陰　早雲卿來商件　全送多來為補銷欠餉　多年後赴署書
巻與玉階商件　讀書心爲並函三君公請陸子俊全送亭兩觀察邀
往作陪　未正赴之　戌刻散　仍集山亭看菊　稚衡夫人扶櫬回南着人
送至漢口　妹魯親往照料　伊為陸元一路小心伺候
二十六日雨　卯刻赴黃鶴樓　辰刻豎柱偕同人行礼　畢　山樓小憩　頗豁心
目　祝潘曉園五十壽　并拜黃虎卿生日　護院亦拜壽　值　文卅巖卸安陸府事到
省來見　言定於二十七日接漢陽府事　午後擬赴護院商件　阻雨未果

牌示沈兆元代理天津縣，尹文翰到来鳳任

即函啟一切 接彥侍九月初四信

二十七日霽 州縣堂期見三十餘人 偕譜香詣護院回件

二十八日晴 護院免衙參 早起見客 莊卿来談 午刻赴譜香招約

同人登高玩菊地暢叙竟日 傍晚回署 陸子誠書 嘉定諸子拒来

二十九日晴 早起見客 午刻赴牙釐局 偕白英文日推商定裁撤各

分局卡即留午膳 歸遂拜客 伍次蘇恨獻之来 接張伯信九月初一

十月初一日晴 卯刻恭詣文廟隨同護院行香 後步詣武廟行分香制

軍生日 偕同人詣署申祝 回署見客 孟冬祀先敬謹行禮 至晚客来

不斷 若曲晨来夜談

初二日雨　辰初赴晴川書院護院課士也　曹南生協戎（鍇森）自巴河來　言遣撤霆營事甚悉　代護院擬札漢關道英領事文為省城買地建堂事

初三日陰　卯刻護院衙參　飯後回署見客　至申初始畢　景介甫（由九江來）送磁器兩席

初四日午前晴　午後雨　巳初偕玉階詣護院商金逸亭補餉事　拜左子重（壬戌）孝廉孝威　恪靖之長子也　年二十三　秀偉絕倫　真非凡品　送陸子綬觀察行　訪王夢松　均少坐　歸途拜客　曾南生副戎來　因霆營鄧曹諸君彼此各有首尾　糧餉不清　將次遣歸　意見甚為不協　擬為排解之　雨生固是誠樸人也　三鼓渡江至琴舟寓

初五日陰　自辰至未客來不絕（左子重來拜）　赴護院約宴　商閱防條案也　晚

牌示陳進署襄陽同知張之淵署棗陽縣

牌示江夏縣丞吴晋恩補

請左子重邀吴曲辰作陪暢談子重少年英偉之氣溢於眉宇真（俊成）議論亦極有見地絕

無世家習氣不愧名父之子令人健羨

初六日陰 上祠謁香伯赴護院商蘄水教匪案送唐時雍行奉兩

院奏留仍回襄陽駐防也（以費力亦各屬刁悍國戶為主）回署見客自午至申 絡繹不斷匆匆一飯

頗覺喫力

初七日霽 早雲卿來談午後鹽稅務司來 作制軍書 三妹自漢回署

諸子耘回嘉

初八日陰 午前見客午後至軍需局與玉階談訪心齋（吴幼堂拜）鄭友仁胡月

樵均晤

初九日大風雨 早並舠來赴護院商件回署見客申刻赴臬署偕同人公請何薛如夫人 瑄 小米之夫人弟由蜀川來赴京引見也亥初回署

初十日晴 慈禧皇太后萬壽 寅正恭詣萬壽宮隨同護院行慶賀禮 連日風雨至本日卯初天氣晴明風平雲散（陰霾消）洵嘉瑞也辰初回署晚餞齋

復伯文 接嘉定信

十一日晴 寄復田叔伯文回嘉恆岩昨接家信以夫人患肝氣甚劇（接琳甥九月廿六廿七兩信提及撫約多人極言之兒謹飭而英華外露早處世不永年也）從伊回里亦附輪同行也 並舠來談傳聞彭次卿病殁惜之

十二日晴 午刻黃鶴樓上樑隨同護院行禮至撫署會拜同鄉葉

達甫鄂郎慶垣晤談達甫杭人生長於蜀才情恣肆倜儻不凡

年三十三小宋之姻姪也 瞿經孳自陝西來鄂接兩辰信

十三日晴 祝恒獻之太夫人壽 會拜戶部小京官陸筆舫（羅田人）鏞寓蔘荳處

訪譜翁久坐知其太夫人老病甚劇心竊憂之

十四日晴 早起見客出門拜瞿經孳未值訪虎卿晤談午後審錄

荊州民人李慎公案複一案申刻偕譜香公請葉達甫鄂郎

邀金子梅何白翁兩觀察作陪席間暢談

十五日陰 文武廟行香竟日見客殊覺應接不遑晚酬瞿經孳

接制軍初二均州發土鍾祥發兩書

牌示海齡署崔家
墩巡檢、馬口巡檢魏
列賢到任
牌示唐詡邦補岐亭
同知熊文㬎補施南
同知鄭慶華補麻
城縣、張苐四署咸寧
典史龔芳澄署左
旗營巡檢

十六日晴 自巳至申客來不絶（每三一飯怱迫逾常）累甚 出门送羅忠祐中村行 惇挈眷回宿
松岑、錯邊至陝公與蓍、翁設 接署陝撫劉克菴中丞行知 以籍遊辦理粮台
保奏奉〇〇旨（八月十四日）交部從優議叙 接孫燮臣信 提旋南張太守多
十七日晴 州縣堂期見五十餘人 午後出门拜客 晤劉馨室、鄧保臣、曹雨生
至督署晤同高朴堂 回署已傍晚矣
十八日微陰 蕭護院衛參 奠沈竹秋先生并唁嗣竹 偕同人赴育嬰堂查驗
嬰孩 并詢辦理章程 尚有條理 首士王姓亦頗老成敦厚 有人言該堂辦理
未協 似不足信 回署見客 吳木齋世兄、鄧厚宇到鄂來見 為麻城指穀
事也 接潤甫亦樹信

十九日陰大風 午前見客 四國謝香心齋璧諸同人以余生辰作頌祝之局

席設是日者辭不獲已申刻赴之盡歡而散

二十日晴 竟日謝客料理積牘 外官俗套例於生辰前一日到門

謁之預祝 後亦樹信

二十一日晴 三十九歲生辰寅僚見賀概未敢當惟就在署親友及同鄉

諸君備麪數席而已 晚設三席 內外諸務均係壹闈親為酬

定并照料一切竟日未得片閒精神矍鑠毫不見勞深可喜也

二十二日晴 午前出門謝步山後均遍午後見客 妾直牧任次蘇繼勳接

護越南貢使以慎持大体 囑之 晚餞程蓉舫原字 接蔚庭信

二十三日晴 護院衙参 飯後回署見客申刻赴臬署會審蘄州教匪馮

和義、姜謀反未成一案，亥初始散

二十四日晴 早起見客午初仍赴臬署會審作案研鞫竟日有未訊供生而

不得之慨 申正回署 瞿京之回陝西 林魯送之渡江

二十五日晴 早起見客午初偕譜翁詣護院商辦會審一案回署午飯後璋

蘭谷金逸亭來晤申初出門謝山前客傍晚回署逸亭將赴長沙

往送未值 暮曲辰來談言恪靖近日頗有驕志左右舊人星散恐非西事之福

二十六日晴 巳刻譜香來商件竟日見客 雲卿五階白翁先後來

晤 接嘉定信

二十七日陰　蘄水教匪諶友一案先將情罪確鑿之馮和慕朱乃順王合先吳四強盜（均凌遲）（息言）
李祖崇五名（均斬決）詳請按律嚴辦辰刻偕講香詣護院隨同堂審後恭請
王命分別處治餘犯俟巨惡陸三木匠（蘄水續獲）解到再行研訊午初回署見客料理
積牘　作振夔子城書
二十八日陰　護院衛參飯後順道拜客天氣漸寒日晷甚短此後堂期
擬不備飯矣　作旭人書并附道德經一部連前兩部　濟大五之一
二十九日陰　年前拜客赴軍需局商件一擬通籌出入大概情
形具詳請奏一擬明年陸營餉項仿照淮軍章程開放九
關餉以銀票找給　本局便飯偕玉階芷舠設訪金子梅暨申

刻回署 作彥侍若箋書各附之竿寄存預備消寒之用

三十日陰 午前見客 午後料理積牘

十一月初一日晴 文武廟行香 黃王知制軍自荊州回節已抵漢口 偕漢香心齋並舸渡江晋謁 歷陳出省後一切辦理情形 回省已上燈矣

初二日晴 巳刻偕 譜香渡江謁 制軍 蒙諭沿途察看情形 訪雲卿即留便飯設饌有加深未免過費 午後至漢陽拜客 在府署少坐 申正渡江回署 晤藝舫謁人信時官山東濟南府運使銜候補用道 不通問廿有年矣

初三日晴 護院衙參 本日起停止便飯 回署見客 午後料理積牘

初四日晴　午前客来络绎　申刻道心斋加布政使衔嘉洋馆队保案
奉部议准也飛子以知县分发特旨以道员候分发加提举衔仍令补交
三班银两　复子城书

初五日晴　诣护院商件　会拜曹颖翁令兄芳溪由河南道升同知新升
浙江台州府　回署见客　芷舫来谈

初六日晴　辰正出城（制军自黄州巡阅回省）至长春观恭候护院以下咸集午正制军到叙茶毕偕
同寅属诣署㧞谒　申刻回署

初七日阴微雨　早起诣制军　陈明出省后办理一切事宜　回署见客　傍晚
刘幹臣军门来谈　与商开化营事　晚祀先（嘉定俗例于冬至前一日晚间祭祀谓之冬夜　正日谓之冬朝）

譯興國州吏目任慕植到任 金口巡檢杜紹著到任 通山典史丁元熙到任

初八日晴 長至節 寅正入簾詣萬壽宮隨同兩院行朝賀禮退班後
先後詣兩院賀喜 巳正回署 心齋來晤 遂恆獻之大令來商備接
待越南貢使事 閱會典嘉慶七年農耐國長阮福映與安南構兵滅
之，款關內附，乞賜國號，封為越南國王
初九日晴 制軍來論新關交代事甚遲 沿途因見年前見客未到 詣護院
商件 順道訪芷舫少坐 富臻蘭谷睦儔 晚回署 虎卿以蟬蠔見貺 食
之味甚鮮
初十日陰 南院衙參 散後拜客回署 客來絡繹 至申正始畢 會拜劉
韓臣少坐 赴心齋招 以保加布政使銜并賞花翎宴賀客也
十一日陰 夜雨 早間擬赴南院 客阻未果 小宋護院來晤談 作雨辰書

7

十二日丙寅　府廳堂期，見三十餘人。午後訪白英，未談。申刻赴臬署會審

蕲水教匪一案，鍾陸等本應斬二十人，其情節較重比，擬斬十二人，兩首府另加駱類四、康

化銀兩名。駱係日久與謀，臨期約人，罪無可恕；康則隨同擁擄，並非

脅從也。研鞫再三，毫無疑義，當即畢，已子初矣。回署之甚

十三日陰　讀書心齋並冊希文　謁院衙，參會拜朱程泉觀察，偕同人談軍需局，會商荊襄兩

河將設經制水師，荊河擬設游擊營一、都司營二，襄河擬設副將營一、參

將營一、游擊營二，均仿照新設長江水師章程，長江無都司，而荊襄有之

變通也。議定後屬僚幼若大令擬稿具詳。又戶部奏令各省核發全出　及附留貫設防情形

入大數，預備撥充雲貴陝甘軍餉，擬將鄂中出入要出通盤籌畫遞繳

言之貝人均以為然此稿（擬）撥兄月擬也申初四刻料理積牘詳請候撤 八月設秋汛盤張
各處間有被淹
江夏等 州縣本年應徵錢糧計正銀十四萬五千餘兩
十四日雨 請假一日料理年節事信手致彥侍書并致厚菴鶴山諸君
公函論湖北餉多并防兵未能全撤情形
十五日雪 卯正冒雪詣文廟行香後即詣武廟隨同兩院行禮擬拜客 傍晚雪霽
阻雪未果 發京信 元旦賀摺并附 課載董羅全 文寶沈李 稟十件 并彥侍吉人厚菴并鶴山信各一 又公信一
衡峯信一交撫院摺弁帶 蜀人行多見（回）信帶去 經歸鶴山日記
彥侍名鑑各信
十六日陰 辰正偕譜香詣南院隨同堂審蘄水教匪一案正法十 擇其情罪較重者

牌示宜昌府經歷楊大齡先行到任

四人陸三木匠凌逢夏王學王炳元幹集餘俱於決歸途拜客蜀
人太守李晤田詢鄰口大畧 崇李中寧多侯補知州胡承組前往
請于何時抵鄂 安慶 接譚仲蔚書亦蜀人帶來
十五日晴 州縣堂期見四十餘人 江蘇解餉委員候補府崔文煥來見安
徽太平人氣息頗純靜 曾四先生國潢自金陵回湘來晤意極殷拳贈
以瓷器兩種 龔二嫂 茶腿四肘 午後虎卿朴菴同見 言兩首邑多自昨晚起頭疼耳
脹牙痛同時並作日間微覺發熱令幬笙開發散方服之
十六日晴 護院衙參歸途訪張鹿仙龔子蕃兩觀察均晤談感冒稍
輕惟耳鳴殊甚仍服幬笙方 蔣之純觀察寄贈淳化閣帖全冊 據稱甘肅原搨

牌示郧县陈汝松赴任
石首县程瑞年调
署光化县黄樹南
署理安陆县张梓
调署
牌示黄州府经历高文植
补沔阳巡检姚兆棠补多
云巡检方霖补咸宁典
史崔炳补黄梅典史冯
树棠补
牌示崇阳县彭燮
署理按司狱诸淦
补郧西典史韩锦补
恩施典史廖钧补
来凤典史冯光燿补

九日晴 巳刻约谒香帅赴南院禀商多件 回署见客 接荆州道府县
公函言军府将诱跋同南衙辉教逐拟就城中织之光怪离奇阅之可骇 军幕徐
相生者少有才而人品心术甚坏 此种举动均伊策也 荆道以下无不慊之
接宋雪翁闰初书并补送寿幛一幅 李茶两枝 又接吉人八月芳书 来书以未及赶上闰月
均馀杭户部七品京官吴仲饴樊来 翰林黄贞元来拜 李春野生為人書到寿屏 十二送寿幛寿联一副 情意可感 千里见贻
二十日晴 南院衙参 偕谒香帅 北院商件 祝芷舫太夫人寿 回署见客
日在上灯始毕 彭子嘉来久谈 翰林陈启泰来拜
二十一日晴 畀云卿来谈 本刻以前客甚多 有汪元祖者冒充前任长洲人 自言
陕西商州直隶州具手版来谒 以称自李西将帅大營来 语涉招摇 面加究

諸謊情畢露擬交江夏究办憐其年老衰求從寬釋之亦可覽人情之
变幻矣 內黃雉北訃惜之
二十二日晴 府廳堂期見三十餘人出門拜客仲耦断絃後發視往唁下焉 接兩侯信由陸大令國棟
護院来設 正艄招集中正赴之 亥初回署 帶来并寄存俸餘兩千
二十三日晴 護院衙參回署見客周立菴太守之炳鑑 [redacted]兩公の峴储 三順緒師来見三厚字四敬
英發流寓在楚立翁旅櫬未歸甚可矜也擬俟明春醵資助之
二十四日晴 早起見客賀月樵娶媳喜即留便飯并看新房 彭子蕃贄
婚並賀之 前漢留翰林府劉廷鏜奉李爵相文赴鄂催餉丁未廣東意在
別有所圖焉

擲西李希菴代理
蘄州之判

二十五日晴南院衛參政信譜香赴北院商件四兩見答菊人李勝委
赴蘄州勘办毛墙工光提工也河南辛亥月年田書年以上李卯用今嵩貴
州踐捉官兩子裕衛奉其母及妹回籍過此窘不成行醵資助之附後
振鄉書
二十六日陰午前見客庚仙來晤月樵松飲赴之共兩席申刻散後甚疲乏即就寢
廿七日晴越南貢使到省陪臣黎峻阮思僴黃竝差人內通了持紅箋來拜上書越
黎峻翰林直學士三品阮思僴鴻臚寺卿正四品黃竝翰林院侍讀從四
南越南國陪臣黎某等拜稟天朝湖北承宣布政使司布政使王大人台閣
下斗照茲者天閽遠叩漢水初臨徑黃鶴樓高不隔晴川之樹紅
蓮幕啟願依君子之風向若非遙登門爲幸共八行向例使臣到岸

其撫以下均差人持帖出城慰勞帖長一尺四五寸中書天朝某大夫某官某

人拜 護送官廣西候補道李和甫觀察均來拜安徽人極老練詢及沿途情形

一切及接待禮節言之頗詳 據稱由越南國都至鎮南關三十餘站進關後關外即越南界伏波銅柱

在島上刻銅柱倒交趾乃字樣故越南人時時培護之

三站至太平府又二十八站至桂林省該國亦有六省不過幅幀較小內西東都

尤卿外西巡撫藩臬府縣設官均與中國同又稱國王阮福時實係浙江人云

二十八日晴 巳刻赴南院稟商各件出城答拜護貢委員李和甫觀察

并隨行文武各官 前人赴荊州查提皓生赴荊門查參苟叩舉

申刻赴臬署借請香白英文昌雄諸君以請鄂穀武太守武昌

印遠翁荊署三長公子祝官浙江候補府人極深穩練達可羨也

亥初回署　擬防軍分別遣留詳請覆奏稿
二十九日晴　兩院賜越南貢使宴在南院後廳　皆換正座司道首府常豐再
至外在轅門外官
午後使臣座三本一西二均用矮座　皆換掛堂成導引堂帶同貢使自東角門
廳少候
進門肅揖日越南貢使進由東月台歷階至堂簷下行一跪三叩首禮皆
揖起立舉手禮畢　分兩旁向上立　皆揖傳通事至前令向使臣問國王好通
事傳語跪稟當謝　次問年歲好　次問一路辛苦否　均由通事傳語跪稟謝勞
畢即命入宴　儀門內演戲　通事持國王帖具禮呈兩院均璧不受　戲三易　使臣起立
謝宴　行一跪三叩首禮　導引官由西月台下帶出儀門　回外官廳　自使臣以下給賞
有差　是日筵宴有鑒於鹿鳴宴之亂雜　未入座先已混搶殊不成　乃因於轅門口

薇瑩橋班极多人　壽蘅入自牧西以後孔成頗覺整齊　據護貢李和甫觀
察云舞西湘南均整此整飭之年　客回署　鄒穀哉太守來辭行　旋南守張恬
少湖省來見　下午小憩　甚覺疲乏
三十日　陰　夜雨　辰刻預祝小宋護院封翁雲琅先生壽　回署見客　午後料
理積牘　申刻越南國貢使來見　公服執笏恭順逾常　詢以疆域官制科目等類答覆甚明晰　惜
天晚未及與之多談　擬通籌出入詳請畧復奏稿　聽候部撥協餉
十二月初一日　陰雨　恭詣文廟　武廟分香委江夏代　隨同赴院行香　護院未到　偕同人至北院賀
壽　晚偕譜香心齋三君公請李和甫觀察　子梅適來即留陪客席
間暢談　心齋言今日越南貢使往拜　與之筆談　問答語均極順遂明白

第一条向伊國年號倉稱下國遵奉天朝正朔惟號令於國中則稱
嗣德二字俾臣民易曉條二陪臣阮思僩執筆字體（行書）頗有信搆措詞
尤為得体遐陬之士重譯而來竟有此等筆墨可見聖教之漸被者廣也
初二日陰護院（長女）遣嫁借同人縣之並至男宅送親新郎係吳隆甫太守祖昌之（現官江西南昌府）
子也（已刻合）巹禮成後申刻酉散出城送吳和甫觀察並覿拜越南三貢使至
彭隆蓋鄧穀城太守回署見客午後小憩送越南貢使（各）檔冊一副
小雪四鄭外附時憲書十本（取正朔之義）兩院兩司兩道公贖李觀察元銀二百兩
初三日陰微雨雲卿來商件午前後均見客料理積牘
初四日晴赴兩院呈回各件核对各直省賀禀致南長書（復任劉條餘二數）

初五日陰 南院衙參歸途拜客回署後自巳至申客來絡繹 接丹甫
信即覆一函由胡萬昌信局寄
初六日陰午後雨 早起出門拜客至軍需局與丞階商定年內餉項并來
春分別留遣可宜即留便飯申初回署晚酌吳仲餘屠桐伯邀
誠氏吟柏作陪
初七日陰 州縣堂期見三十餘人 出城會拜譚蘭亭軍門王可陞鎮
軍并送劉馨室行 並與晉興譜香密商大計舉動員名全
並詳明暫緩 提龍星德住漢鎮後湖
逸亭觀察由湘回籍將歸江蘇也
初八日午前晴午後陰 竟日見客料理積牘

初九日陰 巳初譜香来即偕同詣北院叅商大計舉動事宜申刻

小宇護院以壽喜兩事宴客共三席 饌甚豐 回署已子初矣

初十日晴 南院衙叅 容陳大計事宜 林福人太守式恭赴貴州

銅仁府任過鄂来見 接硯詒信

十一日午前晴下午雨 竟日料理大計考核事宜 發嘉定信 戚友歲敬

上年稍有增減

十二日霽 府廳堂期見二十餘人 出門拜客 訪芷帆畧坐 午後白英丈

月樵来久談 藝局有事相商也

十三日晴 護院衙叅心齋因病請假 偕譜香詣之 回署見客 接胡譽如大令自

牌示沔陽州员缺以黄冈縣羅登瀛升補 鄖縣印務楊恩謹調署

牌示穀城典史朱

文彬署理

皖来信言李中堂准於正初坐輪船到鄂 二月初三為太夫人七旬正壽 擬在回署稱祝也

十四日晴 竟日見客并料理大計 易貢陳元自嘉定来 叢嘉定信并致雪葊 羞曲農来夜談 吴觀臣送古文辭類纂二套 墨緣堂帖四套各一部

十五日晴 文廟行香 恭詣武廟 随同兩院行禮 回署見客 譜秀来會同密封大計文件 眼同鈐印 寄丁申貴兩院詑 平三回南 接李中堂本月初八日復書 附手書一紙 論拓鎖事

十六日晴 蕭葊泉方伯丁太夫人憂 由蜀回籍 扶柩過此 出城唁之 謁制軍商定 拿先於年內移居新關公館 受卸後即須挪去也 並護院於新正初五前移歸藩署

牌示襄陽縣丞張
寔祥署理

制軍於初十前移居撫署以便騰出此署預備李中堂接任也訪鳳
希文商借協署西院一所緣新開公館不敷居住也料理積牘

十七日晴 州縣堂期見三十餘人 鄭泉來談滇事甚詳 詣護院商件料
理積牘

十八日雨 自巳至申 客來不絕 詣玉階商件 上燈回署 作嘉笙書並
附寄年節家信

十九日陰 午前見客 申刻詣護院邀往商件

二十日陰 午時封印 先赴 兩院謁賀 大計揭曉 舉州縣以上六員缺額一員 武昌府知府
黃昌輔 襄陽同知炳元 武昌通判李孫蕃 隨州知州潘亮功 調補

牌示發馬籠巡檢
許成傑署理

蘄水縣知縣徐兆英遠安縣知縣鄭燡林[illegible]教職佐雜三員如
欵宜城縣訓導易與趙天門縣縣丞楊光杰鍋底灣巡檢劉豫
奏劾六員不謹官黃安訓導全攀龍有疾官應城訓導劉焯才
力不及官南漳縣知縣陸佑建始縣知縣熊賓球浮躁官均州知州
薛文光麻城發馬籠巡檢王世德晚設席請園署幕友親戚共三席
二十一日晴偕白英文月樵詣護院商件即日赴牙釐局酌核三年
期滿擬請獎敘名單即留便飯未刻赴臬署聞譜翁太夫人
病中初四回署見客
二十二日陰雨竟日見客桐侯秋生好曾先移公館年皓外太守月

荆門查案回定錢糧隨銀長落之議

二十三日陰 立春 赴南北院賀春順道拜客連日料理移居多已有就緒内子

先往公館部署一切仍回署明日奉慈闈同往

二十四日陰 巳刻先赴公館薑闈即於午刻率眷屬移居房屋雖不

寬敞尚稱明爽家屬賀客均辭謝部署妥協後即於申刻回署之中祗

留生甫亮生潤生三人照料一切仍俟小宋護院搬回藩署再行讓出重庫

儲也○黄梅訓導陸兆慶者盛人壬子舉人伊母居氏於七月初四日在

籍病故該教職於八月二十二日始接閲訃丁憂當經飭查去後旋據黄州府

轉據黄梅縣申復係因寄信家丁中途患病以致聞訃遲延等因詳

報前來，隨書於此。孝感與黃梅祇數百里之隔，即使家人中途患病，

豈有遲至兼旬，家中絕不再通一音之理？其為藉詞捏飾，尚復何

疑？竊思視表乃人倫之大，教官為學校之師，以教官而敢於出此，

以舉人出身之教官而忍於出此，其他更何論焉！此事有關人心風俗，臨刊

躊躇。質有疑其不自安者，應即嚴行據實查參，誰無父母，

該守令如果視為尋常，意存瞻徇，於心安乎？據此由論，扶日從速之法，併於嚴

參也。一面札行漢陽府，嚴飭孝感縣密拿該教職家屬，嚴行審訊，並

將該教職仿照徵底根究，務得實情，通詳參辦，毋稍徇飾，一併查參。

二十五日，晴。著茂兒衙參，已刻借白兒月樵，未刻回，至公館料理歲事。

牌示長樂縣曲變
楊寶森署理

牌示嘉魚縣胡昌
銘調署應城唐
基甲到任通山張
炳元到任

萱闈連日要保以有不適仍請喻熙菴診視申刻回署見客清理積

牘

二十六日晴巳刻會白英文印同詣護院商件會並晤新選鹽道劉子誠雉峯觀察

到省步詣院酌沈仲馥沈子用邀瑤像作陪 若曲長並翎燈吸來設

鏞兒來署知萱闈精神漸好慰甚

二十七日晴會劉雉翁順道謝客至公館申刻回署

二十八日晴自辰至未客來未絕詣南北院回事至公館祀神晚飯

後回署 吳子儁西湘回浙見顧秉值

二十九日晴早起赴兩院辭歲回署後料理年事申刻至公館祀

先母　率眷属为　萱闱敂贺并侍晚膳杭俗谓之分岁戌刻

回署

己巳年

元旦雨寅正詣萬壽宮隨同兩院行朝賀禮并詣文武廟行香至南北院賀年午初回署僚屬咸來謁賀未初至公館爲萱闈敬賀敬謁祖先神像行禮畢侍萱闈早膳申正回署小憩晚與生甫澗生談

初二日晴山汲拜年悟心齋夢堂下午收拾箱頭雜件爲移寓計生甫亮生澗生均還居公館晚與幕友潘曉園談

初三日晴巳刻自藩署移至新開公館首府縣同來見午後部署一切

初四日晴辰刻赴臬署與同人會齊送護院移居嘉山并前拜年午

牌示簰洲巡檢胡澤翰調署嘉魚典史孫榮慶調署

收見客未出門

初五日 晴 同人以移寓見賀，即偕詣南院商制軍、閔視撫署，未見，渡江拜年，并會吳子儁、鄒敘洲兩觀察，均晤。後至漢鎮，汝垂郎城、朴菴留飯，饌甚精潔，酉初回省。

初六日 晴 同人集文昌宮公請兩院，共四席，演三名部，作竟日歡，子正回寓。

初七日 陰 大風 未出門，楨兒患驚風，旋即平復，若農來談。

初八日 晴 早起見客 護院來賀年，初赴文昌宮，偕同人公請首府縣并候補府，共五席，予初回寓，是日仍演三名部，所演諸劇頗有精神。

初九日 晴 早起見客，會拜范鶴笙同年，未值，府縣公請，仍集文昌宮

牌示林陽枝補襄陽吳鳳笙調棗陽傅詩補天门高佐廷署沔陽州余德銓回孔壠巡檢任鄭廷椿署蔡店巡檢任

廿四席子正散 擇其鄉邑稍好者給賞有差

初十日陰微雨 早起見客 午刻遠堂制軍移居撫署恭詣賀送 張香濤制使續姻喜事 初回寓 料理案牘 元旦摺差回 接彦侍十二月十七信

十一日晴 午前見客 未刻至臬署商件 即偕譜翁同詣護院久坐 回寓已晚

十二日晴 早起見客 出門詣護院商遣撤衛化二營事 即赴牙釐局余商酌 後偕譜香詣制軍呈閱回各件 歸遂會客 沈萃才大令自天门來 歷陳白沙堤工緊要情形 自宜籌款速之 程尚齋自皖來晤回鄂 接嘉石定信

十三日晴 竟日客來不斷 甚覺煩雜 午刻出城會拜水陸各營統領申

牌示漢陽府經歷
勞庭楨署理

刻偕諸委諸君閱看贍署布置毅向来周備時值新年為期又
追了想見首邑之為難也飛千將挈眷回嘉饑之振夔自荆州到
省 接盛九兄家信
十四日陰 午前見客 未刻詣藩護院請撥款接濟天門白沙灣堤工
并沙洋堤磯各工經費會商振夔 傍晚回寓 仍振夔便飯夜談
十五日晴 武廟行香 文廟行香 赴兩院賀節 發嘉定信 滙千二百元
十六日晴 辰刻江夏恒令自黄州接差回来見言爵閣督部堂李午前必到
巳刻出城赴皇華館偕同人接至武昌閣閤 随同兩院在皇華館
跪請聖安 未刻登舟謁見申初回寓 汝明兄六旬誕日稱觴祝之

十七日晴 李爵相船泊鮎魚套 辰刻赴行轅謁見 論飭多遵務甚詳 語及○○陛見一節 諄諄留止 未蒙允可 (爵相未拜未值) 午刻赴文昌宮節遠堂制軍為少荃爵相接風 邀往作陪也 席間論中外多言之鑿鑿 詞氣亦藹然可親 酉正回寓

(具稟請交卸藩篆 以照案中入都○陛見 屆時雍到首未夜後卯從全回裏料理撤勇事宜)

十八日晴 辰刻 李爵相進署 率同僚屬前詣謁賀 料理交代各件 申刻赴臬署 借請香心齊廉訪 (公)請雒峯 娘孃集山亭 春氣融和 之供遠眺 戌正回寓

十九日晴 寅刻詣北院 賀遠堂中丞接撫篆喜 李爵相於午刻接督篆 (仍於是時開印) 率同寅僚行臺參 禮太夫人 未刻進署 (南言)拜賀 隨後至北院道開篆喜

是日午刻交卸藩司篆務

並偕同人晚少宋回任用銜名帖辭別後（改）用常行帖回寓已申正矣晚奉到

李爵相（批）稟叢附片奏請留傅北上候奉旨俞允即行飭回本任有本部堂甫

經蒞任一切生疏亟需賢員佐理該員才明識練廉幹有為正賴匡襄諸度

之時云云猥以菲材迭叢寵代巨公優加獎飾實屬非分惟有益加策（愧）勵而已

二十日晴　南北院衙參回寓見客　小荃爵相遠堂中丞少宋方伯秀濤鹽使先後

來爵相誇獎備至深以遠大相期且感且愧　下午小憩　仔肩暫釋　心地頗覺寬閒

二十一日陰雨　孩子星曙長書　倪伯明澂蔣壽田（薌村次子）寓疇兩年姪先後來見

二十二日陰（大風）　爵相行到任香司道分班恭候　余與少宋謁香主陪

芷舠諸君至文武廟　午後振夔雉峯均來晤甥孫行營中

軍李冠卿鎮軍勝来拜人頗樸老小宋招飲申刻赴之順便
為潘曉園馮餘堂兩幕友道勞酉初入席共三席子正始散
二十三日雨 北院衙參 謁上左宮保書以鄂局辭館謝遇遲延也 上李筱荃
中丞書述感遇之意并賀太夫人壽
二十四日晴 偕譜香雉峯蒞黨董城隍廟火神廟恭候爵相回香
是日[illegible]司道兩首府公請李爵相並請遠堂中丞香濤學使在文
昌閣演劇設宴共五席子正回寓
二十五日陰 南院衙參回寓見客小宋来久談論長江經制水師利弊 鏞兒渡江送飛千挈眷回
南相侯亦於是日回南均趁天平輪船之便也 恒五兩首邑来見

二十六日雨陰午前見客申初詣藩署將應行交代一切事宜分別詳述

久坐傍晚回寓　幹臣来談

二十七日晴　赴八蜡廟恭候爵相行香小宋在南院来約偕謁香赴

之一同謁見商定移稅事宜未刻回寓客来絡繹傍晚劉幹臣

鳳希文姜清臣来　商撥營事留吃便飯　有上海附生王煥洵者突

如其来強求薦館情殊冒昧可謂罔人

二十八日晴　爵相甄别江漢書院肄業各生在東院局內試之辰刻前

往幹送希文亦来稟商查理開化營事歸途拜客道雉峯進署

喜事札赴爵署閱視公送壽禮共二十色收全晚司道公請爵署

慕友共三席（設其署）頗盡歡　吕信廷（錦綸）六世兄奉師母赴蘇來拜未值
二十九日晴　午前見客午後出城謁見吕師母（為述近來蹤跡）并晤世兄訪玉階
午後晚約振孁菊人便飯小坪適來邀同入座暢談
三十日晴（陰）　午前見客　偕鳳希文協鎮花廳演三名部　希翁為之設饌作
竟日歡
二月初一日陰　謁文廟隨同兩院行香回署小憩午後觀劇演春台部（極有精神）
晚（備便）飯請鳳希翁并酌幕中戚友
初二日晴　巳刻謁撫署頭祝回寓　小宋譜香諸君偕來小坐午
後送吕師母行謹贈百金并送信廷世兄書籍筆墨等件順

道拜客傍晚呂世兄來辭行與談伊家之事語頗着實不似乃

兄之秉僻輕浮文藝一脈傳延庶幾其能守乎

初三日晴 文帝聖誕卯刻恭詣陪祭後同人在寓聚集偕赴南院祝伯太夫

人七旬正壽華堂集慶護室恒春觴稱舉於一門因念今所罕覯稀

祝遍於數省亦人世之至榮也彩燈甚盛可謂大觀是日陪遠堂中丞香

濤學使觀劇一日亥初始散

初四日陰雨 早同幹臣步談午後奠向壽山參戎五福至軍營與偕至

階芷卿後順道拜客送恭振夔行 上燈後振夔來辭行並晤

初五日陰雨 聖廟春祭黨正恭詣候兩院至隨同行礼回寓小宗來談

午刻小憩　飯後見客　到省各州縣均稟辭回任　致竹甫、蔚庭書

初六日　陰雨　卯正出保安門候爵相至社稷壇隨同行禮　午後謁香、玉階、芷舫

諸同人劇談小集　仍在協署演沙市春台部，作竟日歡

初七日　霽　午前見客　申初詣爵相處談，旋復久坐　回寓已上燈矣

接彥侯附各屬後信、茗笙正月十四日書　去年前寄件均已合達矣

初八日　晴　早起北院衙參　午刻爵相邀往，出示手批摺，知於正月三十日

奉署理湘藩之命　并飭即日馳往查辦藩司李榕參案原

奏考語才明守正，幹練有為，猥以菲材，當此重任，深懼弗勝，蒙

爵相指示一切，藉有遵循，未識能不致隕越否，殊惴惴也　赴爵署同人公請

鄧子美軍門松林同 觀察世臣席間子美詳述歷年戰狀可謂勞

苦功高人亦饒有謀勇英氣勃發真名將也席散後與小宋諸君商

赴湘事宜

初十日雨 赴兩院稟謝 均蒙指示一切 蔣相並垂詢鄴中吏治人材據實陳對 訪小宋方伯商件 回寓後寅

僚來賀者絡繹不絕至申始飯 叢龍齋帥及小荃中丞稟商件 途

初十一日陰 南院衙參巳刻回寓寅僚賀者接踵而至 法新爵相來久談 自

巳至酉武控應接不暇 上燈後積々清理一切

十二日雨 早起出門謝客晤白英文雄峯並册心齋諸觀察並後路糧台

委員談並訪湘中一切情形 擬至玉防處周雨人不果 即回寓 恆獻之蔡舜臣來

十二日雨 午前見客 未刻會拜曹穎翁 祝丁心翁壽 鄭仲甫 曹彭

諸君莫東公餞 親往彭慶于翁辭之 日人集早署餞行 申正

前往共兩席 盡歡而散 段桐侯寰芷書寄英洋千元 以千串作為嘉定移骨經費

十三日晴 午前見客 飯後詣兩院稟商多件 均久坐 訪小宋談 弔朱浚明

太守 晚赴白英丈厲仙月樵之招 集月樵寓 小坪玉階芷舫在座 亥

初回寓 接順閣信 嘉定移骨多指銀二百兩

十四日晴 早起見客 小前辭行 午後小宋來晤談 薄相餞行 申初赴之 小

宋譜香尚齋同席 暢論一切 亥初回寓 夜寫雲帆便飯

十五日晴 辰刻詣北院面辭 山後辭行 一日而畢 回寓已上燈矣 以先大夫忌日 引期太促 照常出門 心殊歉然

十六日晴　詣南院稟辭，縱談一切，并借譜香田明漢劉銀號顛末回寓覓（鑾浴本）

客寅僚來送行者絡繹不絕，中丞來晤，制軍未來。值申刻赴心齋

約，亥初回寓，收拾行裝，均就安貼。補年節家信共稟函四十二封，匯款

一數寄文彥、仿吾、笙分改

十七日晴　巳初敬謹叩別慈顏，出望山門登舟，寅僚相率來送，午刻詣江神祠庭

神廟行香，即渡江由漢陽至漢口，辭行雲卿，留飯點心，揮淚送

余，情殊可感。至乾裕有成，均少坐，而渡江回座船，宿江夏。暮泛

培九兆蘭、姜貝葵大令，炳燮丈太令，改漢陽生甫亮笙偕

十八日晴　辰刻自鮎魚套開行，申正至金口泊，行六十里。兩首邑及候補諸僚

屬有陸續送至金口者

十九日陰微雨 辰初開行 申正至鄧家口泊 行七十餘里 嘉魚界在簰州下二十五里

岳州府縣各官弁丁來接 新關陸仲耦太守及蒲圻宰子城嘉魚

陸堯薪均差接 舜臣過船來與商一切

二十日晴 辰初開行 午正過北河口釐局委員危大令錫贊蕃均來見 未刻

進嘉魚夾山峽（江心有大洲 峽即洲灣也） 宰子城陸堯薪同乘舟來接 酉刻至嘉魚泊 鄭夢韓

丁艱卸事 尚未回省 並來晤 是日行一百二十里 偕子城夜談

二十一日晴 辰初開行 午刻過紅塘廟釐局委員劉春生來見（過下卡唐侯表見） 岳州巡防營

水師派砲船來接 酉刻抵新堤泊 仲耦小舟均在二十里外候接 登岸（及文武員弁）

未刻過赤壁 山甚高 境極幽勝 與種子城絕不相副 過白螺口 吳韓臣太守來見

至新閘步出　仲耦送席收送畫卷石章等四件未收

會拜仲耦諸君，史幹甫、蔡舜臣過船來，商件幹甫，來办新提

釐局董丞與門（午後雨）。發第一號家信，又廣侯寄（小舟時甫卸沔陽篆）

二十二日晴，卯正開行，仲耦小舟送至十里外始別。未刻雷雨交作，恐

起大風，即泊楊林磯。是日行六十五里。臨湘典史李樓、印官胡金文炳以下御

未到

二十三日陰（夜大雨一陣），辰初開行，岳州府縣（府尚慶潮、縣嚴鳴琦）暨闔城文武先後來接，未正

抵南門外馬頭泊，進城拜客（見客廳），至府縣、城守各署（六年重建），均晤（猛）。兵發順道登岳陽

樓，謁呂仙像（第二層），讀范文正記（第一層屏風鐵梨木），張得天書，第三層供唐張文貞（丞相）、宋少保岳武穆

及滕范四神。憑欄一眺，眼界之闊，范文正記及吳楚東南坼、乾坤日夜

二語天令三矣

浮風雄霧酉初回船郡城文武均来送行，悦過蔡史船晤談。岳郡

惟南門外街市尚整，南城中頗形寂寞，城係腰子形，南北長東西扁，古今

形勝之地，實東南扼要之區也。

二十四日 晴 西南風作，未得渡湖，移舟南津港泊候。（岳城南五里）郡城各官仍来謁

見，辭以在此候風，萬不必再来。移舟来此，恐勞動各官也。舜臣韓甫過船夜談。

舜臣為言：江西省錢漕大畧，漕米改折，每石一律收錢三千文，合（錢粮每兩收銀一兩五錢）

銀一兩九錢，（定價本只此）當時竟連運費一併裁去，將来改收本色，如何措手。（此後日江西一大難處也）

此議出於李黼堂（時任江西藩司）極而成於曾侯，為除弊利民計，而行之太過，亦未為

通達政體者也。定章難改，章亦殊不易耳。

二十五日晴。東北風大作。卯正開行，過偏山入湖，乘風破浪，一望無際，壯哉此行！巳初過鹿角，午正過磊石山。申正抵湘陰，晴，候尚早，復行二十里至濠河口泊。是日行二百六十里。卸任湘陰縣施令學彥、署任湘陰縣唐令樂邦先後接見。發第二號家信，由驛遞。

二十六日午後雨。辰刻開行。申刻抵南，蔚庭乘舟至二十里外來接。阻大風雨，至離省城五里外沙洲停泊。與蔚庭同榻，作抵足談。

二十七日雨。辰刻至省，城西門外碼頭泊船。見首府縣、候補各官，均未見，先期辭勿遠迎。進城謁韞齋中丞，兩呈李尚許相洛、文悟、申甫，深自愧悔，意氣甚平。見李稼峯廉訪廷樟、彭鍚之觀登時署糧道、廖鍾均，古貌古心，老成可敬，椿翁尤真樸絕倫。見皂蘭岩觀察恩佑鹽道。至星垣長官寓，十年濶別，頗增老

曼至上房大小男女以次出見備述藐闈懸念之意并一一問好仍釋盈庭
孔常熟闈申正至玉堂公館月李約之黃齋申甫榕峯蘭岩諸
君均後來晤并見首府縣藩首領　李堅來晤　許品三同年曾擎怡伯
夫人回杭來此晤談　首府杜霍田瑞聯　首縣長沙陶琴之燮咸　善化吳蓮室長清
二十八日雨　辰刻上院預祝撫憲夫人拜　陶仲瑜朱稚泉壽玉巡侯兩觀察
杜霍田太守均晤　午後韞齋中丞來　申初上院謁見并呈履歷昨係
行裝登岸今日始換公服　以中丞為言湘中大局情形有條有理　回
寓　星田晨來晤談
二十九日陰雨　辰刻偕同人上院祝壽　拜黎樾岑觀察黃蔭森未值　會拜唐

陰　雲麿訪久談　午後郎子美罕門松林來晤　為言劉省三多係武夫琛珠
甚難理喻　見候補知府呂世壽九人　首府縣均未見　燈下手致小宋譜
香書　述到後情形　并言擬即迎養事
二十日　陰　午前見各局大小委員　作第三號家信　擬請萱闈於三月內
來湘就養也　發李中堂稟　先陳擬辦情形　閱椒膏覽奏是貴
由鄂垣公館轉投　並附郎中丞稟　及致中宋譜香　心齋　雄山峯各信
韞齋中丞摺欲中刻趁之一處　一主並無他答　席向繳後一切交刻畢寫
三月初一日　陰　辰刻上院　午初進署接印　暫居東花廳　申酉都畢迄事
刻上院稟知任事　拜郎子美回署　請理一切　燈下致彥侑若筆書

初二日 午前雨 早起拜南半城客 晤兆宝岩琛、蘇芝岑亨、两廣 訪周

蓉帆方伯起浚、于曦岷緩戟、亮勝臣道、各署及候補知縣以上

均親到謝步。午後兆宝岩諸君均来拜晤。閱本署庫簿簡畧

已甚 款目不清 詢係向来如此 似未安協 擬照鄂藩庫簿式 搭

頒示飭遵。見飭催滇餉。○○廷寄知李中堂兼署湖北巡撫 鄂遠

堂中逕請○○觀也。拜發謝○○恩摺并報接署湖南藩篆日期

初三日 晴 寅正恭詣先農壇隨同撫院行耕耤禮 順道拜客 晤裕時卿方伯麟

何子貞太史紹基 午刻回署 見客 查閱庫簿 款目紛龐 亦不清 詢係向来

如此 殊屬可異 思有以釐正之 擬尚未定章程 亦可也 接鏞兒二月廿二日信 悉

萱闱康健阖寓平安慰甚

初四日阴 早起见客周荇帆方伯来晤 上院陈回各件 顺道拜客见左景乔先生宗植 盎然书味 殊觉可亲 下午传吏户各房详询承办各件 大乘庵祀诸贤楚饬吴脱舜臣干甫来商件

初五日阴 辰初上院衙参 归途拜客并祝彭锡之夫人寿 回署见客 景乔先生来晤 晚请阖署幕友并蔡史两委员

初六日阴雨 早何子贞太史来久谈 颇闻高论之名 及与接谈亦殊平易近人 午刻邵子美军门来晤 盘库长沙府经盘多毁 亲赴县收支 刻赴盐道署粮署同人公请也 李樵峰广访 廷梓 白兰岩 易佑 彭锡之 庆锺 及陈星南 陶仲瑜 寿玉 纪农 樾峰 蔗森 诸观察主作

房間帳設亥初回署 接雲卿二月廿八日書言洋船在石首地方擱淺

川湖通商之議庶幾少戢乎

初七日晴 劉馨室觀察來晤 午刻點卯 庫吏兩房公事廢弛章程敗壞已

極當堂剴切手諭期與力加整頓一改舊觀然不知須費幾許心力矣

作第四號家信交信局寄 夜雨達旦

初八日晴 傳見補缺未到任及實缺撤省州縣李汝庚等十二人 廣西候補

道黃子綬喻來見 侍史蔡商查各事 清理通省實缺候補官冊廢

弛太甚非朝夕所能了事也

初九日晴 李榕峯廉訪來署商查辦各節 榕翁兩耳重聽與之筆

談見多極老到人尤方正可敬也曾澄侯自湘鄉來晤長沙府縣
同
進見以今到年喜家屬也申刻出門拜客傍晚回署接琳栗二月
十六日信局來觀侯多 定遲米赴沅州接濟兵食之議 籌銀二萬兩分作兩批擴擺難遲
初十日晴 撫院衙參 午刻傳見道州牧長明等十二人 銓機參觀察
來晤史參日見論查辦各節 接鏞兒二月廿六並自初六信發悉 并附劉文信
疊園康吉有急款來湘之意想西間信到必可即日來裝也
十一日雨 早起見客李豐來晤 作 為李中堂彙弁題小宋書
十二日雨 曾沅甫中丞自湘鄉到省來晤暢談 現主講求忠書院書味盎然 唐時雍觀察自鄂
回籍來拜 壬子同年易海青堂從來晤 傳見試用直牧莊賡良等

牌耒衡山、永壽巡檢張增慶到任；湘陰新市巡檢朱尚模署澧州清化巡檢；李致中署會同典史；陸惠署攸縣（均綸）；綏寧雙江巡檢陶寶質署酃。

十二人出內，謁曾盛毅甫、傅順道，拜客。傍晚小憩，作譜香書。

十三日，晴。卯刻恭詣各廟行到任香（并本署各神祠），回署見客。曾澄侯來辭行，回湘鄉。作玉階、芷舫妹魯書并諭鏞兒（專差），發李中堂稟，附貴各信，恐家眷業已動身（鄂肴齋寅均有謝函）。拘文譜分別飭送。

十四日，晴。辰刻上院，歷陳回庠情形，并稟商查办各節，拜鄒意誠、鄒郎岑（久於湘撫幕中，有悠請當年之概），畫久談，擬謁曾宮保，詢知他出，遂往回署，傳見直牧唐庚等十二人（候補），左子重孝廉來拜，晤丰采秀偉，詢非常也。

十五日，陰。撫院衙（文廟行香後）參出城，會拜唐時雍，晤臨江一望，風景絕佳，順道看唐蔭送蘭花二盆、杜鵑一盆，回署見客。時雍來辭行，久談，接鏞兒初五日

牌示保靖縣訓導
編委單發祥署
理舊班

信欽差慈體康强并書劍醉鱗青劍壽物　接李侯碧雲信
十七日晴　辰刻詣撫轅頒祝韻齋年延壽謁曾威毅李值回署
偕兄同知陸鴻作壽十七人　午刻曾威毅來久坐言湘中官紳大致
議論甚切至指點甚確鑿蓋因初到人地生疏意極周切也　摽出意見沈姪瑩所改
佩埼西師山草通稿
十八日雨　辰刻詣撫院祝壽送席一桌用光名手本　送李豎行將回衡州鞏固也　午刻偕兄知縣杜
夔龍甘啓運壽十二人　竟日清理官冊　酉刻李姜自鄞回接鏞兒初稟言
釋於二十六日申刻奉侍祖慈南行
十八日晴　周笠西觀察學李晤午後上院　熹甫應竹安署委應飭赴任者缺接

牌示辰谿縣霍勤烈、藍山縣孫光燮、通道縣唐秉畬均到任，武陵縣勞銘勛署酃，安化縣黃毅鍇署，綸勞永定縣龍恩倩署，綸試辰谿黃溪湛署用，巡檢王琳署慈利九谿巡檢，毛樹森署

彥侍十一月 恩謙廿七 臘月 信 史幹輔赴湘潭查案 提去冬春藩事

十九日陰雨 早起見客 午刻傳見直牧吳錦章等十二人 鄒嘉誠郎崑臺來久談 牙釐局㑹辦仲士成 畢道來見 有高視濶步之概 望而知為湘鄉人氏也 下午訪李榕峯廉訪商件

二十日晴 撫院衙參 留後偕榕翁呈回各缺 回署見客 鄒中美軍門來晤 言湘潭釐局事 接李中堂十三日手書及宋來信 接雨辰書并正月九移孜生甫信中寄來訂姻礼柬 乃郎十一歲（唐壽） 毓女十歲 擬締姻也

廿日晴 李榕翁來晤 杜霍田來見 傳見知州陳國詒等十人 昨日牌示之到任及委署各員均來稟謝 一一勗之 會拜鄒子美 周笠西 均未晤

訪星農久談

廿日晴 傳見服滿直牧五述慰等十三人 各房書吏公祀崇績神照章親詣行香順至軍需局少坐 下午 鄧筱仙（嵩燾）中丞來晤敍彥侍書并附沈寶文函件 寄吳琴舫貢安速便遞京

廿一日晴 萬壽聖節寅初恭詣萬壽宮（規模較鄂省宏敞）候中丞至隨班行慶賀禮黎明回署順道拜李梅翁夫人及蓀子識廉訪 各生日 回署小憩未刻出拜李次青廉訪元度 鄧筱翁仙都轉均未值 訪彭錫翁談 接兒（鏞）十七日信（并各屬來信）知桐侯已於本日抵鄂 蕙閣於初六日起小有不適至二十三日已痊愈矣 接汪芍卿九江來書

牌示東安典史劉德祥到任　晃州巡檢陳錫禧署　安福典史汪肇昌署

廿四日晴　傳見牧令及實缺在省佐雜閒散等十二人　彭錫翁來晤
致琴舟書附寄嘉定信（復恒岩多）接旭人本月初四信
二十五日晴　撫院衙參　答拜曹仁祥　傳見同知張應楚等十二人　兆寶
翁來晤　接姊丈魯九信
二十六日晴　周韓臣閣部玉麒來晤時掌教嶽麓書院　馨寶來
久談　接玉階廿一日信
二十七日雨　傳見同通佐貳十二人　前長沙府孫春阜翹澤來見（去臘丁憂開缺）人極
老成謹慎為湘吏中所罕覯　手定查案清摺（逐條分列）着家人黃桂齎赴
等前往岳州迎接　母親來湘就養　夜大雨

二十八日雨 午前見客 葆芝岑廉訪来 出示奏稿 大為中丞批抹 中斥以雖身為指鉅准素摺奏多 扛子董之并有
胡說也配字樣
意殊不平 閱之措詞固有未合處 然批斥亦復太過 無怪其難受也 於為
撫慰 撫之 聞罷藩司賠礼理亦宜之 一笑而散 致之彥待著笙書并附羅
譚載董侯函件 交摺差帶京 黄開泰同眷屬於本日申刻登舟来湘
二十九日陰雨 午後答葆芝岑 晤兆宝屋 晤 訪沈衣樵岑談 順道答 考差
自鄂回 接譜翁復信 叙鄂多頗詳 鏞兒無信 一可惜荒唐 言已由局寄二十八日 接李爵相苗白未書 唯行
三十日晴 早上院稟商 件 回署 首府縣未見并偏見候補州縣佐
雜諸植等十二人 部箭来 論 久坐 午膳已申初矣 閱 查
案傳款 接小宋廿四日信 言鄂事頗詳

四月初一日陰微雨　卯初文廟行香後出撫院衙恭拜黃子壽太史彭年

已回湘鄉未值　回署見客　午後偕李榕峯廉訪倩集全案人証（奉查之案連日次第查明）

逐一過堂訖　傍晚小憩　閱左爵帥三月初一日奏稿　言高軍勇變現已平

後董志原回逆於二月初五六等日傾巢西竄　金積堡我軍併力窮追

至慶陽府城　尚未收隊　殿後悍賊殲戮殆盡　畢爾奉多西廳有起色矣

今日北風甚勁　舟行定當順利　家慈計可行抵嘉魚

初二日晴　請假料理查案事件　曾宫保書來論志局事　後以初四日

往謁商辦　下午又有書來言　接家信妹母二病篤　即刻歸里（伯秋初八日來）已登舟矣

專人馳送之　上李中堂函即晚批摺專馳遞

初三日晴　仍請假一日料理案件　致玉階書　李次青廉訪（元度）送國朝先正事略兩冊

初四日晴（午前躁熱午後陣雨甚大）　詣通志局訪郭筠翁李次翁論修志事久談　回署見客（順道會拜）下午劉

聲翁來晤　致外舅書附陳子青信

初五日陰（午後大雨）　撫院衙參　偕榕翁商查[illegible]（各件）[illegible]回署見客午後改定

稟覆全稿又手擬加單一件（密函一件）大致均已就緒矣　蔚庭來

初六日晴　華又齋之二令嗣晋三以縣丞到省來見詳詢伊家近

狀殊形不振為之憮然　李次青廉訪來商志局多　笠西來久談

初七日大雨　辰刻赴東（郊）外（行）勸農禮　西藍北申　初上院（撫甫皇）稟商查[illegible]（案）詳

稿并志局多宜久坐　大雨竟日連日南風多雨想慈闈在道不勝

焦急矣

初八日晴　早起見客　部子美軍門来久談　午後拜客　順道至星曲晨寓少坐　接鏞兒初三日信　言是日午刻甫抵嘉魚屬之老鸛嘴口　離嘉魚尚有六十里　連日南風　坐船較大　行走頗滯也　敬悉萱闈以下大小平安　可慰　今日大好北風　計程當可抵岳州矣　發查峯　計自峯船接亦今約字八千餘　西後稟寺多差遞鄂

初九日晴　早起出門拜客　并看申甫峯已稟後　例乃往還　迨午刻申甫来　命拜弁悟兩首邑稟知　家慈已挈眷於昨日巳抵湘陰　今日計可到省　即出城　坐鑒鋒　帶長龍船前往迎接至三汊磯停候　首府縣等均陸續前來　傍晚探信者言今日祗可到靖港以下　午北風較小水亦

太溜未得暢行矣，即轉梓入城，已戌正矣。郝丹先到，述知慈親以下一路

平安，慰慰。

二十一日晴。卯刻撫院衙參後，出大西門，仍坐長龍船，偕蔚庭迎候安輿。午（向左子[illegible]門）

正至白沙洲下數里接到，過船叩安。輿次坐船往借用，極居寬敞，穩

適。慈親以下一路平安。因南風發大，傍晚至三汊磯下五里停泊（未及趕到省城），晚宿船

候坐船，與蔚庭同榻。

二十二日晴。卯刻開行，南風，風[illegible]，南風更大，午正至省河對岸（水陸洲）[illegible]泊。

擇船未就，徑渡，仍坐長龍過河，偕洛先相候，並議先行進署（仍擬坐[illegible]，約坐船並用長龍一號，艇板二號，在前引導）

家慈率眷屬人等於申正渡河，酉初進署，上房極寬敞軒

牌示瀏陽弟修慶到任，湘潭洪錫侯署茶陵州，董仲宇署[illegible]，均酌

爽收拾亦颇周到（妥贴），慰颜甚喜。未到（接）接晃州马倅报，言接黔〻黄〻郑诸（润昌 星垣）

君于攻克施秉，收钱于进取，深入遇伏，全军尽陷（息县）。边防震惊，闵

三殊眷骇愤。因未克分身，即嘱罗霈马陆守宝善代摄辕事商

一切。□首埠寓属相来道贺，概力辞谢。

十二日晴。李榕翁来商件，竟日搬运。月李傅晚始齐。即日一切粗

有头绪。

牌示龔樹吉飭赴
醴陵任

发湘中中路[illegible]城[illegible]

十三日雨 早起出门谢客为雨所阻未及遍 岳麓城南求忠三书院月课 至謁撫军论西路军情 午

刻回署 咨次(圈)慈視由鄂来湘北省派弁護送之水師哨官蒯德甫等

極為謹慎出力 [illegible]後 席酬之并給賞有差 晚餞幹甫舜臣行

十四日晴 何貞翁来久談 南城谢客 晤李黼堂 郭筠翁 李次翁 黼翁在江

西有政聲 居鄉之尤善自處 衆論翕然 初見暢談 是精明而字寔一路 午後

唐蔭来晤談 作李中堂禀 又蔡舜臣帶鄂

十五日晴 卯初文昌廟行香 後上院銜条 北城谢客 至吴南辰寓少坐 巳

正回署見客 致小宋譜香書 托舜臣帶

十六日晴 夜雨 早起見客 手致玉階並冊暨虎卿雲卿書 鄧子美軍門招
飲趙中和[redacted]之席間詳述直率[redacted]滅撓情多有聲有色真將才也 奠黃少坤
廉訪潤昌 詢知雙親在堂子尚幼穉 亦可憐矣 接虎卿書 知蜀人秋
武昌府遺缺以人有慶 心竊慰焉
十七日雨 天雨忌辰客甚少 休息一日 與陸賡珊論各軍營添募營頭務
飭稟奉院批准行方准開招湘中西路軍營頗有不先稟明擅自添
營步兆申明舊章詳請通飭遵照不足以遏其流也
十八日晴 午後出城拜客 訪何貞翁晤談 請彭鏡湖潤芳太守直牧陳
鴻作等六人 在署閱書院課卷 接子儁三月廿五書

十九日晴　出門祝陶仲瑜夫人壽　料理節信并佈置　慈壽移觴事

二十日晴　撫院衙參　回署見客　謝子愚招弁賷回夏招奉子旨知道了　接彥侍若笙三月廿六信　又侄師舜廿節後手書二紙

彭守壽閣卷子畢

二十一日陰下午雨　早起上院回事　并晤部意誠　午後料理節信　晚試普慶崑班演游園　看狀　刺虎等劇　尚有可觀　慈顏甚喜　近日精神亦好　孟子刻尚不倦焉

廿二日陰　寅僚均預祝　慈壽　概辭謝　演普慶（五雲）部為萱闈移觴上壽　燈彩頗為圜簇　眼界一新　老人顧而樂之

廿三日陰曉晴微雨　慈親七旬正壽府廳以下及紳士衆稱說者一概辭謝惟慈諭上年在鄂業已稱觴今年不再舉動
請中丞及司道同寅共三席竟日盡歡仍演普慶部

廿四日多陣雨大早出門至撫臬各衙門謝壽途遇大雨至粮署稍避
借彭錫爵設午飯請在署幕友親朋及陸氏昆仲共二席
演普慶五雲兩部　竟夜大雨如注

廿五日雨　撫院奉定秋審過堂以雨大改期二十八　杜雀田來商件料理
積牘　客多未謝亦以阻雨未得出門大堂以外水積至一二三尺不大內外尤甚
壽地勢既低又無溝渠最易淹漬東花廳一帶亦然上房較好地形
畧高也

牌示攸縣鳳岱領巡
檢劉守正署理

廿六日大雨竟日 霪霖不止殊切隱憂飭長善兩縣設壇祈晴午後校
宣城南書院課卷
廿七日陰下午微雨 卯申兩次赴壇祈晴壇設李真人廟湘垣向例也歸途拜
客 省城鮮隙地無大池瀦蓄亦久淤塞故街衢多積水之處西北城隅
尤甚藩署自大堂至照牆成巨浸水利之不講久矣擬派員搜尋
溝道設法疏消以免淹漬之患 校定嶽麓書院課卷
廿八日晴 卯初赴壇行香後南城謝客回署接見州縣三班午刻撫院
秋審過堂行堂參禮共一百一十起堂事畢謁見中丞論彭提
督芝亮冒餉被控應請嚴辦以肅軍政 霪霖雨後晴大為可喜

廿九日晴 卯刻仍赴壇行禮 霖雨太過惟祈久晴也 回寓小憩 霍田来商件 校定求忠書院課卷

五月初一日晴 卯初恭詣文廟行香 撫院衙參 上籌司庫備公款兑致虧挪正須議允如所請 辰刻偕日人詣李真人廟慶申謝 惆帰途拜客 金眉生都轉安清自湘來 湘言將作衡山之游 久耳其名 及見果有才華 惟氣局卻小 其心術不可得而知矣 接李中堂行知查案覆奏稿 另附手椷 知已於四月二十三日由驛上陳矣

初二日陰雨 下午晴 午前見客 午後詣拜金眉生未值 料理節信

牌示趙連勳回大
荆巡檢任

初三日陰晴不定 早晚均雨 府廳堂期見五十餘人 料理節務 致何白翁信

初四日陰 早起見客 致鹿仙月樵玉階各加函 鄧信二十封 均交徐仲岩大

令分致 左景喬先生暑安長均來晤談 委員分赴常德澧州湘陰

瀏陽等處查看被水情形

端午節 晴 卯刻詣 院拜節 午刻祀先 晚酌在署 戚友共兩席

節日以多情之簡

初六日晴 天氣驟熱 辰刻何貞翁來久談 竟甚暢之 鄧首日人

小宋譜香諸君以家藏白正屏 壽屏 寄到壽屏一堂 泥金士吭屏 如意一柄 燕菜四匣

壹濺八時遠道見贈 情殊可感 家藏端 擬收壽屏 金腿餚均壁謝之

上年在鄂業經受賬也。下午請鄂子美軍門暢談，並邀
金眉生都轉、馮潔卿觀察，眉生赴鄉，潔卿赴鄂，均未來也。
接餘子察金陵來書，把俞石年大令歸櫬多
初七日雨。午前見客，晚請署協柳樨中、文楷、周樸、陳誠甫、□荃及劉峻山、楊題臣諸君。前
以家親壽，各營公送壽屏一堂，與次概不收，礼在湘帷收韞齋中丞一
幛一對，而各營所送壽屏業已貼金署款，勢不能卻，故設席奮之。
初八日大雨，州縣堂期見三十餘人。自昨晚起雨勢甚猛，至下午稍息。
霪霖為患，焦灼莫名。接振夔書，提上年墊閬稅庫足六百兩，各員攤二百，本年墊付各公分六十二兩七錢九分
初九日陰。唐蔭雲、劉翼室先後來晤，秋生由嘉定到署，接蔡

牌示武岡州黄維璈補
澧州呂邦俊補桂陽
州勞金銘勳補桃源
縣均楝甘啓運補安化
縣姚步瀛補慈利
縣均瑜寶慶府同
知司徒繹署

崇匡述銷差時（借）黄頭相蚕詢查案情形以李（萊陽）崇文侯書仍有來湘
就學之意（少年）少謂有志矣（主）
初十日晴 卯刻撫院衙叅歸途拜客朱星垣自湖北來晤下午小憩清理
積牘
十一日陰雨 午前見客金眉生来久談晚酌秋生并錢生甫接李中堂初
五日復信 致岩雲寶岩信
十二日晴 致胡魯書附陳少軒信（禮）壓壽 午後出城送兆蓀岩行歸途會
唐蔭翁晤談 杜准田来商件
十三日晴 武帝聖誕丑正恭詣寺發殿寅正隨同撫院（前殿）行禮卯

牌示俞植到永興
縣任田慶餘署石
門縣輪正途

初回蜀小憩部子美来晤 致琳栗譜香書均托生甫帶

十四日晴 丙子生辰寅僚来賀少叙辭謝 生甫動身回杭并携杭人王孫
係流落湘中窮無所依者
氏母女等四人偕行 致琴舟書

十五日晴下午雨 文廟行香 撫院衙參 順道會客 午後命鏞兒代謝府
廳州縣諸處 以昨患暑熱腹瀉夜不成寐須小憩也

十六日陰 午後出門補謝客 訪申甫未值 至軍需局與陸貽珊彭鏡湖
兩太守談 接彦侍四月廿二日信并附寄織文亨庵四月十四日信

十七日陰 寅正詣玉皇殿隨同撫院祈晴 順道會拜回署 見客 庫廳黄
維熿之子峻 年九 嶽生来見 神采秀發 中 仍有凝重氣 甲子乙丑連捷用主

再分戶部山西司，望而知為失器也。（特荷）恩賞在部當差，大旨詳語之。申正（初）再赴
玉皇殿叩禮。致鶴山書，交田令福亭帶。附禮褂料一副、白木耳、西匯國朝先正事略一部。
十八日午前陰，午後晴。寅正祈晴。卯正回寓。小魏州縣堂期見三十人。午初接奉（十三日申刻五百里排遞發。申有草、戚書遺缺）
李中堂行知五月初三日內閣奉 上諭：王文韶著補授湖南布政使，所遺
湖北按察使著張建基補授。欽此。 恩綸下逮，惶悚實深。即詣撫院稟
知。申初仍詣玉皇殿叩香，請星曲長晴（設）。酉刻回署，寅僚已有來賀者。蓋
慈以一階（驟進）偉進，悅豫良深，仍（諭）以勤慎從公，無負 國恩祖德為訓。
十九日晴。寅正恭設香案，望 闕叩頭謝 恩。甚詣撫院稟謝，見（遵換二品頂戴補服）
仍赴玉皇殿祈晴。（歸）途拜客，回署，賀者益多，內陸續接見。申初祈

牌示陸佁忠赴
芷江縣丞任
牌示長沙府經
陸錦敍署

情撤壇恭詣行礼申正祀先余自通籍至今十有八年幸躋通顯而先大
夫已見背十一載矣音容久渺祿養未能追慕之思曷其有極哉
二十日陰雨溼早起見客出門南半城謝步已正回署杜雍田來商件
唐蔭翁來道喜晤午後料理要緊積件
廿一日雪霽早起見客出門北半城謝步晤何貞翁星農劉馨室
陶仲璜回署已申初矣黃菽生來晤
二十二日陰晴不定早起見客易昀菱來論湘潭釐局貞泰通事上李
中堂書附謝事自責
二十二日晴夜雨府廳堂期見四十餘人赴羅協台衙門訪申甫未值午後申

牌示杜瑞聯調補
長沙府，黃昌補
府遺實慶府
魏式曾到永順府
任

附劄呈函帳所請對軸

甫来，設商定謝〇〇，曷稽精桐保所擬也（料理積件）。接鶴山信，龍際雲帶来

二十四日雨。午前見客，但文湖、曷沅回貴州鄉試，同来辭行。戊辰榜眼

黄自元塵腴来晤，安化人，頗樸厚（向住省城）。子貞先生来論時事，甚暢快

申刻上院，呈回各件。又坐訪李榕翁，設并仍看上房，擬於秋冬（精陽宅選日）

間為鏞兒授室也

二十五日晴。拜撫院、衛恭順道拜客。下午請劉慈民中翰、黄嶽庠生、曲辰郵峻

馬子嵩、何蔭軒、朱星垣諸君，望晴甚切，深以開霽為喜

二十六日晴。午前見客，李榕翁来，看定新房，并托擇日，為言從前

陸見時事，女品概論，篆隸均足為法。政生甫、珍舟、曾手書

二十七日陰早雨 大西門一帶謝客 至臬司銷局晤易昀芝觀察 避雨久談 午後

鄧意誠部郎來 縱論一切 久坐 上曾宮保書 鏞兒授室之期 李

榕翁為擇十月初八日酉時合卺 辰時安床 午時迎娶進門

二十八日陰雨下午霽 州縣堂期 見三十餘人 與交代報銷兩局幕友商定交

代分新舊案截清月日 七年以前為舊案 八年正月起為新案 以便專一催收 并

軍需列抵交代款項 亦有限制也 舊案准抵 新案不准抵 陰雨過多

天氣太涼 恐傷歲事 焦慮殊深

二十九日晴 早起見客 赴院稟商五件 論米捐截止分成事 會拜鄧意誠 許星槎 久

談 午後料理積案牘 晚大雷

牌示陸玉祥調
署祁陽縣賀錫
朋署桂東縣
綸勞績
胡學潮署攸縣典
史

六月初一日晴 卯初文昌廟行香 撫院衙參 回署見客 發謝子
恩摺五月廿五日 及子弟壽椿 孩彥 傳書亦署廿五日 陰雨未已 歲多有碍集慶生溪 昨晚後
大雷 今早見小霧 午後天氣大晴開 從此當可無久晴矣
初二日晴 長協柳蔭堂来晤 午前見客 午後赴福建會館同人
公餞 申甫頗盡歡 傍晚回署 天氣大熱 久晴有象矣
初三日晴 府廳堂期見二十餘人 餞請鎮李忍齋 貴州威寧
鎮弟石臣 柏自湖北凱撤水師回 有来晤 桂東人 曾署汀漳龍
道朱樾勤觀察明亮 来拜 縱論豪邁英概不凡 自述生平 大有奇氣
現赴左恪靖軍營 奉傳恪靖舊部也 仲瑜接粮道篆来拜

申刻出门贺仲瑜到任喜，顺道会拜弟石匠膳，接朴庵、子泉、振夔

芝内讯君书

初四日　阴，下午雨。中丞来道喜。前广东水师提督任星元来拜，为言前年

搶案也。唐蔭云、李黼堂来久坐。刘蓉氏来言黄嶽生有执挽之意

挽辞之。接汉口二十八日来信，生甫尚书到汉，帖舍弟分。大雨达旦值甚。

初五日　卯刻抚院衙参。午前仍大雨不止，焦灼万状。午后渐霁，惟

恐光晴为盼。

初六日　黎明又雨，午前後已霁，自酉时正起阵雨甚大，岁事可虑之至。

长江水师提督黄昌期军门翼升长沙人到省来晤，言家情慨望，亦知为

常人也晏峻山来論衡陽清查局諸多掣肘 致子城書 大雨達旦

如何如何

初七日陰午後雷雨 杜翟田来論長沙謝彭氏一案 午後上院 以沅郡米價日昂 軍民乏食 請由司庫（再 前已發善粮庫銀六萬兩分作四批委員採運矣）發善銀二萬兩 委員前赴常長兩郡買米運往糶賣 以資接濟 允如議行 會拜李君齋專 值拜黃昌期

晤談 會廣蔭雲中丞 即回署

初八日大晴 卯初詣李真人殿 隨同撫院祈晴 回署見客 是日本州縣堂期 又客来絡繹 自辰正至未初始得午膳 申初仍赴真人殿行香 樹堂中丞丁内艱 同人唁之 園圃池塘頗得疏曠之致 順

便一游至星曲辰寓少坐　李黼堂來出示參件　梧琴舟初三
日信知生甫擬初十日早到漢尚自新堤乘小舟先行坐船嗣來
至趣此行亦真濡滯矣　上變通米捐截止分撥餉項緣
初九日大晴　卯初赴真人殿拈香合周笠西晤談拜郭子美未值回
署見客申初補牘擅行啟謝札　上城工多剔應修應緩緣向來湘
垣城墻均由駐防營員承修年來視為例差往往任意開報不勘不估
殊不成事故有此緣　每年修城經費不下數萬串何處應修經由營員報院奉院批修即便無人顧問隨後報一
用帳動輒數萬歷年以來遂因成例甚至上年新修之城本年
即行報塌偶有損壞擬列表無分輕重均報重修並有任意拆毀者
冀工多此弊端不一上下恬不為怪　接李香時相批請覲事並手函見復獎勉
湘中公事大率如此

讀之彌增感愧一二意其留言中恐有不便入告當由鄭中丞轉陳請云云

初十日大晴撫院衛參祝周蓉帆方伯壽起後回署見客午後小憩翟由

来商件上部遂堂中丞書致生甫琴舟各一函吳令秉慈自祁陽回

公幹詢及衡永一帶歲事如何言南路大致尚好日內無雨可冀七八分收成

鏞兒喜期本擇十二月初八日因俗例避忌臘八復請李榜翁改擇

十二月十六日午時安床申時合巹

十一日大晴甚熱辰初詣浙江會館供奉文武帝行香拜謁趙公祠趙公號雲岑仁和人雍正年間任鹽道

會館是其首創也出小西門看申甫久談月底回蜀移住舟中將於會李次青廉

訪悟順道拜客午初回署天氣極熱午後未能伏案

牌示胡鎮罌武
岡州青目

十二日大晴 午前見客 申刻請黃昌期軍門及李愁齋、弟、石臣、西鎮

軍暢談

十三日大晴 府廳堂期見三十餘人 鄧子美軍門來辭行赴湖北久談 題

石臣托若允携之行 接生甫自漢口來信 閱御抄知文臣開缺送部

引見調甫放直隸大順廣道

十四日大晴 午前見客料理鄧姬復信並手改倪濂吟伯塤筆帖岩

諸君書 晚餞亮笙將有弄璋之喜 白鄧寄生地

十五日大晴 文廟行香 撫院衙參 送鄧子美軍門行 晤翁李蘭堂方伯

久談 午後小憩 未刻於署內東北隅艮方丑未向豎立吉桿 懸天燈 李梅翁

揩

言本月以之德聚會豎桿懸燈可期公事順遂闔省平安亦以求福
也故從之戌正初刻月食初虧亥初二刻食甚亥正三刻復圓作救
護禮迨上年經部查明定制三次行禮均穿青褂
十六日大晴 天氣甚熱手能伏案劉馨室來晤奉到穆將軍圖善書冊贈
行知以上年辦理西路糧台著有微勞於五月初六日奏請賞加布政使銜摺內有
隔省之員能以痛癢相關力籌大局殊深
甚之公忠體國循聲卓著等語閱之慚悚西路況是各屬米價日昂
兵民窘迫莫可名狀雖經疊次派員運買米接濟而緩不濟急深切隱憂查沿
邊各屬本有積穀軍務以來動之一空毫無儲備偶遇荒歉便成
束手之勢此亦有關大局宜思有以籌補之庶可資緩急之備也

十七日晴 李仲篛來晤鄧鶴卿觀察善燮仍攜題匾赴黔題匾來商行止意欲令鄧就黔也 委吳令秉慈幫同湖陰唐令勘辦水災

十八日晴 州縣堂期見三十餘人 答拜黃昌期晤（昨來甚早未見）午後小憩 致王子泉書并托多致各信 黃令應詰自華容禀報回知華（邑荻護城堤潰水災甚重印致岳州尚無專門先在藩庫令局撥二千串賑之）

十九日晴 午前見客 杜崔田府試畢來見久談 天氣甚熱未能伏案多華 容報災禀到知水勢極猛覆沉四百餘户甚先動倉穀二千石另撥錢二千串以資賑恤即刻批復并加手函勉之 接旭人書

二十日晴 撫院衙參回署見客 天氣炎酷似常於農（嵗功）甚相宜 迭接嘉定信并眺午自漢口來信 戚友責望之函日來紛來憂之無以自解矣

廿一日晴 彭锡翁来晤 感受暑热积滞不舒 兼以腹泻 颇觉不适 委
试用县杜令燮勘办华容灾赈
廿二日晴 请假两日 服普济丸 渐觉舒畅 泻亦止 致琴舫书 汇嘉银
捌百两 并复飞千信 又致宝岩 当云信各一 并促伯文来湘 复旭人书
汇银二千五百两 交蔚泰厚寄 曾澄侯自湘乡来 病假未见
廿三日晴 杜令燮辞赴华容办赈 促令即行 并嘱酌量情形随时商办 勿拘常例
黄昌期军门辞行 晤有诗文之约 赠以百金 书受俘受馘刻郑耳寿四色 接生
生甫言将于二十左右回南
甫琴舫十七日来信 言汉口水势较丙寅尚大二尺余 沿街水深四五尺矣 闻
郧阳知郡中已于五月十七十九等日连得透雨 虽节候稍迟 或尚可赶种

請領空白照多員

脱稿也 燈下作彥侍書交從九汪沛帶京寄先正事略四部厚彥茗書套

芸甫晴 辰初送黃昌期行 會曹澄侯姻晤 拜星曲辰夫人壽 少坐即回 回署午

後崔田來商件 致蓀[illegible]四月二十日書 發官寶文沈羅譚董七函均交汪沛帶交

彥侍轉送

芸甫晴 午前見客 杜崔田陸昭琳彭鏡湖三太守先後來商件 并論擬

賑事 崔田并言邵陽王潤生承澤係伊戊午門生 廣西候補道 照識俱

優才可大用 誌之以備採訪 致懋丹書并寄滙嘉銀八百兩交任大令之駒帶鄂

芸甫晴 劉星李夫人出殯 同人往奠 中丞辭不敢當 但收祭席 回署見客 接

奉部行文 改新班遇缺先名目指數及選補班次均另行釐定 大

牌示黄應燮調署平江 長壽巡檢吳輔清調署武陵典史

跂於密植大有裨益而於疏通正途之意亦隱寓其中 摺係吏户兩部於本年六月初三日奏准洵新章之妥善也

二十七日晴（微陰有小雨） 杜濯田生日 祝之 上院 面呈商安鄉撫恤事宜 定議撥發全錢一萬串 委候補府彭潤芳前往購米并令順赴華容沅江龍陽益陽湘陰等處查看情形 秋後應否酌量調劑 援照總統席硯香寶田告病假（不候批稟擅回本籍 眾論駭之）回籍中丞屬陵書促其回營 詣糧署與仲瑜商件 回署見客 畢曲侯者晤

天氣漸涼

二十八日晴 州縣堂期見三十餘人 貴州候補道易佩紳（號笏山）龍陽人 到省來晤論黔中軍事 極有見地 氣魄亦好 雖未必十分踏實 却非庸庸者流

牌示瀘溪典史熊光垚署理

牌示湘鄉典史趙嵩晉署理

也。長沙翰林王先謙來晤，甫自蜀回，頗談蜀事。李黼堂送閱鄂信。

二十九日 晴。早起見客。崔田來商件。接修伯五月十七信，以張伯亾耗。十餘載京華舊雨，休戚相關，近因久不通書，正深馳系，遽聞仙逝，曷勝愴然。慈諭趕速寄函為諜歸櫬，誼固不容辭也。擬委杜雀田、孫春舉會辦資撫災民事。連日省城外到有沅江、益陽、湘陰等處被水難民不下三千人，急宜分別資遣撫卹也。慎司舊吏陳以澍，改名步章，自鄂來見，已保分發知縣矣。夜雨。

三十日 早雨 午後陰。訪李仲箱昆仲晤，黼堂久談，拜黃子壽、瑜，均商資撫災民事。回署見客。杜孫兩太守來商件。以紹濂茜日無書言當時相留

有蜀中之行并提及出南買妾事

七月初一日 早间大雨 午後渐霽 文廟行香 撫院衙參 留(後籌)商各件 秋成已届 新穀登場(渐次) 若陰雨太多 必有霉爛發芽之患 紧要关頭急求(千日暢)睛 為福 省府縣来商件 料理積牘

初二日 雲齋 早起見客 衡州通判潘清 到省来見 人頗簡練明白 李仲筠 唐蔭雲先後来晤 均論洩(撫郎)属 後民多 致琴舟書 附嘉定信(言廟友挪商二十兩 侯信办理)

上李中堂書 蔚庭稿 略易之

初三日晴 府廳堂期 見四十餘人 長沙遺缺府壽昌到省来見 黄少鶴 庸訪 忠櫬入城 約同人祭之 送李恐齋行 今早来辭 赴綏靖

牌示寧鄉縣劉
驥署理平江縣朱
魯松署理安福縣
李汝庚代理慈利
縣姚步瀛先行署
理同日牌示沈殿揚
補乾州經歷劉國慶

鎮任也天氣復熱可冀暢晴前數日北風大涼是以致雨耳

初四日晴 詣院商件久坐回署樾岑來爲善化案也杜孫兩太尊來商

撫賬多斛理積牘 奉諭[illegible]查看宜昌等府地方情形遵〇〇另帶印

出省接北藩移部行上年大計考語才識宏通綜理精密部中亟署內

皆任所出也

初五日晴 撫院衙參回署見客首府縣均來見爲善化沈金氏案事

樾岑大淒意氣也酌定撫卹首城外並災民條款接生甫六月廿八信自述

納寵爲左支右絀煞費苦心其實可以不必只好付之不論矣

初六日晴 早起見客至臬署偕李榕翁商提善化沈金氏案筆後至

補永綏經歷劉光
倪補湘陰縣丞高德
曾丹永綏知事嚴
鑄仟補雙江巡檢
初六日牌示臨武縣
缺以劉鳳儀題署

十餘字杜雀由來言宜城內間有被水災民附住一併歸入城外給賑

初七日晴早起見客出城會拜黃子壽太史彭年順道訪薩雲溪

暑猶熾午後未能伏案

初八日晴州縣堂期見三十餘人銳中營統領貴州補用道李庭璋光燎

到省來晤論援黔軍事甚詳申夫來辭行將於十二日起程回蜀接

馬子巖元驤信言偕蔡舜臣隨同爵相入蜀定於初三日起程坐輪船至

宜昌登陸徑至成都接倪濂琴舟信

初九日晴晚陣雨達旦新統定中營張樹亭陛楷到省來晤論營務尚不浮滑似極要體

面者笪西來晤直牧王述恩補用縣言陸誥委審沈金氏案述知現審

供情并请示办法详晰告之。手致云卿书，并贺竹庐寄运司。

初十日雨。抚院衙参。中丞以善化沈金氏案吴令长清办理不善，饬长沙道会荫森不知政体，欲予以刻撤任撤差，当即陈说现在提审情形，请从容办理。黄少鹄家设祭，偕同人奠之。回寓见客。樾岑来，意气已平，颇悔前事之过，并论匪多甚中肯。至振钧局阅件。

十一日晴。午前见客。未正合拜李庭璋，出城送申甫，归均未值。至星农寓少坐。申刻中丞招陪申甫席，设又一村（抚署园名），景颇殊落，戌酒罢回署。

十二日晴。慈安皇太后万寿，寅初恭诣万寿宫，随同抚院行朝贺礼，黎明回署。小憩。彭雪琴宫保玉麟（衡阳人）以病回籍，到省来晤，英姿飒爽，心地光明，世所谓奇

男子偉丈夫也弱女人也午後出城會拜并順道拜客 酌定兩司會銜示稿因沈

金氏案有關風氣愚民藐視官長亟宜從嚴懲辦並一面嚴切曉諭也 接左恪靖六月六涇州大營所發手書論

湘子隴子均極詳盡 晚茶接祖光

十三日晴 府廳堂期見三十餘人上院偕李榛翁稟商沈金氏一案辦法

并請將裴道及吳令分别記過免其撤差撤任均荷允行 午刻中元

祀先敬謹行禮 接雨辰六月六日自雅州來書訂定娟子言女并易稱呼

稟陸堂上深為欣慰 李次青廉訪來出示通志凡例并申桃椌碧君張湘之議

十四日晴 午前見客 李仲舫來商撫賑事 張樹亭辭行赴貴州軍營玫

寅岩先生雲琴舟書 溫味秋學使自靖州回有書識往拜晤談 接琴

牌示衡通判潘
清署善化縣
事

再紹濂書訃鄂多叙詳并言生甫已於初旬携妾南回乃已至此與
其隨處安頓不如挈之回家也 接孫舅六月廿四信 黎明雨
十五日 午前雨後霽 文昌廟行香 撫院衙參 中丞以申甫參案部議
降三級調用 特旨改革留 懍遵 朝廷整飭從嚴之意 仍督糧
道台吳令分別撤任撤差 詞義決絶 無可置詞 適逢其會 亦可云巧
也 回署 段杜崔田潘篠農吳蓮室偕来分别慰諭之 溫味秋學
使来晤 閱李酉蔚相北省甄別名單 荆州府柴光改同知即選 侯補知州 署南漳
趙晏清 劉祖蔭 雲夢縣玉昌 黄州衛汪琳 均革職 署竹山即用
知縣方連翼改教 光化程瑞彥 鍾祥張梓 均開缺另補 漢川縣德庸以州判選用

十六日晴 辰刻隨同中丞閱視貢院新修工程自二門至照壁均較前拆擴闊敞局面頗好回署看見客竟日俗冗 越南貢使回國過境

甫蕭堂來談 錢佑文卸瀏陽事來見才幹頗好

十七日晴 黎明陣雨一次 午前見客午後訪崔田晤談送李庭樟行 看製檄參以撤差慰之 酉刻回署 順道拜客 蘅雲來晤

十八日晴 州縣堂期見三十餘人 李楷翁來晤 越南貢使黎峻等來見勞之 李和甫均觀察護送回粵來晤久談 接琴舫十三亮筆禪信

李紫侯來擬送相侯讀書 接李小荃中丞並曾威毅書

十九日晴夜雨 新寧候選道江忠濬芳幼陶來見 岷樵先生忠愍之弟也行四 頗能議論言與粵西

牌示吳嗣仲署
沅州府

委先詳件改禽拜李和甫未值禽刘馨室晤順道拜客料理積牘

二十日陰　撫院衙參　孫春皋來論撫賑事　並馨看粤西之後過此得晤

令人有不勝今昔之感

二十一日晴　白蔺翁來晤（周笠西均）吳春谷來谢委　論息邊多不為無見　下午赴粮

署公請李和甫觀察寅缺外惟星甫良附分以粤西同官也　戌刻回署

年間分發道高見山本仁來拜　雲南辛丑進士用中書現辦席罷路（係滿洲同知分發貴州）

粮台人極老練論西事似尚不無迴護

二十二日晴　孫春皋來論撫賑事　上院禀商事件　久坐　致中丞書

叢琴舟信

牌示部慶飈到衡山縣任

牌示衡州通判王汝惺署

二十三日晴 府廳堂期見二十餘人 仲筠来言近日西水大漲沅湘益等處災民無家可歸恐非借帑修堤以工代賑并省城加賑展限不可 為閔民嘆然論如何為難總當力籌安法先即稟商撫憲酌量施行 接琴舫十六日信并朱甫觀見鎮江舫次信 接席硯香信藉口多病退志頗決

二十四日陰 午後陣雨甚大 部令慶飈玉笙来見 氣度甚好 人亦穩練 湘吏中不多見也 部筠翁来久談 論粵東事甚悉 惟田本商件 手復裕濂書

二十五日午後雷雨 撫院衙参 會部筠翁并縣李次翁久坐 酌定三年七月以後軍需奏銷文代各屬分别核銷 撥抵章程 接李中堂七月九沙市手書

二十六日晴 午前見客 慈親至陸公館 到湘後初次出門也 致衡峯書 相侯代稿 燈下作彥侍書 又摺并帶 托姊魯多

二十七日晴 上院稟商多件 會拜沈幼裳道拜庚侍經 渺人也 摺弁回奉到謝恩批摺 軍機大臣奉〇〇旨知道了 本日據劉崐奏留該藩司暫緩陛見 已批諭該撫照所請行矣 欽此 接彥侍六月二十一日信 附經師五月十二手書并譚竹翁 寄雪翁後信十封 竹翁獎勉備至 情誼肫摯 雪翁則誇飾太過 殊未能安也 接到洪沂孫訃告 知已於六月是日扶櫬護眷由水路回南矣 接次園信 言南北平安 惟慕笙新得之子忽爾夭折 殊為悼惜耳 夜雨甚大

試用府經歷鍾倬恒
代理晃州通判多

二十八日陰 州縣堂期見三十餘人 毓女許字鍾雨辰次子 蕙闓命做
團圓（取團圓之義）分送親友家鄉風俗也 晚設兩席并賞內外各僕喜酒 接琴
舟廿七日信 附到嘉定九日信
二十九日陰 崔田來論撫賑 多湘潭教諭鄭湘儒送考來見 與之語頗有
根柢 教官中不多見也 閱陽明先生年譜上卷
八月初一日陰雨 文廟行香 撫院衙參 會李仲約 並商賑恤事 春皋來
亦為賑事也 外甫到館 接玉階信 言將北行
初二日陰 客來幾簡 料理積牘 閱陽明先生年譜下卷之半 接琴
舟書 并寄壽禮 要於九月間四十初度也

牌示寶慶府知府壽
昌先行署理

初三日陰雨 府廳堂期見三十餘人 次青来說言將回家過節 閱陽明先生年譜下卷畢 收割未畢連日陰雨不無妨碍 焦灼實深 接雲帥信言當於十月間過此

初四日陰雨 雀田春昇来 商定撫賑事展限半月 仍截止另行清點 俟一月後起支 以期核實 并以数日衆現已多至四萬餘人 擬俟一月後大口酌減十文給二十文 小口酌減五文給十文 藉保節經費而備推展 樾岑錫之笠西先後来晤 午後出門拜客 晤樾岑睦舍蔭翁未值 閱陽明先生南贛書六卷之上

初五日雨 傍晚霽 撫院衙參 回署見客 上李少荃郭遠堂兩中丞書賀節 接琴册 加草

二十六日信

初六日晴 寅正恭詣文昌宮主祭後殿 卯初隨同撫憲行秋祭礼 黎明回署小憩

牌示長沙縣丞羅春
泉調署武岡州同任

郭筠芳昆仲先後來晤

初三日大晴　卯正詣李真人廟隨同撫憲行謝禮　本定初六設壇初七

祈晴　因天氣大好　故遂行報謝禮也　順道拜客　蔭雲來晤　論援黔軍多營

閨患肝氣甚劇　延趙蓉生大令森診視　服藥後痛稍止　惟身熱氣滯不思

飲食　頗覺困乏　接蔡文臣信　言開缺不深自怨艾

初四日晴　文廟丁祭　丑正恭詣主祭後殿　寅正隨同撫憲前殿行禮　分獻東配

樂舞與鄰垣不相上下　惟欠肅靜　正逢院考　看者尤多也　卯初回署小憩　萱閨

肝氣稍平　畧進粥餌　身熱亦退　仍請趙蓉生診視　照昨方畧有加減

初五日晴　撫憲祭社稷壇　余分祭神祇壇　設三位　一風雲雷雨　一封內山

川　一封內城隍

鳳廛署長沙縣丞
葛延署龍潭巡檢

壇設劉猛將軍廟在天心閣下寅正恭詣行礼回署小憩接琴舫信

萱闈諸恙漸平飲食漸進仍服趙蓉生方 悅飯後氣滯非常胸膈疼甚吐後稍平

初十日晴 撫院衙叅順道會客 胸次似仍有積滯作疼未已竟日欠舒暢

十一日晴 湘筆自鄉到湘就善化館延 氣仍不舒 請蓉生診視 言肝

胃稍有不和 服一二劑即可痊愈 下午較好 萱闈漸次復原 仍服蓉生方

十二日晴 武廟秋祭 寅初恭詣主祭後殿 寅正隨同撫憲前殿行礼回署

小憩 午前見客 星曲辰來談 下午氣仍阻滯 胸膈覺不適

十三日晴 氣仍未舒 謝客一日 接琴舫信

十四日晴 氣仍未舒 稍節酬應 左晉喬先生來晤 致虎卿書

牌示澧州〻判張祖
馨代理

中秋節
十五日晴 文廟行香 撫院賀節 寅僚来賀廿名辭謝 今日氣稍平 後晩酌

劉四嵩戚友

十六日陰 氣俾漸和 手致何白翁暨月樵書 晩酌裹生並陸氏〻昆仲 晩飯後氣又不舒

十七日陰 分祭風神 寅初祭稽神祠行礼 同日祭龍神 撫憲未祭 分前後

殿也 午前見客 彭錫翁備差回籍来辭行 仍約趙蓉生診視 云肝脉甚旺 即服其方

十八日陰 詣院稟商事件 會拜左景喬先生 晤午後 氣體漸舒 仍服蓉生方

十九日陰 午前見客 签西來 後午後送彭錫翁行 順道拜答樓琴舫 廿三信 附生甫信

二十日雨 撫院衙参 回署見客 裹生到館 是日由長處教讀 手致琴舫生甫書 東善化書館

廿一日陰 崔田來商件 久坐 諸恙漸平 仍請蓉生復診 云肝脉尚未尽和也

作嘉定信由漢滙五百元

廿日霽　分發火神印初恭詣行禮　騎月樵同年之三世兄亨衢號雍齋自京來湘為覓館計　猗有彥侍樵孫各信　人尚倜儻　畧嫌浮動耳　仍服茯苓生方

廿二日晴　料理積牘　接亮笙十七日信　嶧生有信　提鎬生事閔閔實堪痛恨

廿三日陰　午後出門拜客　會白甫蘭翁久談　將往北城　繳雨未果　非衣樾翁借着回籍　商湊川資　以四十金應應樾翁　於百里稍久　通達人則勤篤耐勞苦不失為君邑

二十五日雨　撫院衙參　回署見客　下午小憩　日來肝氣已平　精神尚未十分振作也

廿六日霽　午前見客　前山西臬台陳舫仙康訪　湘鄉人　退回籍省來晤　久談　器局開濶　英姿颯爽　亦湘中人物也　手致鄭譜翁書

牌示乾州河溪巡檢
張華清署理

二十七日晴 手致茗笙（署二十日）彥伯書 午後會辭陸舫仙廉訪晤談 得彬生師訃告（丁內艱）并寫致唁函
二十八日晴 州縣堂期見四十餘人 上經師書并手致筍亭修伯信 均就尉庭稿
甚易易 接琴舟廿二日信 言伯文已於二十日到漢 與亮笙約定月內來也 伯文亦有信
二十九日晴 午前見客 總辦常德厘局員外郎徐雲衢蕃（本長沙人）到省來見 人尚穩
寄封筱亭信 交芬壽擢差帶 陸大令延澤送培遠堂偶存兩冊（陳文恭公五種四種）遺規手札節存各一部 大令文恭公之玄孫也
九月初一日晴 文昌廟行香 撫院衙參回署見客 手復林綬卿兄書 霍甫
以集賢堂帖及袁咸地理全圖見貽
初二日晴 温味秋學使試畢來晤 自巳初至未正客來不絕 呂六世兄自
貴州來 將回金陵 言組卿（呂三世兄，現署松桃廳）多甚荒唐 贈以三十金 并另付川資為

之照料搭船臨行▢以讀書數品勉承先澤鼎助之　候補通判陸端瀛
因錢舖（永豐）倒閉伊子取錢擁（擠）被縣役押送一事捐貲善化縣令主使開歇精
圖爲肥養情語甚不經形同無賴嚴批長沙府查辦爲別實究虛坐仕
途太雜人類不齊風氣愈趨愈下令人有世道（心）之憂符介臣信（歡喜）自
衡山來晤久談明日即行申刻赴誠會之弟會與之晤道便客　先嚴
冥誕敬謹致祭菜緣久虛祿養未逮思之黯然
初三日晴　州縣當期見三十餘人陶仲瑜兄來為（晤）陸端瀛事為之解釋以事關（狗首府縣之請也）
風氣未即許也紀樂機爲來晤托京所渠家園借字會廣募捐助事未刻偶中痧
寫字函多件歸後拜客

牌示永州府篆務
孫相生署理

初四日晴 星農生日祝之 順道會客 笠西仲猶先後來均久談 何根雲師之四世兄以嘉蔭
善化籍入泮（來拜）有秀挺之氣 世孫桂濤同來亦新入學也 白蘭翁來晤並言陸端濂多
任矣

初五日晴 撫院衙參回署見客 接琴舟廿六日信（又紹濂廿二日信）知譜翁已於二十六日回漢陽

初六日晴 黼堂星農先後來晤 內子患肝氣甚劇 屢作厥 遂延蓉生
診治 即服其方 伯文（酉刻）到湘 亮笙伉儷同來 天晚未及登岸 黼堂以李
文恭全集見貽 并附多慈部太夫人詩集（以銀百十兩得三通全部 亦黼堂手來也）

初七日晴 祝蔭雲生日 送樾岑行 順道拜客 手致琴舟書 為潍雲舅氏（將回嘉擬留館席）事
并致譜翁暨舅氏書 均相候福 亮笙挈眷到署 內子肝氣稍平 惟牽引

瘦疾並發燈後復又厥逆人甚疲之邀汝光為傅甫九成診視試服其方

初八日晴 中丞閱視南城新修工程隨日查驗登天心閣（在南城隅有城樓原）看城形勢歷歷在目亦

勝觀也 若農孫女賀之 接琴舫仙濤初二日書 又亮笙帶來芝山識民各信

芝山並贈楹聯 內子發熱嘔逆痛亦未止 燈後邀若生診視仍服其方

初九日晴 登樓貴前營提塘黃金榜來見 調補零陵嵇令有慶卸慈利事

到省氣息尚好人亦能辯

初十日晴 撫院衙參 酉刻兩縣稟知中丞夫人於申刻辭中仙逝即往看慰

同人咸集 晚請琴舫令岳李心安昆仲并酌亮笙伯文手定詳請派

委首府縣暨縣丞伍繼儀添派委員清理交代局務稿

牌示零陵縣嵇有
慶到任

牌示來安芷人洪巡檢
彭驤到任

十一日晴　午前見客　酉刻詣撫院送殮并慰中丞　葉蘄（少相之弟小名老么）自江北來

十二日晴　午前見客　星曲辰來晤　戊辰榜眼黄自元辭行赴京　人極誠朴宜詳
請派吴（知縣諸桓）清整新舊招撫積案稿

十三日晴　府廳堂期見二十餘人　詳明佐雜教職遇有任卸及學明各件正准申
請該管府州縣核轉不得擅發通詳　手致盛旭翁書交汝明面致

十四日晴　祝白蘭翁生日　訪仲瑜談汝明將於明日回嘉本日申刻　接寶
岩信　知伯文苟慈卒於八月二十四日作古　距伯文赴楚之日僅半月耳　造物
之巧如是　以此間照料需人　致將子佟天有恨相對　殊難爲懷也　遂議借汝
明同歸　繪理表子　星農燈役來看伯文也　接琴舟信并寄示東甫書

牌示朱汝瀛署靖州吏目

十五日晴　文廟文昌廟行香　中丞以期喪二十七日不會容兩月不與朝祭　作岩雲黄岩琴滙洋三百元舟書交汝明伯文帶即日申刻登舟桐侯秋生竹甫鏞兒均送出城尉庭移榻進署

十六日陰　撫署公祭收祭筵及幛奠分未收　中丞請假一月本日由三百里發　手致譜翁書論以鹽局須虎卿重陽日信言將入都引見知小宋調補晋藩遺缺滌山升補北風甚緊下水船守候未開

十七日陰雨　曾澄侯自湘鄉來晤　致小宋書并送壽幛知其老嫂太夫人病殁靜翁有子官於蜀小宋頗慎重其子也　作琴舟信即寄

十八日下午雲齊　州縣堂期見三十餘人長沙令陶勤之變成於昨晚中痰身故子

出倉猝，覩老子幼甚可憫也。請商中丞以姜化仝潘筱由長清暫行兼理，是宦青卿路

缺俾得代為稽之料理。鄂署衡山李丞惟丙妻赴郴州查案，來辭，與之久談，

人極沈著，湘吏中不多見也。論長善大段亦頗詳悉。接琴舫綵濂十三日信，知振嚨又署鄂臬，菊人署荊道。

十九日晴。閱視各科房定交代局公忌。會拜萬澄翁手定變通章指詳稿。

芝主人以扇頭自書寄贈，由雪翁自滬寄湘，兩人均有書。書法愈進，究竟伯寅矣。

二十日晴。撫署期會，中丞二十四日內免衙參，同人以相見太疎，仍按期一聚，藉商

公事並可晤談。雲卿自巴陵到省，將赴廣東運使任，來晤，暢達談。彭

鏡湖太守月安卿華容、沅江、益陽等處查辦災賑回省，於各路被災輕重及議辦堤務、賑務均言之歷歷，不負此行。

廿一日晴。巳刻出小西門會雲卿，未值。回署見客。未刻約雲卿小敘，邀瑩西作陪

縱談竟夕亦一快也

廿二日晴　午後訪鄮意翁久談　胸次似欠疏散（消）四肢亦覺乏力　恐受夜涼所致

廿三日晴　蔣薌泉廣訪來晤久談　其名和次日見也府（□）聽堂期見三十餘人

翁拜蔣薌翁并訪何貞翁　均未值　手致小宋書　傳聞與余頗有意見書中特敘及之

接琴舟十六日信

廿四日晴　楊海琴觀察翰（庚沅道現由省調署岳常澧道）到省來晤　雲卿來辭行　久坐情意殷拳　囑相僕作書四幅贈行

殘後可感　為之題跋　鏡湖來　後詳詢各屬被水情形　偶言及東安胡龍光

京控命案可見為上司者成見萬不可有也　致琴舟書交王桂貴（李長）口五

廿五日晴　撫院期會　出城送雲卿行　坐船已開　隨船尚未行也　會楊海翁

牌示沅江沈鎮到任
龍陽張奉祥到任

未值着黄贵赍赴漢口迎候生甫晚侍堂上持盞慈颜喜悦

二十六日晴 自辰至未客来不绝頗覺困乏蔣藥翁来久談滙言本邑錢糧浮费事蓋意有所指也 下午小憩

二十七日晴 詣院稟商事件歸途會客下午劉馨室来久坐料理積牘

二十八日晴 州縣當期見三十餘人申刻因人公請楊海翁一客名生共兩席設本署

二十九日晴 視李榕峯廉訪生日 未初蔣翁来晤 閱李文恭奏議 倭艮峯太夫子寄示史館輯要石刻裝池成帙可作座銘 接琴舫廿三日信 生甫有十月初五動身之說

三十日晴 午前客甚多 申刻會蔣藥翁并復所言錢漕多久設部意翁来商件

楊海翁来辭行 上曾沅浦宮保書告以蔣藥翁来意并請設法調停

牌示湘陰大荆巡檢
陳颺邦留署理

十月初一日晴 文廟文昌廟行香撫院衙门添是日中丞始釋素服見客穿元青
褂日人均常服掛珠送楊海翁行回署見客午後料理積牘夜雨
初二日晴 孟冬祀先 易笏山观察来晤并送嶽游记一本議論絡繹洵非
凡品也 致彦侍書并由漢口滙銀一千二百兩内扣以備捐項及随時買物之用 爲書林師藉捐新班遇缺先訓導
信致琴舫托寄家信并滙款
初三日晴 府廳堂期見三十餘人午後訪蔭翁設席砚香自未晏到省来拜未值
接琴舫昔日信汝明伯文犹未到漢也北風多阻顺水亦遲滞若此
初四日晴 早起出门會席砚香晤論及西路軍事多和次見面未饰奉言也吊陶
琴贊子少翁出見对之可憐會王和翁晤談回署見客前署廣西撫標蕭榮芳

遣
奉中丞札调差遣 出申刻至星垣寓少坐 赴馨室招 芝岑荫云同席 初 散 已亥
顺道拜客 奉左帅请撤妾会 甘稍
初五日晴 梅院衙参 因略见客 席砚翁来商西路军事 识见不免偏执 却是沈
着 览一路 鹤田筱农均来论龙阳厘税 瑶安少下午甚觉疲乏稍憩
初六日晴 桐侯秋生馆室移至李氏院上房后厅将为镛儿授室也午后谒中
丞禀商事件归途拜客
初七日晴 席砚翁来仍商西路军务 陶少云观察寄赠文毅公全集一部 计二函本
复曾沅浦宫保复书 先如请行 所得
初八日晴 温味翁辞行 接试常德李仲翁来晤久谈 午后会席砚翁并晤 汪少芳奉差到湘言已于三十日在北河口遇汝明伯文船
送温味翁行 访仲瑜论西路饷事 灯下检查

牌示潘清調署長
沙縣錢紹文代理
善化縣
牌示呂汝鈞署華容
縣瞿宗裳回安鄉
縣蕭韶暫改酌

九日晴 接琴舟初二日信 汝元尚未到漢也 畬黄昌岐軍門信并附蘭譜 翼外 有子訂交
料理積信
初十日晴 慈禧皇太后萬壽聖節 寅正恭詣萬壽宫行慶賀礼 中丞以
期服未滿月未到 卯正回署 不慧 仲瑜來 商局員請獎 夕燈下持螯
十一日晴 開交代局 午前見客 鄙意翁來久談 閲李文恭公集 改拔鎏書
十二日晴 午前見客 作嘉宝信 改琴舟稿寄
十三日晴 瞿臣兩署仝來謝委 與之詳論安華堤務 并加獎勉 冀以挽積疲而
收實效也 午後拜張笠臣自牧 席硯香 悦仝赴衙劝捐 并悦余親往勸駕 重違
時席方綰便捐監諸事 明
席意挂徇其請 得琴舟初八日信 并附汝裕文各信 知初五到漢 初六即上輪船東下矣

十四日晴 午前客甚多 蔣藥翁来久談 周笠西 張笠臣来相晤 三營柳文周有事来商 申刻公請席硯香 榕峯 仲瑜在座 蘭岩因病未到 大仰中風尚輕耳

十五日晴 文廟 文昌廟行香 接院衙參 問皋蘭翁病 遇 當 蔣藥翁 回署見客 易晤姜觀察潤壇 劉樸堂太守倬雲来晤 商辦甘捐事

十六日陰大風 唐蔭翁来晤 料理積牘 并具勸辦恤嫠告堂公呈

十七日陰 仲翁来論資遣災民事 硯香来論西路餉事 唐硯農觀察樹森 蔭翁之堂姪 接加鹽銷局務来晤 致生甫書 附琴舟信寄漢

十八日陰 州縣堂期 見三十餘人 硯香来談 詣撫院稟商事件 冀理習之會易晤姜 劉樸堂 接琴舟十三日信 附劉兩辰書 九月廿六成都發 托匯款至杭 晚讀莛公祝 劉田君家人

牌示湘潭縣丞何
承霈署理通志局留

十九日晴 李榕翁来商件并以老病有退志婉言勸阻之長州太守劉
曾撰詠如因公到省来晤在漢上曾見過人圓能文也寅僚以卑初度礼意
有加均辞不敢受惟屏已製就勢不能辞竟日修修頗增靦顏也
二十日晴 接院衔条归途拜客寅僚均先期称祝一概辞谢硯香来辞行
晤界商及日從鈞為岳多接生甫九月苗信倭商甚為一切言月初準可動身
二十一日晴 四十初度慈顏有喜率全家叩祝並遥聞寅友以称觴請先固引恒言不移之義辞
之内外一切均照例常年生日例未敢增益亦以忝竊高位本年被水災民
尚未復業義不應稍涉逸樂也補過不遑
二十二日晴 南城謝客送席硯香行祝伸瑜生日曾沆甫宫保到省来晤

牌示鄞縣陳有金鉉到任
宜章王道隆到任道州
劉友鄧代理寧遠（王）國馨照治
（徽）山署理
鳳凰同知吴振增署理
均酌

知以述湘鄉錢糧已調停矣貼蔣菊翁無異詞矣申刻廿楷開局易的
羨劉朴堂拔集張笙臣在座戌初回署
二十三日晴 北城謝客謁中丞稟商公件東墅到省来晤梅汝明十二日信言生甫
已於是日趁澹十五坐江龍輪船赴鄂大約十九可以到漢琴舟十六專函大暑相同
二十四日晴 訪李榕翁請擇鏞兒合巹吉時為擇十二月初十巳時安床二十五日巳時成
禮回署見客自巳至申絡繹不絕頗覺困乏晚錢舟甫昆仲蒋四南營葬也晴杉来
二十五日晴 豈甯連日傷風咳嗆昨晚愈甚延張令玉森趙令森先後診視
服張令方料理積牘接子城二十日書時在蒲圻清理交代也
二十六日晴 撫院上衙 會東墅道胡聽泉鏞張文星憲秋各要揖喜

牌示湘潭縣丞改委曾治平署理

營閩咳嗆嗽稀仍服張令方 管帶廣武軍候選知府顧錫蕃到省來見

二十七日晴 午前見客 致琴舟書 申刻請杜雉田 劉詠如 張東墅三太守 潘筱農 錢子仙二大令 小甫睛形回籍安葬 均來作別 夜雨

二十八日陰 梅孫送殯 步行送出城 內印登輿 繞道至金剛院（南門外三里許） 候安座後行礼畢 卯回署 接彥侄八月二十二日信（附譚載蕃各信） 摺差帶來 中言截取引見事 危而得安 亦兄善心處逢之不負也 又接九月廿信 汪典史沛帶來 承惠鏞兄壽字禮物并附函 托購朝珠首飾各件

二十九日晴 致彥侄書并附年節函手函九件交摺差帶 唐時雍自祁陽來 錢梅

名寳常萍石湘吟之胞弟

偕月湖江来，均晤。特雍以祁陽石桌椅面一堂見贈，以譜答。十五日書 又初二日手書、紙 復諭川益乃

十月初一日 雨 文廟、文昌廟行香。撫院衙參。刑部員外 記名軍機 蕭杞山韶来拜，清泉人，氣息頗

好。接楙甥生甫二十二日来信，知已於十九日抵漢，二十四日坐滿江紅赴湘，譜翁派陳鳴勝

砲船護送。琴舟信，大[illegible]器相同

初二日 風雨竟日。清理案頭積件。以白英文書，并寄重建黄鶴樓碑文 燈下跋琴舟書

初三日 陰，初寒。府廳堂期，見三十餘人。長善来，指開局，偕仲瑜前往。小坐，歸途拜客

訪唐蔭翁未值。接金眉生信。乃姪桂森 立夫 帶来，言將赴庠營投効也

初四日 陰雨。午前客甚多。跋雨辰書。料理積牘。天氣驟寒，較昨尤甚

初五日 陰雨。撫院衙參，回署見客。蔭雲来談。接琴舟廿六日信

牌示湘陰新市巡檢唐錫琨咨補安福典史，陳宗翰咨補澧州清化巡檢，楊濟時咨補攸縣典史。

史楊漢章咨補桂陽縣
典史張恩浩咨留省瀘溪
典史余灃咨補
牌示永順縣缺桂
陽縣唐慶調補
城步縣缺茶陵州
判平守基升補
牌示安鄉縣篆杜
燮留省理 瞿宗裘丁

初六日午前雲霽後陰 劉詠如辭回長州 馨室來談意將回粵也 接彦侍九月廿五六若
笙九月廿五信附到吉人一械又厚庵一紙均茀壽捌弁帶回
初七日陰 上院禀商事件 李吟翁來晤 未刻 生甫挈其令愛抵湘
稽住大公館 係甫二嫂同來一路平安可喜 接嘉宦十九信數行 燈下草覆育
初八日陰 州縣堂期見五十餘人 至大公館看生甫久坐 接修伯次園書
人鏞青浚曲公孟以四十初度并鏞兒完姻遠寄礼物情意拳拳可感
初九日雲霽 張公直王來商米捐事 接琴舫初三信 竟日料理瑣碎殊形碌碌 燈下手復此間人書
初十日晴 撫院衙參諭省局委員由軍營開保不由司道詳請既非政体之宜
亦啓鑽營之習請嚴加杜絕以正紀綱 李默辭赴衡卡 生甫來商定行聘一切

牌示郴州直隸州吳錦章署理

十一日雨 預備喜事一切

十二日陰 至公館晤生甫翁次青未值順道拜客

十三日霽 府廳堂期見二十餘人閱嘐嘐言三卷竟日疲懶未能振作

十四日晴 黃海華文琛卸永州事見湘吏中之老於世事者詣中丞稟商事

件翁劉蘭(馨)室晤請星甫侯代媒(原媒王松泉)少岑送奩暨到未值回署料理積牘

十五日晴 文昌廟行香撫院衙參吊丁伊輔(善化癸未翰林)學士回署見客接琴舟初八日信

閱邸抄知李霽(棠)相查辦之案已了(赴蜀)傅吳誦宣制軍被劉(嶽昭)制軍所劾查無

其事吳無事劉申飭另案御史張霆及龔承鈞奉劾之成祿龍茂道鍾峻(山西)(丁憂)(葉成永衣)(家劄)

候補道彭汝琮革職勒令回籍(敘用)案之完結時相日內當旋節矣接子密寄示縣書襍記三卷

十六日晴 拜彭鏡湖太守潤芳 請倩星垣長代媒 順道會客 手致彥侍次閣 滙京足二千

子白衡峯信并致正侄師稟稿 交元旦揩差帶京 午前裝盤

十七日晴 巳刻行聘 用衣裙二十件 首飾十六種 一切皆萱堂親手理料也 喜氣

盈庭 慈顏甚爲喜悅

十八日晴 州縣堂期 見二十餘人 內子至陸宅 請星垣夫人攙親 接琴舫十三日信

附到嘉定初四日信 知蘇州已去 過濟大馬 均浹洽矣 慰慰

十九日陰 祝仲蹄尊翁壽 至先甫公館少坐 冬至祀先 布置李花廳各處

二十日陰微雨 冬至令節 寅正恭詣萬壽宮 候中丞至 隨同行慶賀禮 禮畢天色尚早 官

廳小坐 候蔡明經上院賀喜 辰初回署 小憩 周黻軒自滬來 又出意外也 上李中堂書 致彥侍信 寄先

相侯酌定婚禮儀注 并仿照俗也 正日略八部文言 大令陳浩帆

牌示桃源典史試用
從九駱家祥署理

二十一日雨 午前陸續見客作嘉定信附年節悟意草

二十二日陰 坤宅運奩萱闈親爲佈置一一安帖改琴舟書 附嘉定信滙洋八百元年內所需也

接李中堂十月二十日（成都發）信言開濬碧浪湖事即次青原議也并言查办各件甫經

奏結又奉諭查川鹽教案日內改櫂重慶俟察情形再行相機回鄂

二十三日霽 詣院稟商事件并請假三日順道會客喜事一切大段預備停妥

二十四日霽（請假三日） 午席請栩侯（業師）秋生晚席請星農（大媒）鏡湖演人和部熱鬧竟日

二十五日霽 辰初發轎（巳初迎娶回署）巳正成禮午刻祭祖畢初見禮畢正請新人請女客即

遣鏞兒拜門是日演普慶部一堂喜慶慈顏大悅

二十六日晴 午甫會親并請在署戚友共四席仍演普慶部

壬子西年

二十七日晴 北城謝客 詣卞院銷假 并謝步 章蘭舫太守學開 卸沅州府（代理）

子来見 論邊事甚有見地 并極言吏治之難 清理甚多 一切開發（軍營採辦為近日第一累民之事 紀為之更□政 張不可）

二十八日晴 南城謝客 拜奠甫去位 料理積牘

二十九日晴 午前陸續見客 吴定生善寳 自安徽来晤 書事開發料理完

畢 接琴舫廿二日信 附嘉定十八日信

三十日晴 意誠来談 祝桓泉觀察壽 接雲卿本月初二信 知已於前月二

十八日受篆矣 接旭人令郎杏孫信 言海明府蘇壽情 因甘名保案執弟子禮（并承寄以多檀香椅一堂共十六件）（鄴中）（来書）

十二月初一日晴 文廟行香 撫院衙參 回署見客 奠甫移楊署 設席酬之

初二日陰 午前見客 孫春皋乃郎 濬 来見 氣宇英發 可喜 作嘉定信 附致飛千 呤魯（本年新中）

上左宮保及李筱荃中丞書均相候稿附年譜稟去

初三日雨　府廳堂期見五十餘人　致琴舫書附寄嘉定信

初四日陰　午前見客白蘭若銷假來晤大致尚好惟步履艱澀心氣尚餒培養後原猶（必）需時日也張笠臣來商酌指多接琴舫昔書

初五日陰　撫院衙參與徐熙堂直刺酌定年終格外資助名單湘省佐雜及多（無多）故家屬每年例有資助惟因通州縣無之近來需次人多差使擁擠竟有釜下不去者創議將藩庫（自）應由藩庫每月公費銀五十兩自三月起至年底止共銀五百兩又益以（酌提）米捐局一成（飯食）費銀三百四十兩合成八百四十兩採訪貧苦六十人每人送銀十四（五）兩俾資補（卒）歲多難情隱亦行其心之所安而已　手致心宋書信附年譜

牌示永定典史潘
振猷西府理

初六日晴 李次翁来商通志局事并辞了回平江过年 上李中堂书后拟附年节禀
疏浚碧浪湖事相候稿 喜事十二朝晚设席请朱甸蔚庭来陪
初七日晴 午前络绎见客 未刻至赌销局商凑饷项并甘稍与论勤办宜局 访李仲镐
商年内赈恤多城内外被水难民来住回籍者尚不下数千人 回署已傍晚矣
初八日晴 州县堂期见五十余人 上院禀商事件 荫云馨室先后来
晤接琴舟初三日信 又从沪信
初九日晴暖甚 宝庆董芗委绅曾寿麟来见后日生挽 人颇沈静有见地 仲镐昆仲先后来
谈 慈亲右目忽不见物焦急非常举家亦深悬虑 邀吴生诊视云系肾水太亏所致 初起速治尚可痊复
用六味加菊杞汤服之以期渐效

牌示瀘溪縣周廷相署理，試用會同縣袁恩
幹署理，正途保請張家
壩巡檢陶培署理，酌晃
州滰伞巡檢施文郁到任

初十日 雨，大風，冷甚，夜微雪。撫院衙參，知明年地丁車餉祇撥五萬兩，從截留先餉之請也。○廷臣來，堂
不以豎子為重，統師步宜亟何舊勳圖功耶。回署見客，料理積牘。謝小莊觀察遂揭瀘溪、會同兩令
十一日 陰，夜微雪。萱闈以眼疾心焦，致肝氣上逆，昨晚飯後陡作昏暈，辛卯時平復。當延
趙蓉生大令診視，言心脉肝脉俱大，投以和降之品，竟夕尚安，本日漸氣舒展，惟四體
甚疲乏耳，仍請蓉生照昨方加減服之。鶴田來商件久坐
十二日 陰。萱闈氣體漸安，仍服蓉生方，并邀復診。陸稚初游府海鵬來商查賑災民
擬年終酌給撫恤，而城內外人數約尚在一萬四五千以外
多，誠恐漫無稽核，故先以編查災民戶口為由，冀得實在數目。陸庠硯香書蔚庭代稿
條達兆常。首府報本年省城內外撫賑各項經費實用錢四萬一千三百五九千零，閱報
銷冊送核，各州縣應付請銷清冊，逐一親加稽核，分別刪減，此項詳定章程，准其列抵

牌示保靖縣林從
欽署理勞績

交代並庵皆亂正帑不能再有浮濫也

十三日霽（天氣發寒）府廳堂期見三十餘人，謁院商件，午後料理積牘，發琴册書

萱闈誤恙發平，惟仍覺疲軟悶煩，仍復著生方

十四日陰 會張笠臣論閩梢為至軍需局（與陳炫翀、彭鏡湖兩太守）通籌年內餉項并來春應辦各

宜。易晦蕃來晤。劉元自京回，帶到彥倚、鵠山各信，并以四十初度（皇[illegible]題雲）賀鏞兒完

姻，因人惠既有差遠道多情殊可感也。鵠山書論時事較詳。接蔣人書（詳述鄂省堤務）

十五日晴 文廟行香，撫院衙參，回署見客。鶴田來商件，定詳請奏咨部議飭撥

黔餉局鹽釐照案解交鹽庫（將從前黔餉改征無疑撥解，即請指撥司庫款項以省隨時借動）以備撫院學院養廉等項之用，免其存司庫留備

頃下借撥稿會鹽道。接趙月門來信，大可奇異，人心之險言之慨然，擬（理）覆之。

牌示乾州廳經歷程
寶文署理酉陽、桃源典、
史部建衛咨補

十六日陰 萱闈肝氣又發（甚劇）急邀蓉生診視服藥後自午至晚漸就平復戌正月食
子正後園遵例率眷屬行祓禳礼 生甫將回杭州餞之
十七日晴 料理積牘 上鄭遠堂中丞書附年節信去 萱闈服昨方（仍用甄地淮藥等品）後頗覺对
症氣体漸安
十八日陰州縣堂期見三十餘人 生甫動身回杭 秬泉來談家常接嘉定臘
月初五琴舟十三日信
十九日陰 仲瑜來談 吳定生後自湘潭來貴州翰林劉春霖來晤有英氣
本日中丞接奉 廷寄 李爵相（知）靖办貴州軍務川楚各軍統歸節制 兩湖總督（浙江巡撫李黑）
曾筱泉中丞署浙江巡撫（藩司）楊（昌濬）石泉方伯署浙江巡撫黔中軍務局面一新矣

定遠水雜民年給大口錢餉二百文小口錢餉一百文以後年歲由畧首會議下給米（謀避）

二十日陰 撫院衙齋論兩路軍務順道會容蔚庭三十初度設饌祝之接席

復指麾加給大口二十文小口十文務盡連周恤之意

丕兒書來信言西事頗切實 奉院轉行部文以上年署鄂藩任內督催七年上忙完至

三分以上議叙紀錄二次八年十月十八日題二十日奉〇〇旨 萱闈精神漸旺

二十一日晴 詣撫院道封印喜午初回署封印晚設三席例酌在署戚友

二十二日陰 午前見客溫味秋學使自岳州回省往晤之 手致子泉椿鑄論書

趙月以步信多接宜昌水師賀 揆帥初四月自四川重慶來信言 李中堂已將酉

陽教案亦結復奏定於初八日起程由水路回鄂 當办貴州軍務〇〇旨 當於途中接奉矣

手致譜香心齋振夔晏西辰等冊各數行附入賀年信

二十三日陰 早間微雨雪 鑄兒生日為萱闈散賀料理積牘并找補年信 作嘉定信 手致琴

舟赭寄，並接琴舟十六日書，手致白英丈月摧各數门，附賀年信

廿四日陰。詣院稟商了件，並晤高鑑山、許星槎，論西路軍多（及敵餉平色），兼訪惠誠，適於早间赴鄉矣。看白蘭翁，晤談，病体倘未大好也。楊顯臣寄書赴鄙，子美軍營事，料理年節事

廿五日陰。撫院衙參。周文齋（名）来談，論平江風土人情甚詳，且盡曉。請秋生、桐侯明日移年館也。手致芝门，亦謝書，又補帆手書，附年節信来，意甚殷拳，可感。萱卿氣体漸已復原，惟右眼仍未大明，强復進處

廿六日晴（天氣頗大好）。蔭雲鑿室略羨先後来晤，又李中堂十五日自巴東舟次復書（印），言將返鄂，尚未知有點中，行也。琳（田峯）書来（敬以）信少見责。首府縣均来

商件 捐弁回授彥傅冬月廿八日書附到書林師楷照計費八百五十餘金名 由宗先訂寬加大八成并註冊

次十二已須二十缺到隨簽究竟指缺可選也十年丞文惟冀此爲酬恩之具耳

二十七日晴 竟日料理年事大段楚楚矣接李中堂二十二日復書已行抵

監利年內必可到省仍未知有點中之行也

二十八日晴 午前見客 上李中堂書 相侯代稿 借軍需局司道公呈援照

各軍營欸餉數及保繳各繳員名請撥摺冊廿二日書附到卿坊知調

甫升授直隸臬司央念祖所遺缺六英上奏言開缺也六英摺措極爲中肯

二十九日晴 上院辭歲 回署祀神 俗所謂燒利市也 年事料理畢 申刻恭奉

祖先神像於內院上房西廂 敬謹祭祀禮成 率同家人內萱闈叩賀并參

侍晚膳今年鏞兒有室侄甫之嫂亦自杭来上房较前热闹慈顏
甚為喜悦子刻接竈神丑刻寝

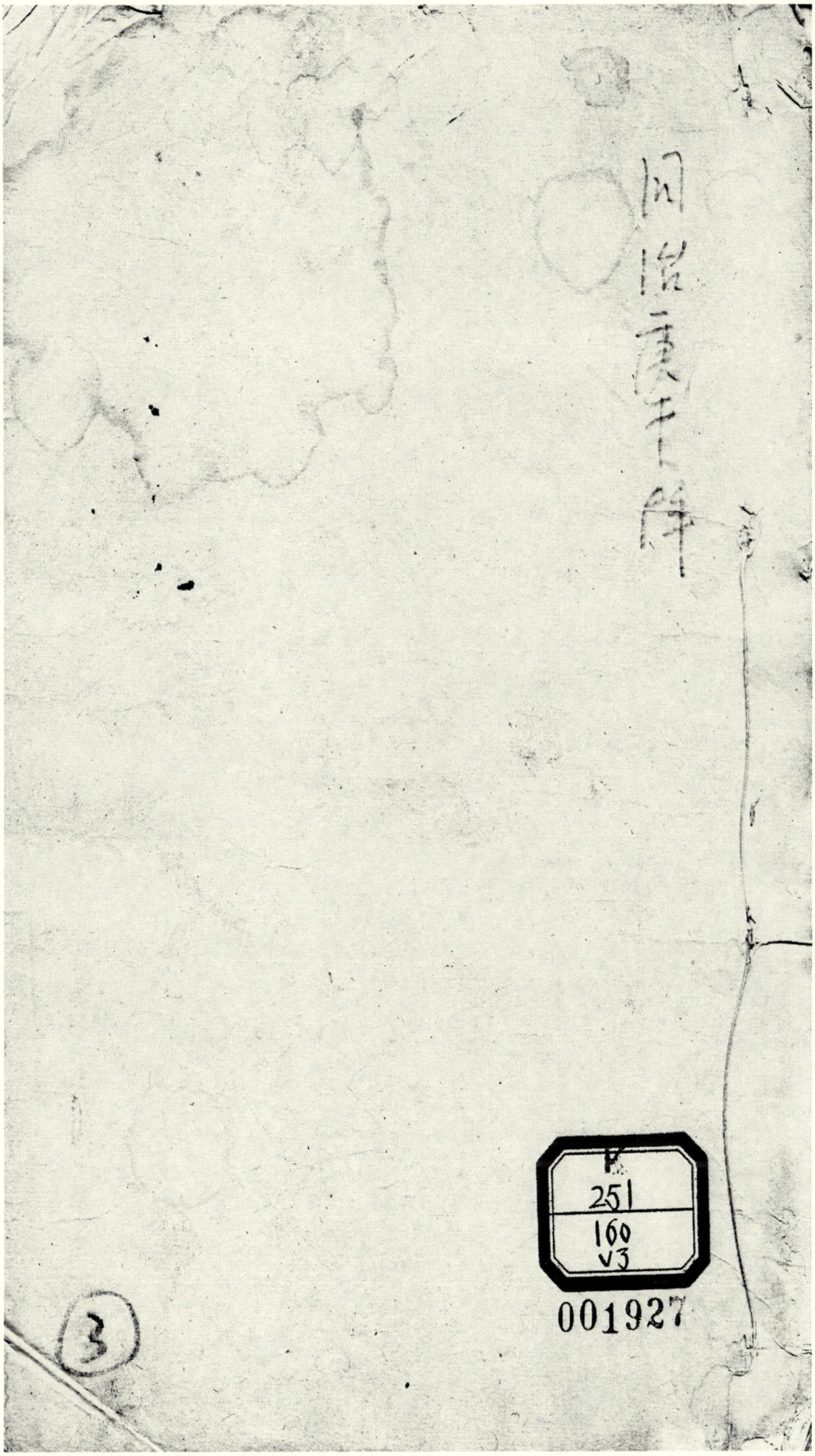
同治庚午年
251
160
v3
001927

同治九年歲次庚午

元旦晴 卯初恭詣 萬壽宮隨同中丞行朝賀礼卯正詣武廟（城隍）文昌廟行香上院賀喜回署詣春秋閣暨縣署土地（大庫）各神祠行香依次敬謁祖先畢率家人等向 慈闈敬賀一庭聚順喜入新年天氣晴明當是時和年豐之象

初二日晴 南城拜年湘垣大例新年彼此往還登堂者少頗簡捷也

初三日晴 忌辰未出門 萱闈氣體大安偕兒孫輩擲色子興致甚好

初四日晴 北城拜年連日天氣大暖棉衣猶嫌太熱小毛竟穿不住嘗聞粵東新正拜年有以單袍襯貂褂者愈南愈煖洵不誣耳

牌示桂陽州呂邦俊
巴陵縣潘兆奎東
安縣陸烜均到任
臨湘縣恩榮回任
牌示於學琴調署沅陵
符兆霖署黔陽賀春
錦署龍山吳秉慈
署甘江姚有和署晃
州通判

初五日晴 立春 上院賀春順道補拜年 午後部署日間應辦事宜

初六日陰 大風 天氣甚冷較初三四似差三四月節候矣 道仲瑜加布政使銜 喜軍

務保案 星農亦以侯補班

初七日陰 冷甚 與桐侯夜談

初八日微雨雪 詣院商件 翁已蘭自京來寓晤 孜琴舟書

初九日陰沍寒 辰刻開庫 親詣庫神前行禮 午初 赴東牌局開局 軍需交代報銷各局均同日開局 會已蘭寺

值印回署 偕同人公請中丞共兩席 李摇峯 康訪 陶仲疇 白蘭岩 朱雅泉 陰星農 張秀山 吳觀察 頃盡歡 戌正始散 瑞延儒劉省卷晤

初十日晴 撫院衙參 賀星農以侯補班 回署 客來甚多 申正始飯 已蘭鶴亭 偕 陶 自江寧来 但 納

湘笈沒来晤李和甫均来久談 傍言被劾之冤 晚酌在四高 戚友共兩席

十一日陰 溫篴樓病跋 徐古興子署者味秋為之跋莫币之會陶鶴亭晤午後作子

城書樓 蔚庭步跋 嘉定嘉平廿二漢口正月初二信 知諸硯丈作古者感彫謝為之悵然 燈下作筱濂書戌初知星里病

跋即往看中丞同人咸至中丞自七年冬至今屢有可敛家事無人照

料孫男女均尚幼穉 可無內外大小均須一人兼顧 暮年處此境地殊難為懷也 安化令邱肯泉湘鄉令齋德五均到

十二日陰雨巳初上院中丞出見悲痛所不待言慰藉之詞無可情殊可 亦殊難措置來見

憐左子雲帶勝即會之 送父喪歸葬到省 并送畫像 午後演五雲部籍情堂上觀燈彩甚熱

鬧龍燈尤夭矯可觀樓席硯香臘月廿九書 因西路相持務軍務之日亟 煩思舊屬也

十三日陰雨瑞巘儒辭回常郡已擬移楊署者中午後出大西門會客即赴湖

江會館團拜共九席演普慶泰益兩部普慶燈戲不如五雲陔琴冊生

牌示湘陰大荊巡檢張騰翼咨補辰谿黃溪巡檢查宜勤咨補

甫書論兩號又特詳盡　晚上燈祀先

十四日陰　日人公祭星里回署借已蘭設春明近多言之頗詳　午後叙次年節

京信　蓋大半尚未及寄也　作修伯信

上元節陰　文廟文昌廟行香　上院賀節　順道會但幼湖晤（回署見客）蔭雲來談　作茗堂

滬吉人信　夜雪

十六日午前陰後晴　雪後天氣甚冷　演普慶班一日　為堂上歡　燈彩亦尚鮮明

十七日陰　午刻祀先　收供　杭俗所謂落燈也　江蘇團拜　未刻赴之　與星曲辰解

歷演普慶慶和兩部　均有燈戲　亥初回署　未見　清泉令王春坡甫運到省

十八日晴　手跋鶴山書　演玉勝班一日　燈綵最為出色　（接琴丹叔濂書）　慈顏大喜

十九日陰 午初開印 詣院賀晚譔三席 已蘭酒與大豪同人俱
有與會年事無此樂趣也 傚靜今王式杜元凱兩省來見
二十日晴 早起見客 李榕翁以（來）近來體弱多病決計引退 囑向中丞力
言之 觀其詞意甚属迫切 榕翁長者自非虛語 當為轉陳 俟奪也（手）段
厚菴書 王逸侯來 商贊助蔡（蘇州人）英眷属事
二十一日晴 詣院稟商榕齋引疾 多即赴臬署（勸留）榕翁 意甚決 出示稟稿
言明日上院面求也 下午奉中丞函 謂言榕翁已具稟力請開缺 因新
有期服未赴 親往挽留 代為前去轉達倚重欽佩之忱云云
二十二日晴 雀田來商件 午前客甚多 往晤榕翁 轉達中丞挽留之意 榕翁

牌示：吳長清留署，武岡州辛本楨署新寧縣

感激憲德，先輩當調治。當即函復中丞，手致彥侍、鶴山、蓉生、次園書，約文孫貴
帶呈。衡州太守張筱華（士寬）來見，貌甚陋而官聲卓特，人固不可以貌取也。（接次園八月信，寄到辛亥大同年齒錄）
二十三日晴。府廳堂期，見二十餘人。作嘉定、漢口信，接琴舫十六日信，附到歿年賬。
接黔札，知常德設轉運局，委亦樹專辦。酉刻知仲瑜（奉諱）即往看唁，見人感
至焉。自去年至今，岳常澧道何莼恬丁內艱開缺，衡永郴道陸春嘉辰鹽道由閔岩
均我之有病廢之勢，茲仲瑜又丁外艱，湖南各道（沅任根道）可謂多故矣。
二十四日晴。詣院稟商多件，順道拜客。此次甄劾革職之候補知縣陸士璵求見，遞稟多
語多悖謬，剴切開導之，馴服而去。原稟發還。奉廳據實詳秋守孔（堅）殿疾之已
甚之我故不多也。接鄔子美九日信，寄示爵相參陸（周陞）大畧情形奏稿，接席硯

香西日信寄西粵𡨴相稿論援照現在情形 并商關務多 星曲長署糧道

二十五日晴 奠陶封翁并唁仲瑜鶴亭順道會張笠臣論關務多午後料理

案頭積件

二十六日晴 鶴田來商件道晤星曲長署任喜晤會馨室笠西均未值莜溎雲來談

曾澄侯自湘鄉到省來晤 閱廣東李德庵所著洋務權輿兩卷叙事 伊子少珊名鳳翔現官臨湘桃林巡檢亦殊

矯矯

原原本本著議亦頗有見地可存也

二十七日晴 會曾澄翁未值兩縣來商件 李樵翁劉藹馨室先後來晤仲

京卿郴州到省來見 作嘉室及琴舟書

二十八日晴 州縣堂期見三十餘人補發年節寓信（計四十五封）手啟彥侍書一函摺

差弁京附滙銀一千三百两加单致鶴山托查呈番辰多另致曹梧波均未留稿

曹瀅侯燈叙來晤接嘉定初六琴舟廿二信卸署宥齋遠事丁蘭徵函肖來見人爽利有作用

二十九日晴　詣院商件　接李中堂二十三日復書言宜豫駐紮沅州妥籌調度常德已設轉運局云云并言汶路鄂分稍定盛叔道湘省兩商一切也接玉階十八日信并寄到若笙信以鏞兒授室承送綿袍補服等件

三十日陰　午前見客但幼湖來晤未刻酌張筱華李仲京兩太守潘筱農錢子仙兩大令未邀杜崔田亦以請客未得來也

二月初一日晴　文廟春祭中丞以期服未滿一月委代主祭寅正恭詣敬謹行禮

先期預為申誡，較上年秋祭漸形整肅。禮成，以詣文昌廟行香，回署小
憩。温味翁出接寶永衡各郡來辭行。晤星農，接粮道篆，賀之，順道畲蔭
雲少坐。收文友吴雲門（名曜）作古，在藩幕三十餘年。即請王礪吾呂金接办（脩膳改定八百八十兩，裁加送之二百四十兩），李係雲翁舊
友，留藩幕亦七八年矣。閱陶文毅公奏疏。
初二日 雨 中丞委祭社稷壇，卯初恭詣，敬謹行禮，回署小憩，張篁臣來商米
摺多，料理積牘。
初三日 晴 文昌聖誕，奉委主祭，卯初恭詣行禮，順道送温味翁行。張筱華
辭回衡州，作嘉定、漢口信，即寄。亦樹自鄂來湘，舊雨重逢，不相見已十
二年矣。少坐，即出城，約明日移榻署中。

牌示黃膺詣到益陽任 丁蘭徵署湘陰縣 酌

初四日陰 武廟春祭仍代中丞主祭 卯初恭詣行礼 送張筱華行 亦樹

移楊進署 接琴舫廿六日信 向周鐵園太守借得資治通鑑補刊本 計八十本 嘉定嚴

永思先生衍手輯也 嘉定祇有抄本 兵燹後已無存 此係咸豐辛亥揚州用

活字板刷成 彌訪得之 知是書之不終湮沒也 為書謀久遠 當集同志共圖之

初五日雨 接筱衡希順道會客 星曲晨来久談 接研香正月廿七日書 料理積牘

初六日晴 上李中堂書 相係稿也 申刻星曲晨邀陪巴蘭亦樹赴之洞部

子美書 我言題匾已留用矣

初七日晴 雨 恭發萬壽賀摺 附設序信書

初八日晴 春祭龍神風神 接嘉定正月廿三漢口二月初二日信 晚五雲演燈

戲已蘭作東　白蘭翁來出示皆札為俞鶴皋事多

初九日晴　竟日客多午飯已申初矣曾沅甫宮保到省來晤晚酌亦樹

鍾雲卿都轉寄贈紫檀傢具一堂

初十日雨　撫院衙參會白蘭翁晤會曾宮保未值沅核湘漢鄂三處上

年出入大政計虧在三千萬以外用度之繁殊可懼也上書林師稟附入郎

告知指敎多

詠翁信中轉交

十一日雨　唁左子重恪靖夫人周氏病故　看陶仲瑜改軍需局公政席硯香信稿

論闈務多

十二日晴　詣院稟商事件　陸舫仙提廉訪有廿中之役來商撫卹多久談星垣長

牌示勞銘勛到桃源縣任兼鎮南署

武陵縣蒙酌

牌示瀏陽縣丞趙光斗由者慶角委僞王寶瑛署

稚泉先後來晤

十三日晴 府廳堂期見三十餘人 午後與亦樹談 發琴舟信

十四日晴 亦樹由陸路赴常德 早起送之 謁曾沅甫宮保 已訂定十八日便飯 因接湘鄉來信 哥老又有謠傳 急須回去察看 不能到矣 會陸舫仙未值 拜易昀菱晤 回署見客 接琴舟初八日信

十五日晴 文廟行香 午刻詣院 星里移靈之村 同人送之 湘鄉永豐一帶有哥匪揭竿起事之信 陸舫仙曾澄侯先後來商 勸辦乃宜舫仙來 須募五營 入廿 擬即日先募二營 馳往剿理 曾沅甫宮保亦於今日辰侵遄馳回湘邑 將帥林立 亦素有備 撲滅當不難也 夜雨 先大夫忌日 忽忽十二年矣 追慕音容 祿養未逮 能勿愴然

牌示靖州〻判丁承紀
署理酌

十六日午前雨午後霽 陶小雲梲自安化來晤并托寄左恪靖書申刻酌曾澄侯陪舫
仙易昀蒼（成靜齋）諸君本約馨室先日來（遲）（辟）也聞湘鄉事已了魁善舫仙仍
須一行以資（彈壓）（震懾）而定人心
十七日午前晴午後陰 文昌廟春祭寅正委道行禮仍代中丞主祭卯正赴貢院
岳麓城南求忠三書院甄別也謁郭筠翁昔值新自湘陰鄉間移居
省城回回看見客胡恕翁來晤面有病容迥不如上年所見矣收拾東西院
花廳安置雲卿所（置）（寄此筇杖）像具居然又一座落 萱圃亦蘊覽焉
十八日雨州縣堂期見三十餘人星甫農蔭雲先後來晤未刻發嘉定漢江信
酉刻接琴舟十三汝寶初一信述蘇州事頗詳 接硯（席）香書言俟贊師到沅

將辭總統改為統領精毅全軍，戈李蕭鄧亦毋庸統帶節度云云。千總胝探

勇回，賫到曾宮保手書（去月底到），並序言各團已集五六千人，將於（平）小團（佳匪所聚之）近日决計撲

滅。所有戈匪頭目賴雲甫、向桂秀等已先後被擒，搜捕餘黨不過旬日可了。

十九日陰。孫春巢但約湖光收來賠送已蘭，了將由鄂赴滬也。劉樸堂來

論寧鄉團練事。接周芾卿信，言回匪分股竄陝，有東趨同州北走入

山之勢，秦兵全數入（在）甘，回逆乘虛而入，大局又形棘手矣。

二十日晴。天后宮春祭，卯初恭詣行禮。撫院衛參申刻星農邀陪（易昀、黃陽、野生）湯人，亥初回署接

（書）若農書，知甘肅多哉之决裂，劉壽卿軍門於正月十五日戰歿，功敗垂成，喪此名將，可

惜可恨。

二十一日晴 挈森兒至陸宅道喜看結親盤桓竟日（星齋侯之子娶陸宅姻）

廿二日晴 晉拜曾澄侯并祝李仲篘生日 鶴田來商件 候補道張錫田嘉

福（來晤）假滿到省廣東人前在鄂見過 溫甸侯直剌圻赴鄂迎候爵相來

辭告知一切 上李中堂書由驛發 桐侯代稿

廿三日晴 府廳堂期見三十餘人上院稟商事件 發嘉定漢口信 接揚州來

訃驚悉次園●於去臘八日丁馮太夫人憂 西當京察屆期適逢大故何運之阸

也言念故人馳思而已 湘鄉來稟言匪徒業已擊散現在搜捕餘黨（人心漸定尚在云云）

廿四日晴（天氣驟熱）新放岳常澧道增（荃）航觀察壽（人極爽亮）到省來晤帶到許星叔書并附玉

（乃穀行五）年先生詩詞集 接琴舫（十八日）濂書 夜大雷并雨起視堂闈

二十五日陰雨并雷（夜大雷烈甚，仍起侍萱闈）卯刻撫院衙參，午初粮署公祭，接姜農十七日信（書示）抄寄平凉大营

二月朔日信言劉綬卿軍門陣亡多應詳，大局似尚站得住，然勢殊岌岌矣。備文

移知徐靖乾州、保靖等營，清查七年以前各縣欠解兵米實數，擬為設法清理。

近来營中與州縣往往因兵米齟齬，甚至有藉口滋事者。歷年舊欠，現任則諉之前任，

前任則又以業經卸事為詞，日中因庫儲支絀，穀價本未儘發（多欠），每逢營中催索，

不過以一錢了事，從未有過而問及兵丁計口授食，積欠太多，亦無怪其嘵嘵不已，

継以滋事也。儻清積欠之議得（挨县有他）議之無著之款，使之盡歸有着，兵情庶幾安貼乎。

二十六日陰（奠）吳雲門中丞（見其子儀，八歲，品貌甚莊秀）抄示去月廷諭一道，知李中堂（又奉）督办陕西军務。

（旨命）援陝入黔，朝廷西顧之憂甚於南服也。（卯）時致亦樹并席硯香書（硯香）

日前来信有援黔以贵中为虑，贵中日当画定（既），湘南援局亦终云云，於

湘省大局分际颇为难当，故当函要伯之。上曾宫保书。

二十七日阴。自己至申客来络绎，颇觉疲乏。部箭翁来晤。增菱舫来久谈。

跋盛杏荪书，交蔚泰厚寄（汇）。

二十八日雨。州县堂期见三十余人。道（清）辅堂嫁女喜。外甥回湘来（晤）。金季高

同来。倚泉弟之子将赴亦树之约地。接汉口嘉定侄并生甫信，发胶舟信，

附跋盛杏荪并由汉汇款。仍康砚香来书言军事颇为得手，近日规复台拱。

二十九日雨。徐云崖辞行赴常德盐局。道唐薇卿晨娶媳喜。后蒋芗

泉书为故山事。佩九稿颇能言所欲言也。天气甚冷。

牌示衡州府知府彭润芳署理

三十日陰 諸寧齋向借炮珊鏡湘誼君商件 上院稟商一切久坐會部翁

翁晤會金季尚并送陸峻甫（將赴鄂到省）均未值晤 晴移少堂歸途順道會客接

曾澄侯二十六日（湘）鄉來信 言亞乱已平 惟人心尚未大定耳 接鄒子美前信（言添募十六營即須隨帶入閩）

三月朔雨 文昌廟行香 接陵衛參回署料理積牘 晚酌金季尚并錢峻甫蕙邀

卅甫蔚庭晴移席設飲花廳 因雲卿送擘罈像具來 就近鋪設頗不俗也

初二日陰雨 午前見客 稚泉來晤 聞正月廿二鎮遠衛城笑被苗匪衝（入肆）燒搶而去 該

城駐有鄧善燮精捷六營 蕭榮芳炼字兩營 只五千人守城 而尚聽其遠之民

橫遭擄殺 兵多至此尚可向乎 有中籌給月餉（要日）不啻不費羅掘之力 而其致如此

那仍不令人髮指甚矣 用兵之難也 由剡借榕齋蘭岩星曲晨詞君公請增

荅舫觀察蘭君精神微不能支心甚慮之

初三日陰 府廳堂期見二十餘人 作嘉定漢口信 并致怡慶賬房公函爲商搆節之道 祝鄭太夫人壽 寄呈紅緞盤金幛一懸 三鑲如意一柄 并附致譜翁文陸峻甫帶鄂

初四日陰 下午霽 陸舫仙自湘鄉回省 來晤久談 土匪多業已办竣 并論善後諸務 接亦榭二十六日來信 寄示局章十六條 尚未知所節 西行也

初五日晴 撫院衙參 會舫仙久談 午刻清明祀先 上李中堂書 就相侯稿畧易之 荅舫辭行赴任 接賓若信 言於月九日子時舉一男 可喜也

初六日陰晴不定 准補郴州章濂 知桂陽州李約青來見 讀書本色人 亦老成 湘中不

多見也送贈茶舫行順道拜客劉朗屏乃郎蓮峰（名銑）自清江到省來晤詢知乃

翁辦理招撫事頗有頭緒噫安得如朗屏者數十輩為黔苗大開生路乎

初七日晴 陶仲蹤扶櫬回籍出城公奠潤生贅姻嘉善徐氏賀之接亦樹初

三日書言即由荊州赴襄設局不回鄂垣矣得李中堂元日後書述西征

西并言席研香添募十一營備練及時自効并靖留氣免再回顧實所企

歟云云

初八日晴 州縣堂期見六十餘人 祝張石卿先生 李黼堂生日 訪星農設料理積

讀陵琴舟書

初九日陰 祭先農壇行耕耤禮 詣院稟商事件 回署看小慈 黃漢仙兵部（錫壽）來晤

庠硯香有宦遊粵鹽所銷㳟永之議反復推究殊未敢強作解人也

初十日陰微雨 嶽麓書院送學 星曲辰偕往 候中丞至 隨同行禮 山長為周韓臣閣

學玉麒 掌教已三年矣 嶽麓為湘中名勝 書院始於宋代 得人最盛 順循嶽麓（面江倚山左右則君峰迴抱氣局自不同也）

（遂拾級而上有吾杭俚安光景）

寺登雲麓宮 惜雲氣溟濛 于視絕無所（是日天氣濃陰雲）生足底下視溟濛不辨一豁眼界耳相

候登寧鎬兒壽皆往 歷險尋幽 興尤不淺 申初渡江 接李中堂初七日復

書言筱岑中丞已到 業於是日之交卸矣 接亦樹初三日書 托寄家信

十一日前陰後晴 出城送陶仲瑜昆仲行 接旭人書 寄到清大議墨 屬於畫諾後

似行寄去以便畫齋分散也 朱霞嶠自武昌來 嘯筠有信（信議卑書押附還）（燈下覆旭人書）

十二日晴 城南書院送學 山長為郭筠仙中丞嵩燾 因何貞翁赴皖省修

牌示寳慶同知楊

奉来補河溪巡檢
洪葳章補益陽縣
丞孫翰到任

牌示湘陰縣丞劉

通志故今年為聘之彭鏡湖来論（故）形家言所見殊非尋常所有自言安心於
此廿六七年頗有心（得悟）境鏡湖非將大言炫世也所論當不謬也（見京餐○○渠名單產傳與吾看）劉馨室来晤夜雨
十二日早間雨午後晴 府廳堂期見三十餘人 鄧子美請假省親往晤之客多未及（詳）詢
鄧中一切略言入圍大局而已順道會客作漢口嘉定信并賀實岩接琴
舟初八日書
十四日晴 赴吳署會審已革鎮篁鎮標中軍游擊史蕙銀擅提銀款驕傲咆
哮肆情一擧 擬發往軍台効力 鄧子美軍門事久候當面吳晤
十五日晴 文廟行香 撫院衛參 回署見客 政玉階生册書（手）
十六日雨（午前晴） 撫院預祝 回署見客 李璞階軍門續壽道自湘鄉来省晤 手政生甫

光化沅陵縣丞楊
濤均到任

書并致洪宜孫寄贈款二百金由阜康轉滙（亮堂代稿）
十一日大雨 撫中丞壽生甫近年舉止言動頗失常度屢欲為之剴切一言兩窓
公暇滙忱致之命鏞兒代繕稿頗沉摯人非草木殆不能無動心乎
接彥侍二月廿一日書附到經師（衡峯）手函并各處謝信經師（諭云）有除獎甚難毋
欲速毋沽名常使水能養魚勿為竭澤之舉其乃庶可經久訓詞肫切謹誌
不忘（敢） 董韞師書 國朝先正事略言佩翁攜署乃兒知留此間寄去也
十八日陰州縣堂期見二十餘人發漢口信詳參前署安化縣張景垣虧空錢
糧屢催罔應請奏參摘頂勒限嚴追湖南州縣習於疲玩（交代往往拖延）非擇尤參懲
不足以資整飭也

牌示准補臨武縣劉
鳳儀到任

十九日霽 仲雲來晤論左劉捐賑事上院稟商事件順道拜客本年秋審新
案八十二起先會成核判訖
二十日晴 撫院衙各閱視春貢 計君山茶安化茶界亭茶百合粉蓮藕粉白蓮粉
冬筍片雲耳 香蘇辰砂祁陽葛當歸席共十二種
工部員外郎二等男爵李光久健齋到省來晤李迪菴方伯諱續賓謚忠武公
之子也年甫二十六歲沈毅有氣白忠蓋之成令人肅然起敬 巴陵送君山茶餘八匣四 [木蓉雅澤] [若白樣峰]
大小計十二瓶試之[?]發龍井味薄而異靜如若先人服任土貢新之卓然也 [四] [蔡觀儀泳]
廿一日雨 午前見客 手致沈[?]果書 擬出門阻雨未果 接李筱荃制軍十一日復書
廿二日晴 吳蔭泉昨日移進糧署故之便道訪蔭雲復謝澧卿觀察 寓皆自 [東安邱 席營務處]
席芸來省西商官運粵鹽事 奪粵商之埠 曾佑淮綱之引地 絕淅永郴桂一

帶無數窮民肩挑背負之出路，形勢格外可慘，而倡是議者持之
甚堅，我不知其於意云何也。下午子美來談，言爵相有月內起程之說。
廿三日晴。皇上萬壽聖節，寅正恭詣行宮，隨同撫院行慶賀禮，歸途祝李
榕翁夫人壽，回署。小慧、陸舫仙辭行赴甘肅，晤談，言投效人太多，甚有記
名多提鎮而願當散勇者，副參以下無論矣。軍興日久，若輩無可安置，亦
隱患也。發琴舟、汝明信，并接琴舟十八日來信，知伯文昆仲已於廿一日抵漢（伯文亦有信）。
又接生甫書，言上饒嶺故旁鋪地二畝八分，已以二百八十洋買回矣（從此局面改觀，齋可以隨宜佈置矣）。
廿四日晴。送陸舫仙行，晤謝澧卿，訪曾沅浦宮保，均未值，順道晤客。
二十五日晴。撫院衙參。曾沅浦宮保來久談。署鎮筸鎮鄧立山萬林（記名提督）自郢來晤，江西

候補縣鄒（鏡吉山）鳳岡自席营来，为議办粤鹽多人，深沈有機心，大伯是創議也。夜雨。

二十六日陰。上李（筱荃）制軍書，附到任賀稟去。手啟兩長書。接李中堂十八日復信，言料簡少室，即日起程，并述佈置大略。

二十七日雨。硯芸（眼滿楷省）到省来晤。同年查將道故歡迎。鄧意翁来久談。午後同人集軍需局會商官運粤鹽事。

二十八日晴。州縣堂期，見三十餘人。唐蔭雲、李仲雲邀集芋園，余與星農作客。園為仲雲手創，亭臺池館，布置疏落，又得古木蔭森，饒有山林逸趣，結構頗非易易也。席設鏡涵，尤得圓瞻（遠）之致。庖人乃蔭雲家廚，鈎心鬥角，色色精美，此無難多，可謂之極陸矣。是日肅堂以眼疾未見客。席散，會意識未晤。接漢嘉定信，并山發琴舟生甫信。曾宮保来未值。

牌示准補澧州直隸州黄維瓚到任

二十九日晴 詣院稟商事件，會曾宫保、鄧立山均未值，訪謝澧卿，晤，會硯芸

晤談，未刻，錢部子美并邀硯芸，席間論及部(箱)錢仙家事，冀有以斡旋之

接硯香三月十八書，備述賊攻破施洞口戰狀，頗有興會，手段厚，侍書文櫓差帶

三十日陰 鶴田來商件，外補澧州黄牧維瓚、卸武岡州多蔭之鳴崎、卸署巴陵

多守令忠、卸沅陵王均到省來見。接雲貴總督劉峻臣制軍書，言省城解圍

後西路廳縣屢有克復，現在進規澂江府、新興州等處，并擬舉行庚午科鄉試等語

四月朔日晴 文廟行香，撫院衙參，謝澧卿來晤，接硯香三月廿三日信，仍言肉搏

事，論兵機則(此時)專注新城，台拱似須秋後矣

初二日午前晴午後雨 昀齋來論甘捐事，午前客甚多，午後清理積牘，竟夕大雨

初三日晴 府廳堂期見二十餘人 回段硯香書 就草稿增減之 伯文、良仲到湘（論閩指粵鹽及軍米善後事撥有退志并切陳之）
初四日晴 北城拜客 晤子美、蔭（柳）堂、子（文）雲、馨室、訥君 回署 客來絡繹 午（飯）已申初矣
張篁臣來 論閩指數（多）龔鳳名回年 來晤 與伯文同到湘也 接漢口信 知李中堂
已於二十四日渡江 二十五日啓節西征矣
初五日晴 撫院衙參 留後 論撥點大局 歸途過易昀叢（觀察）晤温棣華太史（味秋之姪）偕棠來拜
温厚和易 藹然可親 少時曾從李興學白讀書 屬（時）二十五六年前 曾授興學白館
中 返見（也晚）署 晤龔鳳名 朱霞嶠 朱翼躍 暨伯文、良仲 霞嶠有喜事到
初六日晴 李榕翁來 為言西路（上勞之）四月間須小有修造於方位甚（吉）利 榕翁長者 宜為
精於此 立言以平安為上 不涉名利 洵可從也 廣西鼻名佛芝林 爾國春 進京引見

過湘來晤人頗老成厚實論公事亦尚明白旗友中之正當者也

初七日晴 辰初赴東門外勸農會拜佛芝林廣〻訪温棣華太史均晤 笠西楚喬室先後

來談 馨翁為代占一課（孝感馮君為馨室所最心折者）言五八九月官星甚旺且太歲坐官於宦途最順云（占澤山咸變風山漸）仲

京自湘鄉查案事畢回省來見

初八日陰晴不定州縣堂期見四十餘人 星農來久談 發嘉定漢口信

初九日雨 赴臬署會審曾紀麟（長沙縣人）假冒戕官招搖撞騙一案擬軍 潤生挈眷進署與亮笙同居

初十日晴 撫院衙叅論派員赴沅查辦軍米事 摺差回接奉○○萬壽批摺 房信 若笙書

人李侯慧靈諸君均有信

十一日雨 子美辭行赴陝 晤 料理積牘

十二日霽 送郭子美行 晤訪易海秋同年 未值 順道拜客 曾澄翁□日

湘鄉劉有來晤 鶴田 硯芸 仲京先後來見 均久談

十三日晴 府廳堂期（三書院月課） 見三十餘人 裕石翁來晤 謝補領養廉 多論豐省大局情形 頗為（透達）安實 石翁年甚輕 紹令也 申初詣院 會商多件 久坐 赴白蘭翁招（同官廳主客七人共兩席） 出示名人書畫 大率皆可寶貴 惜門外漢無從問津耳 接漢口信

十四日晴 偕幼湖來晤 奠歐陽衡若（平）夫人 會張笠臣 垂糧署道家眷進署者喜

十五日晴 文昌廟行香 撫院衙參 會曾澄侯 鄧軍門 雲翁 駿章 貴前 請發欠餉 奉院批議稿

十六日晴 派員同知陳鴻作 知縣甘啓運等 閱看書院課卷 午前客甚多 清

牌示本月理問歐陽平到任

查楷輸廠有頭緒各員亦議井井有條用温語獎之

十七日大晴　天氣漸熱連日佳晴歲可有望　午後閱國初先正事略兩卷

十八日午後雨　州縣堂期見二十餘人　譚文卿廉訪自茶陵到省　接办督銷局

務晤談并詢知豫省大局情形大约錢漕之虧欠交代之轇轕種種政務之積疲有

出於尋常意計外者觀於此則湘省尚不失為平善甚矣整飭之難也言閩民间完納錢粮兆不年清年款而州縣批解至七分者已屬不可多得蓋擁

擁重兩漕貴多也非有大力者爲之截知其流弊

清其源譬如養癰聽其自潰正不知作何究竟耳

十九日晴　撫院秋審過堂巳刻恭詣堂恭祝卯隨同審錄共六九起鄧節

翁來久談王式杜大令寄到建蘭八大盆俊產也接生甫琴舟信知生甫已於初九到漢

二十日晴　撫院衙參會裕時卿譚文卿均晤與文卿復論豫省情形亦擬摘一

坝大縣每年攤至五六千小縣亦不下二三千積弊重此宜乎文伐之不能動聽也唐

蔭翁來晤請鳳岡後閲書院課卷

廿日晴 詣拜張錫翁唐蔭翁杜龍岡均晤 子惠以知縣分發前蔚宥來見述鄂事較詳 晚酌稿

案收支核銷文代各幕友先期請吃壽酒也

廿一日午後雨 冀龍芝生太史湛霖尊翁并左爵夫人預祝慈壽演普慶部

歐陽甫來晤

廿二日霽 萱闈七旬晉一壽辰 敬率同家人行叩祝禮 賓客來賀者概行辭謝

仍演普慶部 近日慈體康健較勝往年 雙趺精神諸臻悅豫 不勝忭

幸之至

二十四日陰 上院謝步（改北城）圖了書辞 羅小溪觀察勲自安化来省晤人精明不可羈絆

謝澧卿同来論粤鹽事也 王筱飲自鄂赴湘演五雲部 兹馭甚悅 接筱荃制軍書詢陳士璵奉事

二十五日陰雨 撫院衛參 西南城謝客步 回晤見客料理積牘 燈竿改立上房 鶴田来論寶慶事

〻西南隅從李榕峯〻議也 接鄭遠堂中丞手翰詞意殷勤可感 并問及陸全嘉榆

二十六日晴 東南城謝客 校定岳麓課卷

二十七日晴 詣院稟商事件 張笠臣来言將赴廓營一行 景湘泉 其沅

自貴州来晤 校定城南求忠生監課卷 葉晋卿自潛江来

二十八日晴 州縣堂期見三十餘人 李仲笥来晤 校定城南求忠童卷

二十九日陰 下午微雨 定派員办西路軍米〻議 沅屬芷黔等處民〻困於軍黄採買苦

牌示湘陰新市巡檢
唐錫琨到任

弊不勝述。蓋否可言。署暨陽符令眉霖來稟，述之最詳，閱之可恨。當催擢暨陽

以衛邊暨亂未平，而邊界糟甚，此何為者邪。現定由省派員駐沅專辦軍米（揀委徐璽堂、滙王懷園、述見桂擬會辦其事，不）

淮營中自赴各處強買，明知多非各營所願，從將來必多為難之處。暨陵四鄉之不（民困至此不似）

無論急急之心，無以對我沅民，且恐激成多端，於大局殊有關繫，甚矣，兵多之難言也。

五月朔日 午後雨。文廟行香。撫院衙參。仲京來，論派辦軍米事，料理積債接

白英、文玉、階各書

初二日 雨。蔭雲、瑩臣先後來。晚節將此種天氣過涼，連日陰雨，殊為焦悶。（飛檄湘陰才令查辦新市阻米事，平江人言之頗迫切也。）

初三日 雨。府廳堂期，見二十餘人。苦雨不休，米價翔貴，擬將官紳所管各倉（商之府縣及李仲雲）

推陳出新，冀平市價。劉陽哥匪又有蠢動之勢，幸先期擒獲，尚不致滋為生端

接硯香四月廿二日金鐘山大營來信論甘指多持議稍稍切近矣述及軍情有北岍將清之說

初四日雨 徐王兩直牧來見商專辦軍米事 張石卿制軍自卸貴州撫

篆後僑寓湘垣有年（六年六月情未得一見）茲回江蘇本籍來辭未晤出城送之料理蘆

務歷碌竟日 復部遠翁中丞書 閱邸抄知譚竹翁作古知己之感未免悵然

端午節晴 詣院賀節 晝雨忽晴心境為之一爽 晚酌在署戚友

初六日晴 徐王兩直牧來商軍米定價事 詣院稟商事件 送張芝蓮

行并以（委員）買米一節托致席硯香 自維大局勿存意見 會部筠翁暨湘泉

均未暇料理積牘

初七日晴 劉朴堂來談寧邑團費請立案事 復筱荃制軍書 論陳士琪參案

牌示陈延泽署慈利县事输试用

初八日下午雨。州县堂期见四十余人，王镇军、本章卸四岳镇篆事来晤，久坐。黄昌岐军门到省晤谈，申刻酌易明萱、谢澧卿、罗少溪、张笠臣诸君。

初九日雨。答昌岐，晤顺道拜客，归途遇雨。王军门向兴，照册伸东商件，阴雨太多，米价昂贵。札提近水州县仓谷四万八千石以资粜济。人心颇慌

初十日雨。从壇李真人庙随同揭天幕，早晚行礼。卯刻御前访仲云商平粜事。

十一日大雨，焦虑无似。

十二日晴。早晚行礼。下午登署东茅亭，望岳麓诸峰，云气渐开，当可望晴矣。法子俊大令曾俊到省来见，述刘鹭卿家事甚悉。巴陵请借谷钱八千串买米发粜，允之。手致玉阶书

十三日阴。仍晴。张秀轩观察来晤，手致何白翁、张鹿仙、胡月樵书，均附节信。卯刻雨，傍晚云开。

牌示准補澧州清
化巡檢楊濟時綏
寧雙江巡檢嚴鑄
仁安福典史陳宇
韜均飭赴任
桂陽典史張恩浩
桂陽文明巡檢趙
德溥署慈利九谿
巡檢劉勳署辰谿
典史王鳳池署永綏
廳知事姚光澐署

十三日晴（午雨陣雨并雷）聖誕日寅初恭詣武廟主祭後殿寅正隨同中丞前殿行礼卯刻回署小
憩麻竹師大令維儲桃源卸事回省來見壽有餘名園一望可知也裕石翁秋飲
席設蔭雲齋（處午正赴之）仲雲於筱溪在座乃雲能無窮味尚不惡蔭翁精於設饌尋常
作料一經指撥（配合）無不精美亦絕技也發漢口信因漢口米價較賤委員前往採購（以定人心）
十四日陰（夜四更大雨一陣）內子四十生辰寅僚來賀者概辭謝在當為戚友照例備麵晚設三
席接子祥計函以歸葬（亟於）臨商（築）擬毛詩全部
十五日雨下午晴（夜大雨）文廟行香撫院行衙各歸途謝客回署仲亨赴劉陽嚴少韓赴
巴陵均委辦事件先後來晤朱孝甫到湘接修伯計函并托各陵九件甫設（夜與生）
十六日晴自辰至未客來絡繹殊覺瘦之蔡中漁來晤黃昌期李仲雲（世兄）（送伊兄眷屬到衡州現回衡州）

牌示茶陵州篆務酌
福昌署理准補安
仁甘啓運准補永定
李燁均飭到任

先後來均商平糶事閔寓鄉若僕較減囑劉朴堂採買萬石以濟平糶
十七日大晴訪郭筠翁暢談上陵宣商多件會小漁無值四番見客謝澧
卿來晤武陵請借釐錢一萬串買米發穀糶允之即日批行自二月內湘鄉
攸匪告多股瀏陽邱志信張榮亭桂陽何明倖等先後潛謀不軌均經地方官紳訪拏到案
奏請正法昨日耒陽報有匪徒二三百人由桂陽永興一帶入境批飭就地嚴拏毋任滋
蔓湘省人心浮動哥老會匪到處皆有雖旋起旋滅而隱患未除正不能稍涉大意也
瀏陽辦理張星照不足以安反側而轉以激成多端委李守鎬前往查辦冀臻妥協
天氣放晴人心稍定并將開倉平糶及酌提外縣倉穀並分頭採買接濟各處出示曉
諭以慰貧民之望而破囤戶之奸

牌示永綏、長沙知，函陂委
高繼曾署府司獄
饒玉成署長沙典史
湯矯復署

十八日大晴。州縣堂期，見四十餘人。子惠赴鄂買米，手啟譜翁書，囑其攜呈
歲漢口信。接琴舫初八、十三兩信，知汝明已於十一日自漢開行矣。仍琳栗
四月十六日書，言今年海運較前順手，天氣大晴，稍慰焦慮。
十九日大晴（早）。筱西來談，午後李次翁來晤，務自平江到省，言平邑近甚悉，接
旭人書（四月廿一日），料理積牘。天氣漸熱，為入夏之最。自本日經劇會平糶，大口准買一升，小口減半，每升三十五文，較市價減三成光景。
二十日大晴。撫院衙參，午刻酬昌岐、少漁，邀星農作陪，曾澄翁到省來晤。
廿一日大晴。寅正詣李真人殿，隨同撫憲行謝晴禮。連日天氣大晴，人心大定，
氣象又一變矣。謝澧卿來晤，午後會昌岐、少坐，會次青，未值。星農招
陪曾澂侯及昌岐、少漁、昌岐，興甚豪。

廿二日晴 兩首邑及硯芸貽珊均以次囬公方未見天氣頗熱午後雨旋伏暑

接雨辰四月廿四日書 論川中大局甚悉 附帆千來信 言 到省後雨辰留住署

中 十五日以前米價已漲 上等 至五千五六百文 自天氣放晴平糶開局後日漸減落

本日上米價四千八九百文

茶陵州 申報 封戒陸振宇因其子向知衙陸陣之以命案被押在州 件黨二百餘人撲城劫獄 幸先期闻信 整備擒獲四十八人等語 情形未寄 委 書樵 刺史前往查辦

二十三日晴 府廳堂期見三十餘人 發漢口信 并致子惠 接琴舟十六日信 言茶陵 尚

二十四日晴 午前倚俸見客 岳州鎮彭 昌禧 沅江黄 大令學庚 敬 恭 均到 有來晤

羅小溪來 托 捐 緒 請 奨 子 胡聽泉來 論及辰沅 情形 極有見地 言有 抄 寄

二十五日陰 呂姓幕者 邊防屯務歷 所稽 洵 稱 善 事 伯 稍暇借閱也 申刻

曾澄翁招飲 赴之 星函 辰 昌岐及黄子壽在座 演 人和部 席散 即回署 四更時

牌示長沙日知篆務補瑞署理

藥王廟街失火南風正大火勢頗烈就往查看中丞亦至不逾時撲滅已延燒二十餘家矣寅初二刻回署 耒陽丞具內報擒獲匪徒餘黨四散

二十五日晴 撫院衙參出城送易晦芝赴部子美處別會彭唐兩水師回署小憩

下午部筠翁來暢談

二十六日陰 黎明大雷雨辰刻即霽 午前見客三妹生辰回署內備麵午後料理積牘

二十七日晴 昌岐來辭行赴沅江荊州巡閱晤談情意殷拳可感也與陳路珊論局事暢晴午日小雨即霽西南二水亦不甚漲歲事大有可望矣

二十八日晴州縣堂期見三十餘人上院稟商科場應辦事宜送高

岐行會胡聽泉均晤仲雲來商平糶多發漢口信并致子惠屬
聞漢口米價亦在五千上下而此間平糶所需已足敷衍各屬所提倉穀陸
續停止採買院飭生甫續報運赴所有萬七千石大局無虞故馳書止之
二十九日晴 午前見客 致英蒙卿書 仲京自瀏陽回查辦各節大致妥協
此後該邑辦理團防當可漸就範圍矣
三十日晴 少溪來辭行 午後甚熱 未能伏案 文衡提調移委星曲侯監試委仲
實內監試委硯芸 接制軍二十五日密札 為永屬考察事
六月初一日晴 武廟行香 撫院衙參 留後與憲帥商事件 回署見客 午後小憩
鶴田來商件
初二日晴 訪李筱翁晤談 送羅少溪行 未值 順看蔭雲小坐 順道拜客 謝

筱莊觀察廷榮卸辰沅道回省（家）來晤　跋楼海翁書論彼請求保保請

三營兵米事并跋沅州吳春谷永順魏鏡如辰州劉詠如三太守囑其公

商定議由令營縣相持日久易生枝節乃東墅書窮愁甚為之慨然

初三日晴　府廳營期見二十餘人　曾登瀛翁來論湘潭平糶事　乃子惠書言

於二十三日抵漢（告知米價并）封送米樣　請示辦理　即以前議止之

初四日晴　詣院稟商事件（力陳籌湘大畧紫光可矣）　訪鄧翁論通志局事　談次以調甫（圖鏡）勸之為述前事

顛末雖未遽允諾而詞意不致決絕或可設法轉圜也　畬謝小莊未值　順道拜客

午後仲袞硯芸先後來商件　仲雲來商接濟平糶事　接吳誠齋鎮遠來書

論安撫流亡事甚詳且盡　議論亦平平實實　不涉浮夸　此人殊可用也

牌示寧遠縣篆
張大勳署醴陵
謝德安署龍山
典史劉祥霖署

初五日晴微 撫院衙參甄别革職知縣李廷誥延遛不歸形同無賴尚武 本日至臬院
署站班陰 出言荒謬意圖誣賴長司情節可惡
巡捕押赴善化縣看管容即當請奏明從重懲辦近來仕途之雜哉於
無奇不有紀綱法度視之蔑如若再不認真整頓官邪殆不可問矣
會曾澄翁少坐午後料理積牘
初六日晴 劉詠如太守寄贈三防備覽八部 淑浦嚴樂園先生著 樂園先生集三部
尚侗堂全集一部 汝明兄到湘少齋同來 炎暑長途此行苦矣 接盛杏孫
書言李爵相於五月十六日行抵潼關 俟部勒一切再進長安
初七日陰雨微 午前見客 午後訪星曲 良榕峯 商稟辦李廷誥詳稿 惜卿
寄惠蠟丸各種與汝明兄 論家鄉近狀并詢老先塋一律安慰之
前因辦理甘肅後路糧台由穆將軍奏請獎勵 本日奉旨交部優叙 劉鄉抄補記

牌示溫圻代湘鄉縣
雀玉代新化縣長明代
江華縣葉夔光署桂
陽縣薛炳煇代興寧
縣均調繁缺
牌示趙鉊華回
晃州通判任

初八日晴 州縣堂期見三十餘人 李篁軒（辛亥同年）農部壽蓉自京回籍來晤
暢談 李榕翁來久坐 論李廷誥事 接琴舫書 附萬筱農信 言於五月杪
糾漢款有所商 竟日冗（寄家書事）未得刻閒 廷芳字太守桂
卸澧州事來見
初九日晴 蔡芝岑廉訪來晤 時將有粵東之行 上李筱荃制軍書 讀嚴樂園
先生文集第一二卷
初十日晴 雨（燈汝） 撫院衙參 謁柳蔭堂 錢子宣 名多慈壽人 高篁軒 訪仲雲均未
值 順道拜客 午後雇田來商件 接琴舫初五日信 言天津又有教案 因
滋事 有殺死洋目（五人并）西華洋教民百餘人之語 現在洋人已調上海兵船北駛 勢頗洶洶
壽語心腹之患 無理殊多善策 杞憂正未已也 復於筱荃制軍書 蓉下人咭福并言程蘭信會館捐款

牌示臨武縣典史
鄭家彥署理

十一日雨 午前見客 定祥泰已革知縣李廷誥稿料理積牘 日來亟盼雨澤 徼道乾旱

本日得雨甚透 衡永一帶望澤尤殷 惟以普律均霑為祝

十二日晴雨間 白蘭翁來晤 午後閱樂園文集第三卷 閱湘潭米價陡落 或出於 月初尚五千二三百 現已落至四千六七

石郴有無為首徑過五一日陡落一千一百文 現價三千五百文 亦事奇也 後查無確 仍在四千五六上下

已近囤戶競糴之驗歟

十三日晴雨間 府廳堂期見二十餘人 中丞來閱總署來函一件 五月二十日發 天津事果如所聞 五月二十一日事 大

有決裂之勢 現派曾侯前往查辦 事関大局 正不獨琳果之不保也 焦慮曷勝 出門會客 訪譚文翁暢

談 曾澄翁來 亦詢天津事

十四日晴 李仲雲來商平糶事 盛朴人大令賡服闋到省 帶到旭人信 諮院

稟商事件 並籌議湘省大局情形 讀樂園文集第四卷

牌示麻陽縣吳
兆熙飭知回任

十五日晴 寅正月食辰初三刻復圓行救護禮代中丞擬通籌湘省全局
並援黔現在情形奏稿言之頗覺透切臨湘缺米以零陵解省倉穀一千石
濟之
十六日晴間陰 代中丞擬復總理衙門信就亮荃稿增損之另擬咨片一件 均封呈
院署訖 邵陽報稱八連得透雨衡永一帶可冀均霑矣
十七日陰下午晴 午前絡繹見客 伯文赴糧署代權帳務世襲男爵胡子勛來見文
忠公之哲嗣也年十四歲人亦溫文有倜儻氣文忠勳業在人國宜有後也
十八日晴 天熱暫停止衙參中丞以酌定通籌全局奏稿見示前後略稍有增損大致則並無
更易也 接嘉定信言直鄉疫病大發 湖南正考官王儲曾副考官楊泰亨 部文本日始到院

十九日大晴　午前客甚多　温味秋學使自郴桂回省來晤　傳集礼房書吏詳詢
科場事宜　并諭飭慎重办理　毋稍玩悞　重訂三場程式　飭令換板另刊頒每
本省每下不去處　如敬避字樣　声叙未清　及三場策問不必過三百字　違者貼出云云　可見尋常公事　正須隨
處留心也　新刊簡明科場條例告成　刪去繁冗　足令眉目一清　刻工亦較例本
懸殊　從此當有翻閱處矣
二十日陰　午後陣雨甚大　撫院衙參　會温味翁晤　回署見客　晚餞秋生桐侯陸
氏三昆仲　李竺侯　并請鳳之其兩席　接子美初四日西安來信
二十一日晴雨間　李樵翁　劉馨翁　黃茂來晤　料理積牘　蕻坡自衡州
來　言衡永間均少透雨矣　蕻坡又言衡州缺米時　南鄉為甚　鄉民均洶洶入城　幾至生事　迨至開倉

發糶又以倉卒因循事機乃法衡屬上年收成甚好今歲青黃不接卻非
意料所及而因前既因米貴騰踴遂致難辦否則張筱依華彭鏡湖諸兩
君恂道府中之卓特出羅王兩令向來辦事亦頗妥協何以反不如常此次遇平糶
德之被部就班蓋則較嫌於當時一則大意於事其間以失之疏
所爭固不
在大也

廿二日晴 謁院臺商公件久坐 會胡世兄子勛 訪白蘭翁未值 葆芝岑辭
行赴廣東勸捐晤 作嘉定信

廿三日晴 府廳堂期見三十餘人[redacted]是日西良夫人生日祝之 陳展堂觀察鳴志并送卅有四件
自新寧來晤 乙丑在襄陽見過也 與桐侯夜談

廿四日晴 送桐侯秋生回金陵鄉試 紫侯同行赴鄂 白蘭岩來晤 閱樂園
文集第四卷 改定鄉試點名潘設燈旂章程 請鳳名權館專日到署

廿五日晴 撫院衙參，言通籌夫局已摺，本日由四百里發遞。會陳展堂臬台值季

篁軒來晤，新訂纂修通志也。天氣熱甚，多人伏〻。最接筱老〔制軍二十日書〕函，於往

還公件處衷商榷，開誠布公，情意孔懇，可感可佩。

廿六日晴 料簡科場事宜。天氣較昨更熱，頗不耐。坐閱樂園文集第

五卷。接頤園信，并寄夏布〔芝紗袍褂〕、帽筒、端硯〔筆〕等件，由嚴伯雅帶來。

廿七日晴 崔田司初度，祝之，并預〔鴻〕脫稱名衙生日，回署見客。閱樂園文

集第六卷。安鄉官民各垸大半又被漫淹〔上年為安鄉堤工頗費心力，詎知仍付東流，為之一歎〕，此真澤國，無法可施矣。

廿八日晴〔省城減糶本日截止〕 州縣堂期，見三十餘人。致彥侍書，交摺差帶。

廿九日晴 聞連日西水盛漲，〔濱湖〕沅湘堤垸可危。午酉兩時陣雨甚大，西北風甚狂，恐心

牌示澧州二判陈星瑞署理

沅湘等處不免潰決之虞矣如何如何 囑子祥（竹書）并致真百金交彭春台匯粵 查據軍需房簽稱

上年共給過世職全半俸銀四千一百六十餘兩八年給過三千一百三十餘兩（已發播告不在內）

七月初一日晴 拜院（文廟文昌廟行香）衙參 論岳州下水卡加增米釐（上年一萬無餘今年青黃不接深恐有害）訪仲霊 商長善米捐

改收本色 另六月杪以前湖水平穩 濱湖各垸指日收成 人人有大豐之望 詎

料半月之間 江水大漲 倒灌入湖 西水又漲（同時並至）遂致安華兩邑官民各垸潰決無存 沅

湘等處雖未據報 其被淹情形亦必不亞於去年（民困未蘇）天災洊至 自（維）德薄 禍及窮

黎 愧悚莫何 然已惟有隨時（隨地）竭盡心力 冀以補救於萬一而已

初二日晴 赴貢院 偕藩臬 觀察鶴田 仲京（外簾監試）硯芸（內簾監試）三太守 筱曲 辰子 宣兩（大令）（提調）

因查勘一切及料量號舍并酌添補 點（龍門）公案各項宜會 劃營定暗設順道

牌示黔陽典史趙慶鏊署

牌示綏寧典史王德源署酌

拜客　張笠臣自沅州回省來晤，酌定團務，多論西路匪情形殊悉

初三日晴　府廳堂期，見三十餘人。溫味翁生日，祝之。送謝澧卿行，順道自本日起，候補人員各分給廣吏、廣言、學治臆說等書各一部，按八堂期一月十二次遍給

拜客　仲宣來，出示席硯香致許星樵書，以雲餉多意氣殊甚，軍需積習，不值與校也

初四日晴　詣院稟商事件，并晤許星樵。歸途會張笠臣晤，回署見客，上復荃

制軍書。昨今天氣又熱。本錄伏案接桐侯二十六日書，言已於廿日午刻抵漢

次日即坐江龍輪船東下，計初七可到金陵，此行可謂順利矣

初五日晴　撫院衙參，交易甚捷。昨日回署甚小憩。閱救荒活命書三卷宋董煟撰長恩書屋叢書

初六日晴　鶴田、硯芸先後來商件，料理科場事宜，大致均有頭緒矣

閱嚴樂園先生洋防輯要大略

初七日晴 與照珊仲京論糟局近事 接徐熙堂王湛園（西直刺）沅州來書論辦理軍米事已有頭緒欣慰〻〻

初八日晴 州縣堂期見四十餘人 中午甚熱 未能伏案

初九日晴 詣興子四看與溫味翁商定科場文牍各事 子惠自鄭回省來見述鄭垣近多積惡 張笠臣來商開辦闈務事宜 天氣熱甚 不耐久坐

初十日晴 撫院衙參 安鄉水災請賑 擬撥釐金五千串給之 歸途拜客 擬改訪查沅靖一帶假名軍營 派買穀米平糶料理積賑 連日天氣酷熱 據柜泉云 為湘中所僅見 柜泉於庚申年到省 在湘最久也

十一日晴 崔田蓀曲辰先後進見 酷熱 以昨汪子燦到省 忽有鼓盆之戚

牌示武岡州知州缺以衡州通判潘清升補

難堪也

十一日晴 慈安皇太后萬壽聖節 寅初赴萬壽宮隨同撫憲敬謹行禮代土撲

照揗稿刑尚張篁巖邀往西鄉曾隆魯省湘鄉東縣午刻徹雨岑易稍減晚飯後

恭接祖先 孫筱峯詳平反寄遠民人譚奎瑝控契估業之事 透澈痛快大有老吏斷獄手段

十二日晴 中元祀先停止府廳衙參 臨湘龍陽均請賑 臨湘撥三千串 龍撥二千串 亟請院示即日批行 委派場闈外大小各差 頗形煩冗

十四日晴 午前客來甚雜 酬應頗苦 譚文卿來久談 枝樁匯堂五湛園

書就筱飲稿 譚撫之早晚漸有秋意 炎暑大減

十五日晴 武廟行香 撫院衙參 商及籌款買米搬擭轉運以備秋冬平耗價

牌示華容典史丁德馨署者

事。會曾澄翁函，值附致楊海翁書，論席硯香請裁西路團穀一節，因奉批

會議就所見及商之。接硯香初六日沅州來書，就銳意南圍也，自宜昌水患

甚鉅，為歷年來所未有，江水之大可知矣。寓鄉人鄧友石太愚（係貴州補用道）自席營來見。

十二日晴。接子城七月初三日書，言筱雲身歿，并寄黃薇甫先生詩詞全集。又接朗齋六月初九書，述及

撫苗情形，頗為營員所誤，可歎可恨。李篁仙來久談。

十三日晴。謝筱莊觀察來，備述周洪印賠款顛末。鄧友石又來，為席營催

餉。午後崔田來商件久坐。兩縣報闈中坐號舍在可用者計一萬三百六十四間。

十四日晴。三書院決科，集貢院試之。中丞以下咸至焉。室添調簾員稿，除免

調現任五人外，復調在省實缺候補共二十人，以符例額。接赤樹信。

牌示湘潭縣李燧福到任
牌示靖州吏目鍾履泰補武岡州吏目沈壽嵩補
永定縣典史沈桂芬補

十九日晴 會李篁仙晤談訪星農商酌科場事宜順道拜客午後寫
子城日年書并寄先正事略二部
二十日晴 撫院衛參部筠翁移居又一村改新宅賀之 約炤珊仲京來寓商將
年內出入大致查閱情草遂以便陸支繼實情懇請及籌撥武陵請賑
撥歷錢四千串濟之
二十一日晴 自辰至午客來不斷倦甚 前福建提督王明山號桂堂自湘潭來言
行戶把持每用九一元銀出入商情不便籌困此多已互控有案當飭查實在情形
也 接羅小溪信以伽楠珠身碧犀帶頭見貽婉辭璧之
二十二日晴 曾澄翁來知滌相病急已有旨調李中堂帶兵入衛毛煦初尚書丁雨生中丞均赴津幫辦矣大局攸關

牌示衡州府經歷
李培元署看

杞憂正未能已已。鄙人翁翁來信，上肅毅伯請書附賀節稟去。

二十三日晴 府廳畫期見三年饑人曾澄翁翁以侯相六月廿日家書見示，言津事甚為棘手，右目久盲，左目亦極昏蒙，或死於眩暈怔忡等病，或死於天津津之難，或以贅成廢，計此數月內三者當居其一。又言官居極品，年至六十，更有何求，所恨者學術一無所成，居心行事無一好樣樣，與子侄輩看耳。末後并有訓兩弟語，情詞悱惻，殊復動人。侯相關天下安危，康強之祝，固非一二人之私也。接譚秀九日手書，述鄂事甚詳。席硯香來沓川軍有歇手之說，川楚物力困於援黔，情事固大略相同也。

二十四日晴 上院稟商多件，訪蘭岩、杞泉均晤，順道會客，嘉善吳穎芝昌言牧疇之堂叔來拜，前年在鄂見過，言將作蜀游也。接筱荃制軍書，述及中堂奉諭多

接鄧子美七月初八西安所發書言李中堂已於初七起程定於十七日帶隊北上

二十五日晴 接阮衡叔來鶴由來商件李惟丙瑞南勘办安卿華容水災来見

以將弁提办情形告之曾澄翁函言上洋寄来番信一紙中述法國與布

國構兵情形其虛實不可知而閱查叙述大畧切中其情或非虚語昨占牙牌数

閱津事得羣陰構難五鬼鬧判權而得中方寸莫乱四句可謂青中大

局自當平穩也

二十六日晴 倪氏侯丈七旬冥壽設筵祭之 手致彥侍書 料理節信

二十七日晴 手致琳卿書備述懸念之意附彥侍寄許星槎来晤

二十八日晴 州縣堂期見三十餘人秋熱甚熾不減炎暑午後未能伏案 閱譜香布升山東運使之信

二十九日晴 蕭堂蘭岩笠亭西先後來晤，味秋丞出詢邊保靖三廳及田苗生徒(?)即後查案
三擬陳雲貴應(?)查核虛(?)實情形請飭通 席藩司 盤籌計詳稿 夜微雨不甚透
三十日晴 李庭璋光燦自黔營到省來見，云餉之外無他事 鶴田來商
件手段 蔡舜臣大令書揭期已近，頗增煩冗
八月初一日晴 文廟 文昌廟行香，撫院衙參 午刻隨同中丞閱視貢院，一切收拾辦理周
安 惟學商 鄧 菊(?) 號竟無隨便亦無可如何也 小宋外圍撫之信
初二日晴 詣院稟商各件 崔田 硯芸 仲容先後來商 劇務曾隆之菊來晤 天氣微涼
牌示瀏陽縣[illegible]務
汪亮清署理
初三日晴 文廟秋祭 寅初恭詣主祭 後殿寅正 隨同撫憲前殿行禮 分
祭東配 己卯初禮成 回署小憩 知季秋 教山東副主考 接嘉定七月十六信

初四日晴 寅正詣神祇壇主祭 回署稍小憩 午後親赴監臨公所諄切誥誡以昭慎

重闈南號〔湘闈號〕舍共一萬零三百六十四間 本科應試者約有一萬三千餘人 遺才

固多而求錄之風亦復相沿成習 百出其奇 實為各省所未見 學院錄送至今

尚未錄送〔截數〕造冊收卷 祇有初五一天 不至遲誤亦云幸耳

本日函托跪求學使尚修修不絕其惡習也

初五日晴 撫院止衛 參午前客來絡繹 手致雲卿上書 燈後未經送印印

卷尚有四千餘卷 積習如此 今人焦急 學院截數催冊亦尚未到

今日尚在補考也

初六日晴 文昌廟秋祭 代撫憲主祭 寅正恭詣行礼 回署堵催印卷 分場各事

8

院署右大堂局面不寬 首府縣及內外簾官均未能入座

宜巳刻上院候主考至謝恩入宴 畢 恭送入簾 回署封進試卷九千一百

八十六套，截數册仍未至也　正主考王緒曾號柳亭山東人壬戌翰林　副主考楊泰
亨號理庵浙江人乙丑翰林　酉正截數册至共送一萬三百六十四名
初七日晴　截清挨卷實數止有九千八百餘名計空數尚多亟詣學署與味秋
熟商續補三百名挨卷限酉刻截止擬今晚點名時攜至貢院請監臨補印
號戳歸中路補點此係萬不得已之舉緣本屆遺才過多若進卷不滿
一萬場中空號過多未免貽人以實其實爲時無追萬不料已送來挨卷
此竟有五六百名之多也料理一切又忙一天怡兄申正味秋親攜補錄清
冊未四刻面交收卷印卷畢已近丑初須赴貢院矣　奉部文將備同
咸年上忙錢糧征解已完三分以上者照例議敘　六月初三日題　初五日奉○○旨

荅他錄[redacted]二次鈔此

初八日晴 子正赴貢院鄉試頭場丑正二刻點名余與星農點東路李格翁與仲富點西路謝筱莊廷芳字中路補點秋暑甚酷考生頗苦入場後因病繳卷求去者不一而足余屬老生亦復不少目擊其狼狽情形尤可矜歎甚矣科名之足重也亥初發事回署着尚不見乏惟晚睡甚甜耳

初九日陰四更後雨雖不甚透而天氣頓涼闈中人受惠不小午前客來絡繹午後料理積牘亥初赴貢院巡圍子正回署溫棣華辭行赴江蘇以三十金贐之

永州府廷桂回任奉撫札轉飭出牌示

初十日晴 龍王風神廟秋祭卯初恭詣行禮回署小憩未刻赴貢院彈壓放牌知場中一律平安前日酷熱頗以為慮幸昨日轉涼故得無多也接何白翁及芷舫書

顧端題廣廉之叢桂新居一處賜額有宋存高天下之民舉安域自然風圍[illegible]

十一日陰 文闈二場丑正赴貢院寅正開點（頭場貼三十二人）一切較頭場便利酉初竣事

回寓小憩以枕料理當日公事畢

十二日陰 鄧意誠來商湘陰堤工事擬勸東南鄉米捐（暫）緩濟（西北鄉）各堤垸備

堤之用仍從明年有收後徵還歸款一轉移間官民兩便當約兄之午

前答甚多頗覺憊矣晚出巡闈子正回寓

十三日晴 午前料理節務午後（訪）文卿翁意誠均未值赴貢院彈壓放牌

未及申正交卷而出者已九千餘人諒場必不甚晚矣接鄧中書述及

兩江制軍（馬穀山）被刺殞命殊駭聽（聞）陸竹甫昆仲家信云係制軍回署表親索債（後知不確）

至金陵制軍拒不納以三千文與之令其（歸）此人情激而爲此係聞之辭未知信否也

其子亦大可駭怪矣 二場題 後世聖人易之以書契 知人則哲四句 戎車既駕四句 夏叔孫豹如晉襄公四年 故天降膏露四句

十四日晴 鄉試第三場丑初赴貢院寅初開點 為時過早 遲到者多 點長府長善湘陰四學頗不順利 五迨瀏陽醴陵以後則[illegible]便捷 勝前 卯正初刻已竣事矣 回寓小憩 子惠有親赴鄂 喝餃 黃翁一切剛玉階署黃道臺篆亦可喜也

中秋節晴 文廟文昌廟行香 回寓小憩 湖北崇文書局寄到鄭注禮記 桂氏說文義證書各兩部 竟日無事稍資休息

十六日晴 武廟秋祭 寅正恭詣行礼 礼成即赴貢院彈壓放牌 并稟賀中丞節禧 巳正回寓 譚文翁來商件久談 晚酌在寓 戚友共兩席 三場題 經學 史學 道統 選舉 書法

十七日晴　詣貢院謁中丞稟商事件（出示考試簾官卷度有定評），并晤呂曲辰仲京、俞左景喬先生，晤曾

澄翁來晤，談作桐侯寶岩書，悅酌鳳台昨有五函至（偕出也），并邀湘生作陪。

十八日晴　州縣堂期，見三十餘人。發嘉定信，并接嘉定八月初二日書。琴舟函來，知

曾侯調補兩江，李中堂調補直隸，筱泉翁升補兩湖（李一門兩督，本朝未有之盛也），小宋調補晉撫。湖北鄉試

頭場題：子游為武城宰一章；文理密察二句；子路人告之以有過二節。次第（看花直到秋，得秋字）

十九日晴　午前客甚多，俞曾澄侯、李汝青均來。值訪蔭雲晤談。雲卿書來，

指備巴陵積穀銀五千兩，修理岳郡考棚銀三千二百兩，懷慨慕義，可敬可佩。手

書俞之。補帆升補閩撫（白），蘭翁云匠兒郎抄。

二十日晴　撫院堂期，詣監臨院謁見。但仿湖來晤，寶岩、傩倉、谷文代并加

勸積谷及本年出糶倉谷勒限歸補各稿後加函致各府州實力勸借以為來歲青黄不接之備

廿日晴 榕翁來晤 午前客甚多 晚左恪靖手函（七月廿九平涼營）言渭源狄道已復金積窟穴漸次掃空 蕆事或尚可望 惟玉関内外彌望榛莽 則令人有日暮途長之歎耳 附到周夫人墓誌一冊 叙次筆墨簡潔 固非恒手所有也

二十二日晴 竟日客少事簡 精神轉不振作 接彥侍七月廿四日書

二十三日晴 府廳堂期見三十餘人 蔭翁來晤 手致玉階書

二十四日晴（夜雨） 撫院出閘（辰刻） 恭詣稟安 順道會客 閱明史紀事一卷

二十五日晴 撫院衙參 回署會見客 午後料理積牘 閱明史紀事兩卷

牌示安福縣姜大定回任 城步縣平守基

先行赴任桂東縣陳煊調署石門縣吴毓瑛代理
牌示桑植縣陶棣署理綸正遠永順典史周蘭署理龍陽典史舒建猷署理

二十六日晴 鶴田來商件久談午後上院稟商事件并論武闈事宜赴貢院
晤星農仲亨閱內簾閱卷頗遲出榜日期恐未能過早也
二十七日晴 火神廟秋祭卯初恭詣行礼 跂彥侍書 閱明史紀事一卷
二十八日晴 州縣堂期見三十餘人 恭進○○慈禧皇太后萬壽賀摺見者有學
政全卓江蘇彭咏之久餘浙江丁濂甫俗周福建黃枚蘭安徽畢劍泉湖南廖仲山
奉天張雨齋亭餘無熟人接麻竹師 維緒 鄭中來函有制軍囑商中丞語
二十九日晴 午前見客姚甫蔚庭晴杉歸自金陵來晤并示鴻作實岩秋生
嶽所亦均以鴻作函示出色當行各極其妙閱桐侯尤為愜意惜先由信局遞寄
轉責接到也 閱明史紀事二卷

牌示耒陽典史李
鳳翔調署桃林巡
檢郝瞬𢓜署理

九月初一日晴 武廟行香 撫院衙參 留談事 商事件 下午會李榕 多晤談訪

竹南尉庭少坐 下午橋自漢口來 相候 携作寄到 悠潑經營 共氣息自有固凡時

兩世決佛局鍊詞都不致與時相背

手所有殆將破壁而飛矣

初二日陰 先嚴七旬晋二冥壽 敬謹致祭 祿養不逮 思之黯然 蕭堂嫁女 賀之 順

道會客 崔田來晤 接琳栗七月望日書 述津西殺洋 并言眷屬已回杭州 閱之甚慰

初三日陰雨 府廳堂期見三十餘人 閱明史紀事三卷 料理武闈應辦事宜

初四日雨 午前見客 星農生日祝之 張笠臣來論銳中營欠餉事 日来頗賺旦

秋旱透雨可喜

閏八月二十二日衡州大火過河入城自未至亥延燒一千數百家亦奇災也

牌示常德府經歷

初五日雨 撫院衙參 李廷樟來索欠餉甚迫切 崔田來言湘潭有戈匪蠢

本日李令來函

趙光衍四看理

動（甲申四明）畱中丞派于曦岷帶勇馳往查办矣　閱明史紀事兩卷　上後各劄軍書

初六日陰　午前客多　鄧友仔（名正輔，零陵人，湖北候補道）請假回籍過省來晤，藉詢鄂中近事　閱明

史紀事兩卷　汐李肅毅八月二十日復書（自保定發）　言津事不至用兵，惟尚難速了耳（獲犯太遲，首要均已逃逸）

初七日晴　文闈填榜，午初至貢院，候中丞至，僉榜畢，申正入內簾，齊集（昭陳秋學學使亦來）

衡鑒堂，王柳亭楊理安兩主試攜中卷出堂相見畢，各就坐，自第

六起依次拆封，僉榜，繼填五魁，繼填副榜，填畢，交長沙府護送至撫院

與墻前張掛，中丞以下各回署，時已丑正矣，是科中額四十五名（內有湖南播中），邊字號一

名（鳳凰、永綏、乾州、三廳）保靖一縣編入邊號，外加田字號一名，苗生永遠加廣十名，一次加廣十

三名，共六十九名，解元陳保真，龍陽廩生（長沙府中四十名，常德府中八名，衡州府中六名，寶慶府四名，永州府三名，岳州府、澧州）

副榜九名，例無加廣

州各二名
饍均脱科

初八日晴 星農來晤 易海青(堂俊)同年來晤談 至貢院拜主考 在硯芸(內監試)處少坐 出城答鄧友仁 料(四書)理積牘 傍晚兩主考來 答拜

初九日晴 唐蓺農(樹森)觀察赴湘候補來辭行 晤柳蔭堂奉委統帶兵勇赴湘潭會勦哥匪來商一切 詣院稟商事件 温味秋(秋)學使來晤

初十日晴 巳正上院 午正赴鹿鳴宴 禮成後謁見 中丞稟商湘潭事

十一日晴 因考各官出闈來見 一一勞之 此次一律整肅 毫無風聲 殊可喜也

左景喬先生以門郎渾中式來謝 書院肄業(論湘潭事并壽大府) 午前客甚多 送唐蓺農西行 訪星農 鄧小鶴 翁均晤 李廷璋奉委(帶隊)赴湘潭會勦 早間來商一切 順道送之

換暖帽

十二日晴 篁仙丁外艱前往弔唁 文卿笠西支賓留談有頃 順道盦拜并為各房

奠三十金

考道乏 新孝廉陸續有來見 大半均執弟子禮 曾在書院肄業故

受之 其餘皆辭之

十三日晴 畲左景喬先生并道喜 順道拜客 至荷花池公所 公請兩主考 中丞學

使作陪 主人兩司 兩道 鹽候補道四人 首府 內外兩監試 共主客十五人 設四席

中丞學使均有期服 未演戲 酉刻席散回署

十四日晴 自巳至申客來絡繹 午飯已申初矣 白蘭翁生日 祝之 詣硯芸未值

見湖北題名錄 知此甚少 惟江漢魚學鎔 晴川黃良輝 均書院肄業中之出色

步 唐李黃張四大紳先後來 晤撫憲委辦團防也 接嘉定信

牌示寧鄉縣齊德五調署新化縣周培鈞江華縣劉華邦興寧縣黃善福均飭回任永順縣唐賡颺到任以上均調簽署者湘陰縣丞洪忠培署理

牌示臨武典史汪彥聰署理

十五日晴 文廟文昌廟行香 撫院衙參 拜曾沅浦宮保未值 回署見客 沅浦宮保來晤 論湘潭會匪事 上李筱荃制軍書

十六日晴 中丞為夫人營葬岳麓之側 辰刻出城詣金剛院上祭 并送至河干而返 郭筠翁來晤談 送接湘衡探報 知勦辦漸有歸宿 不致如前散漫矣

十七日晴 趙玉班廉舫煥聯自湘鄉來晤 人老練 知兵善守 會仲翁均藕堂周韓翁黃子壽均晤 晚酌陸氏三昆仲及王伯雲

十八日晴 州縣堂期見四十餘人 兩未試來晤 沅浦宮保之二世兄劍農續娶 喜期前往道喜 并見新人 同鄉公請楊理菴太史 席設會館 未初赴之 有戲 森兒陪往 戌初回署 接雨辰八月初八信 附有飛千一函

十九日晴 記名總兵蕭華林榮芳自貴州撤營回來見論西路賊情並庸營諸狀
雖未必如所言之甚然而大局可知矣閱之悵然 曾儷翁來為言曾子
廟追還地基事他不迴護真爽直人也 接子祥書 致復徐熙堂王湛園信
二十日晴 劉星罡世兄附葬岳麓之側約同人赴（宴期二十一日出殯）又一村祭之 接玉階書 連日頗覺疲
軟少意興午後渝甚
二十一日晴 出門會客 晤味秋 陰雲 午後許星槎來晤 料理積件
二十二日晴 仲京太夫人李年伯母八旬正壽 祝之 下午沅浦宮保設喜筵招飲
主客十一人共五席 兩主試 中丞及余與星農各占一席 亥初始散 安徽
人吳世榮來拜 來歷不明 面叱之 潭境無賊 醴陵告警

代理善化縣盛賡
改署

二十三日晴 府廳堂期見三十餘人詣院稟商事件棲彥侍吉人八月二
十日書
二十四日晴 李榕翁之五世兄慶雲中舉專識賀之并求擇修理先塋日期
二十五日晴 撫院衙參 李榕翁來 畬拜晤 醴防較鬆攸縣大盜與賊角逐者惟李
庭暲一軍于柳兩軍莫名其妙可歎可恨
二十六日晴 赴貢院點驗鄉試武生共二千八百六十四名 主試王柳亭學使湛味秋先後來晤手承未保舉教官摺稿
致旭人又宜書
二十七日晴 上筆帥並李中堂書論援黔大略及湘省地方情形
二十八日晴 玉盃冬心花光 州縣堂期見四十餘人 永州鎮朱洪章號煥文到省 會考武

同明日志底迹

塲来晤會拜王柳亭太史并晤理庵預祝榕峯處訪壽田略坐
江南榜信蔚庭襄卿王伯雲均獲售 桐侯、甫洲君仍抱屈殊為可
惜功名固自有一定也 致彥侍書（并芳亭文摺差帶）托送經堂師事件由漢口轉寄
二十九日晴 譚文翁来久談 手致桐侯秋生寅岩嵩雲書 錫予亘自朱亭回、
言賊股已為庭暐一軍打散 惟零匪尚多 總須四處搜捕方能盡淨耳
十月初一日陰 丑刻大西門外火失、登城視之 火勢甚烈 夜間例不開城 經文武衙門派出
兵從縋城撲救 逾時始滅 約已延燒一百餘家矣 黎明詣武廟行香 即上院會
拜朱鎮軍（永州 煥文） 出示虎皮為零虎爪一甲 本年四月間永州有虎進城 鎮軍
用洋鎗親手擊斃 為永人（盛傳此也） 訪明少齋 良仲動身回嘉 午後小憩 王柳

牌示武岡州同寗彝訓到任永綏經歷劉國慶到任茶陵州判陸樽署理

牌示沅陵馬底巡檢鮮于光錦署理石門水南渡巡檢鄭家彥署理

代理湘鄉縣温圻攺署

亭楊理菴來辭 西圭試

初二日晴　送西圭考行　重粮道衙門道喜　蔚庭喜兄與星農名設道湘生喜事值卷官不能進矯也　閱明史紀事本末一卷

初三日晴　府廳堂期見三千餘人上院適中丞出門拜客未值晤高鑑山許星樵設有頃申刻餞王柳亭楊理菴西圭試邀硯芸仲京生甫作陪

初四日晴　出大西門送西圭試行與當水路至鄰也順道會客接王嘉定往

初五日陰大風　撫院衙參回署見客申刻中丞邀陪朱煥文鎮軍和泉筱莊　重振初三日回廚二設又一村　湘鄉又有會匪蠢動業有整備當不致煽惑接筱荃制軍二十八日復書

牌示安仁縣家陞
閩諮署理勞績輪

初六日陰 自巳至申客来不绝 午飯已三下二刻矣 上李制軍書 續報(剿办)會匪情形

得彭子翁丁心翁書 各寄鄧(云)闓擬墨心齋并有鄧湘皋(頭情)绝句各一首 可資談助也

初七日雨 硯芸来商件 天雨客少 料理公私函牘

初八日陰雨 本屆武闈原定(中丞)初八日開考 校閱馬箭 因雨停止 本日先看步箭 辰(在貢院)

刻前往 照例(希事)午堂畢 回署 徐雲翁来晤 朱扶卿自雲南来 (催翁妻兄樊来) 書十餘年

倚閣異辭 伊家亦絶無音問 至此方知下落 致廉硯香書

初九日晴(陰) 水師統帶周步瀛 澧瀘自洪江到省来晤 論西事大有危詞 誠可慮也

復廷芳宇太守書

初十日陰 慈禧太后聖誕 寅正恭詣 萬壽宫行慶賀礼 永州来报 有道州(係初四日晚間事)奚有匪

牌示寧遠縣篆鄒錫元署理

牌示鳳凰同知侯晟補，瀏陽縣唐東壽調補，慈利縣歐陽平補乾州經歷，王承先補巴陵鹿角主簿，鄒金蘭

尚未悉其詳

徒擱入之說，當促朱煥文鎮軍迅速馳回相機勦辦，地方多多，大可憂也。回署小憩。鶴田來商件，錢子亘大令總辦潭衡攸醴四邑清查團練事，諄諄以勿亂殺人囑之。下午料理積牘，連日心有感冒，肚腹亦不甚舒暢，精神頗覺疲較。

十一日陰。午前見客，感冒漸愈。手啟雨辰書。道州報至，知初四日四更有廣西匪徒突入燒搶，旋即撲散，未至蹤接。

十二日陰。武衛馬箭開場，辰刻詣教廠候中丞，升座發印散。手啟飛千書。

十三日陰。州縣府廳堂期，見三十餘人。中丞自教廠邀往論西路軍務，并囑即馳檄岳李廷暐回省。閱北闈題名，知金沅石中式。

十四日陰。貽珊、仲京來商餉事。子惠自鄂回省，晤詢漢上一切。

十五日晴。文廟、文昌廟行香，西北城拜客。黃敩鎔、任之駒兩大令赴潭衡

补晃州巡檢阎顯曾
補保靖張家塤巡檢
華廷凱補
牌示湘陰大荆巡檢劉補
孫維翰署理辰谿
黄溪巡檢葛延浴
補長沙府经歷李楙
辰回任

攸醴办理清查團練事宜諭以嚴懲匪類寬宥脅從善全良懦為大端
曷之晚約陸氏昆仲持螯
十六日大晴赴教厰謁兄中丞禀商五件硯芸来晤晚间萱闈備酒肴賜食以將屆
生辰也團聚一堂慈顔甚悦
十七日晴四川候補道曾嵐生觀察傳理自右營回籍来晤湘潭人人頗有歷練氣局亦
好白蘭翁来談午后料理積牍
十八日晴州縣堂期見二千餘人當曾嵐生来值李庭章自攸醴回省晤商西路
軍务上稟荃制軍書并致玉階觀察為商借洋款事
十九日晴詣教厰謁兄中丞庭章笠臣先後来均論鋭营事晚间兄輩稱觞頌

牌示醴陵縣篆務
錢佑文代理酌

歡忭堂
祝慈顏大悦

二十日晴 竟日謝客 代中丞擬復總理衙門函稿 料理積牘

二十一日晴 四十一歲生辰謝客一日 晚酌在署戚友 近来萱闈精神逾健 每逢喜慶益臻歡悦 舉家俯承色笑 抃慰無窮 接筱荃制軍十七日書 論醴陵龔令事

二十二日晴 北城謝客 午刻詣貢院謁見中丞稟商公件 回署料理積牘 接左恪靖九月廿三書

二十三日晴 南城謝客 府廳堂期 見三千餘人 晚餞鳳台 時將入蜀應仲并宣制軍之招 邀在四署戚友賞菊 共兩席 同人均盡歡而散 接洪沂孫信 并寄示修墓大畧 曾函托彷擬也

二十四日晴 譚文卿來久談 浙江提台黃芍安庵軍門少春到 有来晤 人誠實穩有度 提鎮

牌示攸縣典史楊漢章
到任鳳嶺巡檢鄧坤
調署藍山典史錢燿堂調署
芷江懷化巡檢羅文
寧署辰谿黃溪巡檢
趙錫蕃署會同典史
陳際昌署

中不多見也寧鄉人呂陛見必請假省親 手擬上筱荃制軍書咨覆 廣西主考陳紫達振瀛編脩 馬襄伯相如侍御來拜

因沐未見

二十五日晴 出城會拜廣西兩主考均晤 詣貢院謁中丞 會黃苫安軍門并晤

劉樸堂 見浙江闈墨 閱公文 越南貢馴象二 奏准於閏月初十日進關

二十六日晴 柳蔭堂來晤 丁午橋辭行回鄂 新孝廉送硃卷辭行者絡繹而至

分別贐之

二十七日晴 奠黃子春星農之視家山 笠西來晤力辭 蕃臺向未刻 特酬黃苫安

軍門 邀劉樸堂作陪 苫安談論均有分寸 人尤切實不浮 洵不多見耳

梅周茀卿翌日自老河口來信 因謠傳會匪甚熾 大有慷慨赴援之志 殊可

牌示瞿秉樞署道州知州
靖州州判杜鳳翔
咨補

感此書中有云論臣子之分何敢辭勞論朋友之情亦當急難大是動人

二十八日晴 州縣堂期見三十餘人 鄧笏翁來久談 仍擬約李堅入通志局 李庭章來商樓勷餘匯事盡可宜 晚在署戚友邀集貴蜀治肴甚精

廿九日晴 詣貢院謁中丞稟商多件 訪蘭白翁 出示尹文端 莊滋圃 袁簡齋 王夢樓 張船山 孫淵如諸先生小像合冊 各附題詠 翰墨因緣洵足寶貴也 午後見客 手改彥侍書

三十日晴 鳳台有成都之行 昨已辭館 自課森兒 秋生尚未到也 張筮臣辭行赴席營 因知台撰將下矣 料理積牘 竟日鮮暇

閏十月初一日晴 文廟文昌廟行香 貽珊仲京來言 銳營欠餉 中丞獨加發冬臕正期票三箇月 每月銀四千兩 鶴田來商件 送鳳台行

初二日晴 星農來商駁船經費，多李庭章辭赴營。午刻詣貢院謁中丞稟
商事件，會鄔筠翁、筠弟，值送張笠臣、李庭章行，吾弟壽櫓并回。接彥侍九月
廿七書，述都門近事頗悉，附到琳粟八月下旬書，言已乞病，將於十月間旋里矣。
初三日晴 府廳堂期，見三十餘人。訪李榕翁，就商復恭道州劉牧事順賠。
星農接琳粟十月十二日手書，知已抵滬，將回杭。秋生已擬二十四日抵漢。雲史信行。
吳[illegible]漢口信知
初四日陰雨 白蘭翁、
唐蔭翁先後
來晤。接玉階復書，言洋款無可代借，協餉當設法湊解也。
閱明史紀事本末二卷。久晴得雨，頗為宜也。
初五日陰雨 客少事，閱課森兒讀，閱明史三卷。
初六日陰雨 詣貢院謁中丞，稟商事件。
據報
台拱克復十月二十五日。張笠臣來，李餉甚窘。

亦有将題目故也。駱籲齋拔指縣丞以四十金助之。接筱荃制軍二十七日書，復
商借洋款事，論及湘中兵勇餉多語，極中肯。
初七日 陰雨。硯芸及長善兩令來，均商件。接子箴書，武闈頭貳場竣事。
初八日 雨。武闈內場辰刻前往候點名，畢即回署。李榕翁來，言天燈竿（前立）應移立至
東南巽方，即為定向，并擇明日未刻移動，據稱庚命有天乙貴人，到巽可保一句
平安也。未刻復詣貢院，候中丞留勘技勇畢（武榜向例藩司代標，初作大字殊欠結構），入內場共一千二百餘人（挑留八十人覆勘弓力，俗所謂留堂也），隨同至衡
鑒堂拆封填榜，解元戴萬邦，慈利人，共中四十七名，內于定元卅年十五歲，亦慈利人。亥正榜發，回署。
初九日 晴。曾澄翁到省來晤，細述湘鄉多年前案甚多，午後料理積牘，并定詳
（此次土匪之變，有因贓起釁情事，報亦多失實）
委代理道州劉友鄰革職拿問稿，並課森兒讀。

初十日晴 梅院衔条午前见客接小宋十月二十日书言明春将入都8陛见矣

十一日晴 巳刻上院赴鹰扬宴回署见客午后料理积牍

十二日晴 午前客少专课森儿读 阅明史三卷

十三日晴 府厅堂期见三十余人接当宾前月廿八日书惊悉彼明允竟以痰喘旧疾猝于二十八日亥刻身故闻之举家骇悼合族丁口本稀庚申兵乱后更形衰薄弱又弱一个此后惟孑然一家矣兴言门祚不兴怃然 接筱荃制军初五日复书

谕以整饬吏治为言

十四日晴 谭文翁来久谈为谢筱庄武卫提调监试朱枢泉两观察道乏均晤下午叶南蔚

庭来谈

牌示寧鄉縣篆裴東文
署理安化縣篆金堅
署理綸瑞永明縣
篆蔡宗潤署理

十五日晴 文廟文昌廟行香梅院衙参 鶴田来商件 料理積牘

十六日陰 瞿錫三塵訪 詰自常德到省来晤 任老巖而甫宇同號少見其生平 年七十六已患癱瘓此次因 仲雲後莊 本家控案来也

先收来 但幼湖會試辭行 前署鍾祥令許曉東光曙到省来見沅陵人

十七日晴 會瞿錫翁未晤 秋生到湘雲史借来帶到嘉定信甚多

十八日晴 州縣堂期見三十餘人 接嘉定信 詳述汝兄病危及 身後料理情形 手致旭人書寄

交竇君面致 又作琴卅書附京信五件均送莫公 朱中堂夫人訃 譚住翁乃載太 老師乃 全師母訃 畢太夫人卅東臺

十九日晴 上院稟商多件 料理要頭事 復信函汪少芳大令 湖北候補縣 本以粵刻四庫

全書總目見貽計一百本

二十日晴 梅院衙参 蕒馬晴岩夫人 仲雲来商育嬰堂委員庭疇自攸醴回 與議設家常 言言甚悉

省因與席䇺䶑齬竟不自安嘱即赴宜慶料理裁併毋自疑慮夏芝岑觀察仍照前議

南雲獻多發到省來晤 彭錫翁書來有退志已准補粮道復函勸之并速其行宜

芝信

二十一日陰微雨 右景翁來晤作𡨋岩靄雲琴舟書交二艘帶去均乃彥侍肯

二十二日陰 白蘭翁温味翁來晤會夏芝岑送但幼湖行均見二艘回南凌壽許

嫣隨往爲料理汝明兄葬事也

二十三日晴 府廳堂期見三十餘人上院稟商多件部筠翁來久談黃

海華太守到省來見論道州事殊堪痛恨接桐侯五十日書定暫不來湘之議

二十四日晴 會味秋決青訪星農均晤談 手擬上李筱荃制軍書

牌示永定縣篆務薛振鉞署理

輪正途

二十五日晴　撫院衙參　翁黄海華　午後陸稚初　張錫田来晤　部選沅州府吴拙庵
太守焯久病未能赴任　詳請開缺另補　吴守實患瘦迷到省已逾兩年勢难遷延
就惟念其由翰林御史出身簡放道員降
選知府功名蹭蹬情有可矜　祗請開
缺以俟其愈　此中亦頗費斟酌也
二十六日晴　鶴田来商件　接李中堂十月廿九日復書　論及接照全局　並述現办通
商海防事宜　晚酌秋生　雲史　蔚庭
廿七日陰　硯芸赴澧州查办永定賠當事来辭　晤商一切　會部筠翁　劉馨翁均晤　順道拜客
天氣漸寒
二十八日陰雨　州縣堂期見四十人　李庭暲辭赴寶慶　裁併新舊各營　晤閱明
史兩卷

牌示桃源典史郝建衡到任
衡府經查炳恩補常
府經李瑞補臨武典史
葉正茂補黔陽典史
楊星恆補華容典史
金壽銘補耒陽典史
王植瑞補茶陵州判
張鶴樾補

二九日陰 竟日客少 頗覺安閑 晚冬至祀先

十月初一日陰雨 冬至令節 寅正恭詣萬壽宮 侯中丞巡隨同行禮畢 武廟行香 撫院

賀節 回署小憩 毓師母挈世兄守默號靈章名自晉至湘 世兄來晤

初二日雪 冬至後得此瑞雪 可喜也 天氣頗寒 閱明史兩卷 復左恪靖書

初三日晴 府廳堂期 見三十餘人 毓師母來 閱明史兩卷 快雪時晴 氣象大好

初四日晴 謁毓師母 留住松陽公館 歷言家景之累 意願頗奢 恐非棉力所能及也 料理

年節京信 自擬上徐筆師稿

初五日晴 撫院衙參 順道會客 崔田來商件 手啟修伯書并贈双柏

初六日晴 竟日客少 手啟次園書并贈雙柏 接何白翁書 以乃郎子

英檔多見商 接玉階書 詢及年終酬應大略

初七日晴 仲京来商件 新授衡永道方次坡觀察學蘇到省来晤 曾任坐粮廳 在京見過也 復玉階書 接雨辰十月初四書并寄巴假蜀僚川椒黄連等件 附楚軺蜀輶兩集

初八日晴 辰仲山學使到湘 中丞以下均出城至永府廟候接 會方次坡 步值至大公館拜仲山 晤談壹是 孫貴 高祥 均隨仲山便回湘 帶到彦侑 厚菴 茗笙 壽人 鶴山 訥君 信 彦鵠 并有贈件 高麗參 燕窩 壽 悦 仍蔚庭話别

初九日晴 方次坡 仲山先後来晤 接雨辰閏十月十二自蜀 子松閏十月初八自京来書 言以所匯款二百兩

初十日陰 撫院衙參 順道拜客 并送蔚庭公車北上 廣西學使部汝樂山太史懷仁過省来晤 人穩厚 自然無做作 手致子松書 中四肴閏月十日 雲史就仲山教讀之聘

十一日午前陰後晴 候補縣湯斐齋大令煊引見回省 傳述佩蘅師諭言蓋論援黔及餉事也 出城會部(樂山)學使未值 訪文卿久談

十二日陰 仲京貽珊來商餉事 手致金子白書 湘潭水師游擊羅德煌調防省河來見 人老實欠幹練

十三日陰 府廳堂期見三十餘人 湘潭曾嵐生來（四川候補道） 論潭邑團練事并及龍化池（議論頗多） 手致柏侯書 接琴舫初八來信 知二嫂已於初六抵漢矣

十四日雨 上院稟商事件 謁毓師 毋論世兄楷召同人公請溫味秋廖仲山兩學使 方次坡夏芝岑兩觀察 共兩席（四客四主） 松士自鄂來湘

十五日齋 文廟文昌廟行香 撫院衙參 會曾嵐生晤 回署陸續見客 手致若筆書（衡峯）

牌示桂東典史陳耀奎署理

牌示衡山草市巡檢黃效雍署理

牌示乾州同知羅行楷到任清泉縣篆趙森署理
牌示准補靖州吏目鍾履泰永定典史沈桂芳瀘溪典史金滏均飭赴任

十六日晴 午前客甚雜方浹翁來晤發元旦賀摺附帶年節稟函九件另信六封均交
彥儕分送 譚蘭亭軍門仁芳駐軍西安寄贈十三經石刻項及各種碑帖共五十五種 另有碑洞石刻目錄
寅初一刻月食卯正復圓行救護禮
十七日晴 午前客甚多譚文翁來久談料理積牘
十八日晴微陰 州縣堂期見四十餘人上院稟商各件 談及京華舊事 久坐 手諭玉階書接嘉定
初二日信 唐蔭雲李仲雲同來言張景垣欠解錢糧了
十九日霽 倪伯明灝寄贈書畫四幅 臨顏 梅花 乃弟僧梅所作也均係大幅頗見魄力
朱子梅大令魁 自洪江回言團練情形甚詳積習已深非小懲所能了了也容徐圖
巳午後道仲山棣篆熹來值拜味秋晤赴星農招 蔚庭中丞請吃喜酒 同新舊學使暨人讌集戌刻回署
二十日霽 撫院閱兵辰刻恭詣校場行營叅禮即隨同閱看尚屬整齊未正回署 見客

味秋、仲山先後來，未值。湘省新中舉人均認内外提調監試為老師，不獨書

院肄業者為然也。内有張福恒（陳保真）、左渾、毛松年、周岳崑、瞿鴻禨、曹昌祺、王奎映

八人係（上年及本年）月課曾取列超等者，因收受業帖，贄均不受。來辭行北上者，仍分別贐之。

二十一日，陰雨。午前見客。曾庚蔭處未值，李榕處招飲（亦以乃郎中式，請吃喜酒），申初赴之，共三席，戌正回。

署萱園設席，請毓師母。

廿二日，陰。曾澄侯自湘鄉來晤。午刻請靈亭然世兄。接弟信，閏月廿五書。

刑部咨催解飯銀。

廿三日，陰。府廳堂期，見三十餘人。送味秋方伯（温）、坡行。會曾澄侯，均未值。接桐侯

十一日書。

牌示郴州篆務委劉
彝德署理
牌示長沙縣丞羅佳
竹回任清泉典史朱
壽衡署理

廿四日陰　温味秋學使任滿回京出城送之中丞以下咸集烏吹青孟宗矜恤羈囚
讀湯芷卿先生用中撰見心著翼駉稗編中議論剴切洵可採也
廿五日雲陰　撫院衙參留談稟商各件　手復硯芸書論禾宜焙當各　請先借撥釐金允之
燈下復何白翁書以乃郎子英改指各省借羅漢一堂婉言謝之
二十六日晴　仲京自湘潭查案回龍化也來見午前客頗多連日疲軟乏力氣分
亦覺欠舒
二十七日陰　湘鄉人候選道楊粟南安臣到省來晤　書贊仙百日後來謝料理　午後
積牘精神似欠振作
二十八日晴　州縣堂期見三十餘人　毓師母起程回京前往敬送順道會客午　爲世兄捐指分指府經另贈程儀一百兩又鹽川壽　肉桂備皮衣銀卅二兩伙食

牌示衡山、永壽巡檢
陸叙銑署理

牌示新寧縣篆
守忠調署

辛餘千文

收料理積件 復小坪段芝門兩觀察書 仲山來晤

二十九日晴 上院稟商事件 成靜齋來晤與之久談 又致彥侍書

三十日晴 謝筱莊觀察來晤詳述署鎮篁時政績久談 午後道仲山

進署喜并晤雲史 料理積牘

十二月初一日陰 武廟行香 撫院衙參 回署見客 章貴營之官 鄧真發 柳大福 均託名捷營兵

來見以餉多與該統帶彭芝亮齟齬 細究情形 有出於意料之外者 軍事

此可為浩歎 唐蔭翁來晤 晚餞生甫并酌松士 四更後伍家井失火 登高瞭望

旋就寢未出門

初二日陰 仲山來晤 劉彬堂來言寧鄉團練多廣西丁卯孝廉蔣繼善來謁

壬子同年 戶部 蔣名英元之子也 贐以十元之

初三日午後雪 府廳堂期見三十餘人 內閣中書鄧慶元湘鄉人解到江蘇協餉十萬兩來晤 新任長沙協韓殿甲安徽壽州人號賡揚到省來拜 人尚明白寬和似無習氣 料理積牘及年節外省禀函

初四日雪 曾澄翁李椿翁張笠臣先後來晤 笠臣自席營回也 上李制軍書 生甫動身回杭 連得瑞雪 人情大安 可喜也

初五日陰 撫院衙參 送曾澄翁行 晤談道韓賡揚到任書 順道答客 鶴田來商件 上李肅毅書附年節禀去

初六日晴 上院稟商多件 奉諭即函訂金逸亭觀察國琛來湘擬派辦營務也 湘中近來軍事太無把握 逸翁果來 於大局實有裨益耳 會拜柳蔭堂文西雲

接曾侯復書提及津多有内疚神明外慚清議之語

初七日晴　笠西來晤　會李庭障　李鸞仙　成静齋　張笠臣　均未晤　午後静齋來辭行（公車北上）　荔湘省晴甫　語多中肯

初八日晴　州縣堂期　見三十餘人　讀十一月十六日整飭綠營上諭　募勇流弊日久　滋中外大防　亟宜戒備　諄諄（諄諄）誥誡　朝廷之計慮周矣　諸君何以答昇平　誦之有餘愧也　上左恪靖書并手啟　小宋中丞　埽附年節稟函去　接嘉定信知（錢）又寅（内阮）孫於前月十六日作古　又寅輩分不老　而年齒較長　實錢氏之老成人也　今忽逝去　殊可歎惋耳

初九日晴　李庭障　黃海華先後來晤　手啟鳳之書

初十日晴　撫院衛泰鶴由來論淑浦戴光典命案　致逖亭書仰令伊姪心鄰貴往并致旭人托伊從旁勸駕也

十一日午前晴，後陰　陳壽農觀察之病回籍過省，船泊小西門外，予往視之，神致甚清，但不能動，且握手墮淚，苦不能言，極力慰藉之，惟點頭而已，年甫五十七，得此痼疾，殊可矜也。午後乃弟登甫、瀛芷建、象沅來，當晤，接筱荃制軍書，殷殷以整飭營伍言，獎勉有加，且屬予佩珩子城，初三日書，寄來甄別章一紙，細核之，竟無一被屈者，可謂公且明矣。手致筱卿、雲卿書，附年節頌函去

十二日晴　料理年節信件，竟日碌碌，振孌心齋玉階望門，各處均手致數件　燈下課森兒孝經

肅予來陽典史改補

廖守康

牌示荼陵州判缺以試用布經歷蘇民生借補

牌示長沙同知張典常回任

十三日晴　府廳堂期見三十餘人　上院稟商兩件　料理積牘兩首邑將於立春日送玉勝班彩排燈戲爲堂上歡奉　並諭云現值年終自候補官以及貧民無以卒歲尚不知凡幾署中豈宜於此時演戲行樂令辭卻云云　慈訓嚴明處處矜持大体蓋於此可見也

十四日晴　手致虎卿廿一册　自今月進若曲長各數行　均尚信加草也　午刻萱闈坐暖閣看迎春甚會頗好

十五日陰雨　立春　文廟文昌廟行香　撫院衙參并賀新春　清理年節未完京信　手致李侯魁雲書　接旭人十一月廿二日信　論蘇常事頗詳

十六日晴　自巳至申　客來未已　午膳已三下鐘矣　手致爐青第三函

書並酌定各項家信稿

十七日晴　客多不減於昨，頗覺煩苦。李璧自衡州到省來晤。陳元自嘉定來接調通志局。信頗多。手談。吉人、茗笙書。雲南主考王編修先謙請假回籍來拜，未值。

十八日晴　州縣堂期，見三十餘人。出門答客，因子美歸，訪之未值。沈蓉青來晤。李榕翁來商溆浦案，現奉院檄飭兩司會同謝牧、莊觀察辦審也。（署辰沅任內牽涉官）手談。復安鶴山書。

十九日晴　早間子美來久談。午後仲山來晤。接若農十三來信，言金積堡回酋馬化隆已於十一月十六日自縛赴老湘軍請罪，一切俯首聽命，情願繳械，平堡口，求免死。湘軍統領劉錦棠稟，奉左爵帥批示，如馬化隆能令甘肅各處

回逆一律盡繳馬械平毀堡寨誠心就撫再当奏懇天恩否則不能許其脫身法外無堡已下其餘各處當可迎刃而解等語無說果確甘乎其庶有勇乎

酌改定軍餉改用湘平詳稿（鮑李左各軍均用湘平放餉湘省獨用庫平亦屬可鮮也）

二十日雨 楊浣衡參順道會容韓廣揖協戎來商修理衡署乃手談彥使書并附信罒一封（交封印指弁賫京）年節應行將意之處一一料理清楚矣連日趕繕呈撫如釋重負然任次蘇直教上宮輔臣大令以接到湘案見詢鄒中晴乃

二十一日雨 巳正上院賀封篆喜午正回署封印爲在四省諸友道之晚設兩席一年之間平安無事亦可喜也 豈堂至宅門內看封印甚爲欣悅

二十二日雨 張靈匠來論席皆餉事至梟四省會審澈浦戴光典命案情

並重供多,略移以死,檢驗不可 同治五年二月間多寶經和息上年謝筱莊(原定墙倒壓斃)觀察在辰沅道任內因另案審出因姦謀殺
情形,到省翻案 云今年入學文第一,脉或有待人耳 呂世兄自皖到此,言將赴黔,資之以行
故奉委會審也
二十三日 雨 封篆,收傳止衙參 委試用縣丞任凤藻往叙浦訪查戴光典命案
陰詹香谷節,遂偕開宗之午刻,約任次蓀上宮保臣便飯(飯) 隔省到此,宜有以將
意也 接嘉定郡信,知書林師應仲山之聘,已成行矣
二十四日 陰 李仲雲來晤 自巳至申(未)客來甚多 午飯已申初矣 呂六世兄來辭行,深甚
單贈(解)一裘,贈之,并囑到黔後力勸師毋宜速作歸計,只須將就到湘,自湘至皖,当
由此間料理,蓋黔中既無樂土,而組仰又無可深望也 料理積牘,仍竟日未閒 郎
古美軍門兄贈鄭刻說文義證(桂未谷先生本)計三十二本,及收全輯要等書 又江蘇省例四本

由永州叅守擢甚夏芝岑觀察學往者來

二十五日陰微霽　撫院衛叅唐蔭雲之弟獻臣作古（即本科中式者）　往視蔭翁晤談彥侍書

寄經典釋文（段）玉篇廣韻交本衙門解試錄書吏賫呈　（閱）摺差歸得彥侍十一月廿六信（中言仁大婚）

典禮云欽甚鉅即如水部現用綵綢一項　附到經師賜函論及豐多閱邸抄補遵學政

已需銀一百十餘萬兩其他可知矣

陸放翁菜杉（疏）汶漱蘭恐有多故矣　料理年節頭件頗憒煩冗

二十六日雨　崔曲來商件（已刻出門）翁仲山訪星農均晤談順拜仲雲（昨接）桐侯來書以

我卿（出）翩一舍節從前未經學明現在頗難措置求為定數再四審量若無

善處之法擬稟請部遠堂中丞酌度于遵遠爲於禮教最爲講究必能

權衡至當準情酌理而出之也屬亮笙擬稿畧（增）四枝之

二十七日雨　蘭岩芝岑來晤蘭翁以明年（城南）山長改請梅雲衢部郎芸芝

岑州以出差商随带来见也下午料理年事渐次清结矣许星槎来晤

公致席砚香函知照改事

廿日雨 李廷章自湘潭回省来晤上院禀商事件回署至军需局少

坐午后供奉五代祖先遗像森兜(询)以宋朝大夫三何以有五代为问亦

读书得间之一证可喜也

除夕微霁 上院贺年回署料理一切并布置花厅各处亦殊碌碌书林师

就仲山之聘于昨晚到湘接金四嫂书小佳发发虽花而精神如旧識寄

嘉也 陈程初条戏来商酌济河下流民事以五百千文应之拟仍照上

年办法在釐金四款项下支销也 接筱荃制军复书并谢送礼